LK ^{7} 512

ATTIGNY

AVEC SES DÉPENDANCES,

SON PALAIS, SES CONCILES,

ET AUTRES ÉVÈNEMENS QUI ONT CONTRIBUÉ A SON
ILLUSTRATION ET A SA DÉCADENCE.

Par M. H.-L. HULOT, ancien Curé d'Attigny.

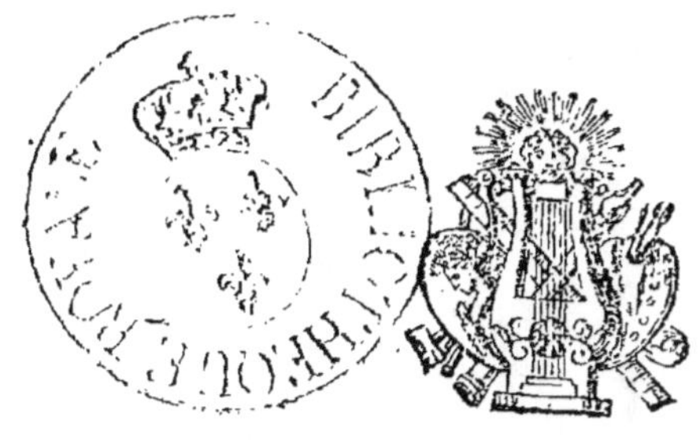

Se trouve,

A ATTIGNY, chez M. J.-V.-B. HULOT,
curé titulaire;
A RHEIMS, chez DELAUNOIS, imprimeur-
libraire.

A Monsieur

Harmand,

Préfet des Ardennes.

Monsieur le Préfet,

ATTIGNY, jadis si célèbre dans l'histoire du moyen âge, est tombé, comme beaucoup d'autres lieux fameux, dans la plus profonde obscurité. Il ne lui reste presque plus que le souvenir de son ancienne grandeur. A peine est-il connu aujourd'hui; et s'il est encore tant soit peu remarquable, dans le Département à la tête duquel le Roi vous a placé, c'est uniquement parce qu'avec une population d'en-

viron mille habitans, il est Chef-lieu de Canton dans
l'Arrondissement de Vouziers; et que son marché
très-considérable continue, depuis plusieurs siècles,
d'être extrémement fréquenté. Voilà le sort des choses
humaines. Elles n'offrent par-tout que la plus dé-
solante instabilité. Les Empires les plus florissans
finissent quelquefois eux-mêmes par s'affaisser et
s'écrouler entièrement. La Providence de Dieu le
permet ainsi, dans sa sagesse, pour nous apprendre,
sans doute, à ne pas nous attacher uniquement à la
terre, où il n'est rien de fixe et de permanent, mais
à porter nos regards vers celui dont le règne est le
règne de tous les siècles, et dont la domination subsiste
de génération en génération (a).

Contraint, pour éviter la mort, de fuir une terre
qui dévoroit ses habitans, je revins, après dix ans
d'exil, aussitôt qu'il me fut permis de travailler,
conformément à ma vocation, au salut de mes frères.
Je fus placé à Attigny, et le peuple de ce lieu devint
cher à mon cœur, parce qu'il chérit lui-même la foi
de ses pères. L'été, dans une Paroisse agricole,
fournit toujours au Pasteur un peu de repos et de
loisir. Chaque pas, dans mes promenades solitaires,
me rappeloit de grands et antiques souvenirs. Par-
tout se présentoient à moi les ombres de Chilpéric,
surnommé Daniel; de Childéric III, de Pépin, de

(a) Ps. 144, 13.

Carloman, de Charlemagne, la gloire de la France ; de Louis le Débonnaire, de Charles le Chauve, de Charles le Gros, et du malheureux Charles III, pour qui sur-tout le séjour d'Attigny eut toujours tant d'attraits.

L'étude de l'Antiquité fut toujours ma passion dominante ; et combien d'écueils elle m'a fait éviter dans le cours de ma vie ! Je résolus, malgré le laps de tant de siècles, de recueillir toutes les notions qui pouvoient avoir trait à l'ancienne Terre des Rois, et de rechercher jusqu'aux moindres et derniers vestiges de leur antique Palais d'Attigny.

Un autre motif ajoutoit encore au plaisir que j'éprouvois dans ce travail. Dès les premières années du douzième siècle, un Comte de Champagne, de concert avec son épouse, fille de nos Rois, à qui la Terre d'Attigny avoit été donnée en dot, en avoit fait don à l'Eglise et aux Archevêques de Rheims, qui en conservèrent la propriété jusqu'à la première année du dix-neuvième siècle. Je me retrouvois donc aussi, dans mes recherches, au moins en esprit, avec mes pères dans la foi, et avec cette Eglise, jadis si exaltée en gloire, et si digne de l'être, que Louis VII se plaisoit à appeler sa mère et le chef de son royaume (a), *dont* la ruine ou la résurrection

---

(a) Doleo et lacrymabiliter doleo, quod in meam matrem et caput Regni mei Ecclesiam gladium tyrannidis tam pernicìose exacuisti. (In Schedula ad Comitem Rocciacensem.)

a toujours été le type et le modèle de celle de presque toutes les Eglises Gallicanes (a), *réduite, depuis trente ans (qui ne sait pourquoi?) à gémir dans l'abjection et les larmes, encore aujourd'hui, comme veuve et délaissée, quoique Dieu lui ait donné un nouvel époux ; Eglise à laquelle je n'ai jamais cessé de tenir par les plus douces et les plus chères affections de mon cœur.*

J'étois néanmoins bien éloigné, sur-tout à l'époque où je commençai ces recherches, d'avoir la moindre prétention de les mettre jamais au jour. Mon seul et unique but fut de me distraire un peu, dans un tems où tous les gens de bien gémissoient à la vue de ces scènes d'impiété, d'horreur et de carnage qui désoloient l'Europe chrétienne presque toute entière. D'ailleurs l'intérêt que peuvent offrir ces recherches, est renfermé dans un cercle si étroit ! Il y avoit long-tems que je les avois à-peu-près oubliées, uniquement résolu de les faire déposer, à mon décès, dans les archives de l'Eglise d'Attigny, lorsque, sans doute, le désir de reconnoître par vous-même l'état du Département confié à votre administration, vous amena aussi dans notre Canton.

Vous le savez, Monsieur le Préfet, et j'espère que vous aurez la bonté de me rendre témoignage à

(a) Prudentia vestra novit eamdem sedem omnibus pene Gallicanis Ecclesiis exemplum ruinæ, vel resurrectionis existere. (Ivo Carnot. epist. 116 ad Urban. II.)

cet égard : ce fut à mon insçu, et sans aucune démarche de ma part, que vous fûtes instruit de l'existence de ces recherches. Mais comme, à l'exemple
du Roi, vous vous faites gloire de protéger l'étude
des sciences, et de propager tous les genres de bien,
vous me proposâtes aussi-tôt de les livrer à l'impression, aux frais du Département, et vous promîtes
d'en parler au Conseil-général, pour l'engager à y
consentir. Il étoit alors de mon devoir de vous té-
moigner ma reconnoissance pour une offre si gracieuse.
Je me bornai là. Enfin, au bout de six mois je
reçus, avec l'extrait de votre rapport du 31 juillet
1819, une lettre de votre propre main, où vous aviez
la bonté de me marquer en termes exprès : « Ce
» rapport a été accueilli du Conseil et du Ministre ;
» les fonds ont été faits ; et il est arrivé, contre
» votre opinion et votre espoir, que, dans l'état où
» j'ai mis les choses, rien ne s'oppose à ce que
» votre manuscrit soit imprimé aux frais du Dé-
» partement, sous vos yeux et à votre avantage ».

Prévenu ainsi de toutes parts par tant de bienfaits,
pouvois-je, sans encourir la tache d'ingratitude,
me refuser aux nouvelles instances que vous me fîtes
de consentir à l'impression de mon travail ? J'en
fais juge le public ; et c'est ainsi que je réponds,
d'avance, aux reproches que l'on pourra me faire,
d'avoir mis au jour un ouvrage, auquel je sais, plus
que personne, assigner le rang qu'il mérite. Je n'y
attache en effet qu'un seul et unique prix ; et il sera,

Monsieur le Préfet, j'en suis sûr, très-grand à vos yeux, et à ceux du Conseil-général, comme aux miens, c'est de rappeler aux habitans d'Attigny et des environs, que le séjour si souvent réitéré et par fois prolongé des Rois de France dans son sein pendant plusieurs siècles, est une preuve non équivoque de la fidélité et de l'amour de leurs ancêtres envers eux, et de les engager par-là à marcher inviolablement sur leurs traces, en s'attachant de plus en plus à la Monarchie françoise, et aux Successeurs légitimes de Clovis et de Charlemagne, dans la personne de Louis XVIII et de tous les Petits-Fils de S. Louis et de Henri IV.

Daignez agréer, avec l'expression de ma vive reconnoissance, le profond respect avec lequel j'ai l'honneur d'être,

MONSIEUR LE PRÉFET,

Votre très-humble serviteur,

H. L. HULOT,
Curé tit. d'Attigny.

ATTIGNY

AVEC SES DÉPENDANCES,

SON PALAIS, SES CONCILES,

Et autres Événemens qui ont contribué à son illustration et à sa décadence.

PREMIÈRE PARTIE.

Terre d'Attigny sous les rois de France.

CHAPITRE PREMIER.

Échange de la Terre d'Attigny, et sa date précise.

LÉODEBODE élu abbé de Saint-Agnan, près Ans de J. C. les murs d'Orléans, sous le règne de Clotaire, père du roi Dagobert l'ancien, est le premier propriétaire connu de la Terre d'Attigny. Il l'avoit reçue de ses ancêtres par droit d'héritage, et étoit également célèbre par sa sainteté, son savoir et ses richesses.

A la mort de Dagobert, il eut le désir de bâtir un nouveau monastère dans la Terre de Fleury, non loin des bords de la Loire ; et

Ans de J. C.

638.

comme cette Terre appartenoit au fisc, il se rendit auprès de Clovis II, fils et successeur de ce prince, et le pria de la lui céder, en échange de celle d'Attigny, sur la rivière d'Aisne. Le roi se prêta très-volontiers à ses désirs, et ces deux Terres furent échangées, de part et d'autre, avec leurs dépendances respectives (a).

Helgald, moine de Fleury, nous a conservé, dans son abrégé de la vie du roi Robert, le testament de l'abbé Léodebode, en date du 26 juin de la seconde année du règne de Clovis II, qui y est donnée comme coïncidente avec l'an 623 de J. C. Il assure en effet qu'il n'y avoit pas plus de 620 ans d'écoulés, depuis J. C., lorsque, par suite de l'échange de la Terre d'Attigny, on commença à construire le monastère de Fleury. D'où il faudroit conclure que cette Terre seroit passée entre les mains des rois de France vers l'année 622, qui, dans cette supposition, seroit la première de Clovis II (*).

Mais, comme l'a très-bien remarqué le savant père Mabillon (b), « la manière de » compter de ce temps, par les années du » règne des rois, a jetté une grande confu-

---

(a) Helgald monachus Floriac., in Epitome vitæ Roberti Regis; MS. adventûs corporis S. Benedicti, apud Floriac.; Aimoin. histor. Franc. lib. 4. cap. 42, et translatio S. Benedicti edita Heroico-Metro ab Aimonio, Floriac. Cœnob. monacho, apud Duchesne, tom. 1 et 4.

(*) Les chiffres arabes, placés entre deux parenthèses, désigneront les témoignages et monumens latins, qui servent de preuves directes à nos recherches sur Attigny. On les a rejettés à la fin de l'ouvrage, et on les y trouvera successivement sous l'indication des mêmes chiffres.

(b) De Re diplom. lib. 2, cap. 26, pag. 191 et 192.

» sion dans la chronologie, et a fait tomber,   Ans
» à cet égard, dans une multitude d'erreurs, de J. C.
» ceux qui, par la suite, ont voulu rappro-
» cher cet ancien calcul des années de J. C.
» Il s'est glissé une de ces erreurs dans les
» notes chronologiques du testament de
» l'abbé Léodebode, rapporté par Helgald,
» quand on y a fait quadrer la seconde
» année du règne de Clovis II, avec l'an 623
» de J. C. Amoin, historien d'ailleurs fort
» instruit pour son temps, a fait ensuite la
» même faute; et tous les savans sont aujour-
» d'hui d'accord que Dagobert, après avoir
» régné seize ans, c'est-à-dire d'abord six
» ans avec son père Clotaire, et ensuite dix
» ans, après la mort de celui-ci, mourut
» enfin lui-même l'an 638, première année
» de Clovis II, son fils, et conséquemment
» véritable époque (*) de l'échange de la
» Terre d'Attigny (1) ».   638.

(*) On voit par-là combien se sont trompés ceux qui ont
attribué ou attribueroient à une cour plénière tenue à Attigny
le premier jour de mars, ou le dernier jour de février de la
20e. année du règne, soit de Childebert I, (voyez Favin, Claude
de La Fons, sur la coutume de Vermandois et autres) et
conséquemment, selon Pagi, l'an de J. C. 534, soit de Childebert II, l'an 595, le décret rapporté tout au long dans la
nouvelle édition des Capitulaires des Rois de France (de Chiniac,
tom. 1, pag. 17. Paris 1780), où il est dit, entre autres : *Deo
propitiante, Antonaco* (et, par apostille explicative, à la marge,
Attiniaco) *Kalendas Martias, anno vicesimo regni nostri,
convenit, ut nepotes ex filio, vel ex filia,* etc. En effet, cette
apostille : *Attiniaco,* n'a été mise que par conjecture ; tous les
exemplaires portent, dans le texte, *Antonaco* ; et, comme l'a
très-judicieusement observé M. de La Bigne, dans ses notes
sur ce décret (Ibid. tom. 2, pag. 857.), ce mot *Antonaco*
ne signifie point *Attigny*, mais *Andernach*, où les Rois
d'Austrasie avoient, de très – ancienne date, un palais sur le
Rhin, près de Coblentz. D'ailleurs les Rois de France n'ayant
acquis de l'abbé Léodebode la Terre d'Attigny, que sous

CHAPITRE II.

*Comment , selon la tradition d'Attigny ,
S. Méen , abbé en Bretagne , a pu y venir.*

Saint Méen , abbé en Bretagne, dont le
culte , à Attigny , remonte à la plus haute
antiquité, et y attire un si grand concours de
pélerins, pour y obtenir la guérison d'une
espèce de dartres corrosives, vulgairement
appelé *le mal de S. Méen*, étoit contempo-
rain de l'abbé Léodebode. Tous deux s'étant
rendus célèbres par la fondation de divers
monastères, l'un dans la Bretagne et à Angers,
l'autre aux environs d'Orléans , dans des
contrées peu éloignées l'une de l'autre, il
n'est pas possible qu'ils ne se soient pas
connus mutuellement. Si l'on suppose en
outre , avec beaucoup de vraisemblance ,
qu'ils aient été liés ensemble d'amitié, il sera

Clovis II, l'an 638, comment seroient-ils venus y tenir un
parlement sous Childebert I, en 534, ou même sous Childebert II,
vers l'an 595, lorsqu'ils n'y avoient pas encore de palais ?
Mabillon, il est vrai (Diplom. lib. 4, pag. 248), fait mention
d'une cour plénière tenue à Attigny, pour ajouter quelque chose
aux lois saliques et ripuaires ; mais il ne l'appuie que sur la
simple renommée, et la rapporte d'ailleurs à la 15e. année de
Childebert III, fils du roi Thierry, c'est-à-dire, à l'an de
J. C. 710 : *Attiniaci Childebertus , Theodorici filius , una
cum optimatibus , consedisse* DICITUR, *anno regni* XV, *et
legibus salicis ac ripuariis aliquid addidisse, quod ad succes-
sionem , ac feodum spectat , prohibitionesque contrahendi
matrimonium , in gradu vetito ab ecclesia ; ut nullus scilicet
de crinosis incœstum usum sibi conjugio sociaret.* (Vide etiam
Childebertus III , in Indice ipsius universali.)

très-facile de comprendre comment, selon Ans
la tradition constante d'Attigny, St. Méen de J. C.
aura pu y venir prêcher l'évangile, d'abord
dans le temps où l'abbé Léodebode étoit avant
encore en possession de cette Terre, soit sous ou
le règne de Clotaire, soit sous celui de après
Dagobert. 638.

Il existoit d'ailleurs de puissans motifs
pour qu'il y fût appellé et reçu très-honorablement, même après l'échange de la
Terre d'Attigny. Judicaël, roi, ou plutôt
comte de Bretagne, contre lequel Dagobert,
père de Clovis II, avoit failli être obligé, un
an avant sa mort, de marcher en personne,
à la tête de son armée, pour venger quelques
injustices de la part des Bretons envers les
Francs, avoit quitté la couronne pour embrasser l'état monastique. Or, c'est un fait connu que ce furent les prédications de S. Méen
qui le déterminèrent à ce grand sacrifice,
et qu'effectivement il se fit religieux dans
le monastère de Gaël établi par ce S. abbé,
et y mourut saintement (a). Seroit-il sur-
prenant que, dans un moment où la cour
de Clovis II auroit été à Attigny, on y eût
vu, avec le plus grand intérêt, un homme
qui avoit opéré de si grands prodiges de
conversion, et qui, par celle de Judicaël
en particulier, avoit peut-être rendu le plus

(a) Voyez dans les Bollandistes, au 21 juin, la vie de S. Méen,
ou Maian, traduite du françois d'Albert le Grand, de l'ordre
des Dominicains, et les monumens de l'histoire Ecclésiastique
de Bretagne. Voyez encore *Gesta Dagoberti I*; *Fredegarii
Scholast. Chron. et Vita S. Judoci, apud Duchesne*, tom. 1,
pag. 583, 584, 653 et 763.

Ans
de J. C. important service à la France, dont les Princes Bretons vouloient dès-lors se rendre indépendans (2) ?

~~~~~~~~~~~~~~~~~~~~~~~~

CHAPITRE III.

Situation attrayante d'Attigny. Le roi Chilpéric, surnommé Daniel, y meurt.

Les prairies émaillées de fleurs, qui embellissent les bords de la rivière d'Aisne, au printems ; la proximité des bois, où l'on pouvoit, surtout alors, jouir des plaisirs de la chasse ; une vue aussi variée qu'étendue, tout contribuoit à rendre la Terre d'Attigny attrayante. Elle devoit d'ailleurs être d'autant plus agréable aux rois de la race Mérovingienne, qui réunissoient les deux royaumes d'Austrasie et de Neustrie, c'est-à-dire de la France orientale et occidentale, qu'elle étoit située presqu'aux frontières qui séparoient l'un de l'autre (3). Il est donc tout naturel

727. qu'ils y soient venus séjourner quelquefois, aussi-tôt qu'ils en eurent fait l'acquisition. Chilpéric, surnommé Daniel, vint y mourir l'an 727 (a), après son retour d'Aquitaine, et son court rétablissement sur le trône. Apparemment son corps fut depuis transporté à Noyon ; car c'est là qu'il fut inhumé (4).

(a) Fredeg. Chron ; vita Karoli Mag. per monach. Egol ; Gesta Reg. Franc. Annal. Franc. apud Duchesne, tom. 1, pag. 769, 770, 719, 720, et tom. 2, pag. 7 et 69.
~~~~~~~~~~~~~~~~~~~~~~~~

CHAPITRE IV.

*Jugemens rendus à Attigny par Pépin,
encore maire du palais.*

Pépin, encore simple maire du palais, tint
à Attigny, le 17 août de la 8e. année du
règne de Childeric III, c'est-à-dire, vers
l'an 750, une cour plénière, où fut rendu
un jugement solemnel en faveur de Fulrad,
abbé de S. Denis, contre Hormung, abbé
de Maroilles, au sujet de l'oratoire de la
Croix, construit en l'honneur de S. Martin,
sur les confins de la terre de Solême, dans le
pays de Hainault. Doublet, dans son histoire
de l'abbaye de S. Denis (a), s'est contenté
de donner un simple extrait de ce jugement,
parce qu'il n'a d'autre rapport avec Attigny,
que d'y avoir été rendu ; mais on le trouvera
tout entier dans Mabillon (5).

On trouve encore en entier, dans sa Diplo-
matique, un autre jugement rendu par Pépin,
dans le palais d'Attigny, le 20 juin de l'année
suivante 751, neuvième du règne de Childeric
III, au sujet de quelques biens, dont
Ragane, abbesse de Septemoles, s'étoit em-
parée, dans un village du pays de *Tellau*,
appellé *Curborius*, au détriment de l'abbaye
de S. Denis. Il fut prouvé que cette terre

____

(a) Paris 1625, in-4°., pag. 691.

Ans de J. C.

avoit été donnée à ce dernier monastère par un certain *Chairebald*, de concert avec *Aillerte*, son épouse. Ainsi l'avocat de l'abbesse de Septemoles ne pouvant répondre aux pièces authentiques que produisit l'abbé

751. Fulrad, elle fut condamnée à se dessaisir des biens qu'elle s'étoit attribués injustement. Nous rapporterons de cette pièce, et autres semblables, uniquement ce qui a rapport à Attigny (6).

CHAPITRE V.

Concile et Assemblée générale de toute la nation à Attigny, sous le roi Pépin.

Quand, par la suite, Pépin, de maire du palais fut devenu roi de France, et chef d'une seconde dynastie, il n'affectionna pas moins le palais d'Attigny, que les rois de la première race. Il y tint une assemblée générale de toute la nation (a), après les fêtes de Pâques de l'an 765 (7). Les actes en sont perdus presqu'entièrement. Il paroît que

765. l'on s'y occupa fortement des grands intérêts de l'état, pour faire rentrer dans le devoir Gaifre, duc d'Aquitaine, alors en révolte ouverte contre la France. Cependant, d'après une courte notice, seule échappée aux ra-

---

(a) Annal. Franc. Metens. Bertin. et alii; Eginhard, de gestis Pipini Reg. Duchesne, tom. 2 et 3, et Regino, Abbas, ad ann. 765.

vages du tems, où cette assemblée est ap- Ans de J. C.
pelée *Synodale*, et où les noms de 27 évêques
et de 17 abbés, qui y assistèrent, sont rapportés, à la suite d'un engagement mutuel,
de leur part, de célébrer, à la mort de chacun
d'eux, une certaine quantité de messes, et de
réciter un certain nombre de fois le Psautier;
il est certain que ce fut aussi un véritable
concile, où les prélats firent différens décrets
sur les matières ecclésiastiques (8).

CHAPITRE VI.

*Pourquoi on ne voit point l'Archevêque
de Rheims dans ce concile?*

ON ne trouve dans cette notice, qui nous
reste du concile d'Attigny, de l'an 765, la 765.
signature d'aucun archevêque de Rheims;
on n'y voit même que celles de trois suf-
fragans de cette métropole. Il ne faut pas en
être surpris: depuis l'expulsion de S. Rigobert,
archevêque de Rheims, par Charles Martel,
pour avoir été fidèle à son roi, le siège de
cette ville, comme bien d'autres de la même
province ecclésiastique, étoit devenu la proie
d'une multitude de laïcs puissans, et spécialement d'un certain *Milon*, intrus sur le siège
de Trêves, qui, n'ayant rien de clerc que la
tonsure, faisoit tous ses efforts pour étendre
son autorité sur la seconde, comme sur la
première Belgique, et dilapidoit tout-à-la-
fois les deux églises de Trêves et de Rheims.

Ans de J. C.

Il est vrai qu'Abel, ordonné par S. Boniface, archevêque de Mayence et légat du S. Siège, pour gouverner l'église de Rheims, avoit été confirmé par le pape Zacharie, et en avoit même reçu le pallium. Pépin lui-même, encore maire du palais, avoit ouvertement favorisé son installation ; mais ce Prince ensuite avoit craint, sans doute, d'aliéner certains esprits dangereux, qu'il avoit intérêt de ménager (a). Ainsi Abel, loin d'entrer en possession paisible de l'église de Rheims, en avoit même été chassé, en sorte qu'elle demeura long-tems sans évêque, jusqu'à Tilpin, qui ne reçut le pallium que vers l'an 772, sous le pape Hadrien I, à la demande de Charlemagne.

CHAPITRE VII.

765. *Notice abrégée des Prélats les plus illustres qui s'y trouvèrent.*

Le prélat le plus célèbre et le plus illustre du concile d'Attigny, de l'an 765, est, sans contredit, S. Chrodegand (b), neveu du roi

---

(a) Fragm. de rebus Eudonis Aquitan. et Caroli Martel, ad ann. 765. Duchesne, tom. 1, pag. 789, 790. Epist. Hadrian. Pap. I, ad Tilpin. arch. Rhem. Labbe, tom. 6, pag. 1789. Hinem. Rhem. epist. 6, ad episc. Rhem. Prov. Præfat. et Can. 3 concil. Suession. anno 744. Labbe, tom. 6, pag. 1552, 1553, et Marlot Epitom. lib. 3, cap. 1.

(b) Sigebert. Gemblac de Script. eccles. c. 78 ; Paul. Diac. lib. de episc. Metens. tom. 2. Scrip. Franc. Anast. Biblioth. in vita

Pépin,

Pépin, par Landrade sa mère, sœur de ce Ans
prince. Elevé dans le palais de Charles Martel, de J. C.
il devint d'abord son référendaire, et fut
placé, sous Pépin, sur le siège de Metz.
Les anciens historiens s'accordent à dire
qu'en lui la noblesse de l'origine, et la
plus imposante beauté du corps, étoient
comme rehaussées par l'éclat des plus éminentes vertus. Une connoissance approfondie
de la langue latine et de celle de son pays,
jointe à une éloquence extraordinaire, des
aumônes abondantes, et mille autres bonnes
œuvres, tout concouroit à lui attirer le respect et la vénération de tout le monde. Aussi
dans un moment où tous les vœux appeloient
en France le pape Etienne III pour conso- 765.
lider la tranquillité de l'état, à la suite d'un
changement récent de dynastie, et remédier
aux maux de l'église, S. Chrodegand fut-il
choisi par Pépin, son oncle, et par tous les
Francs, pour aller à Rome déterminer ce
pontife à accélérer un voyage, dont les souvenirs sont si intéressans. Doué d'un si grand
mérite, lié d'ailleurs par le sang à la famille
royale, il fut regardé par le pape comme
seul capable de réprimer les usurpations de
Milon, dans les deux provinces ecclésiastiques
de Trèves et de Rheims désolées.

C'est, sans doute, d'après ces considérations qu'Etienne III, pendant son séjour en
France, après avoir sacré une seconde fois

Steph. pap. III ; Hugo, Flaviniac. abbas, in Chron. Virdun.
Anonym. autor, Annal. Franc. Duchesne, tom. 2, pag. 6 ;
Martyrolog. Metens., ad diem 6 mart.

Ans de J. C.

765.

Pépin et ses enfans, donna aussi le pallium à S. Chrodegand, son neveu, avec titre d'archevêque, pour ordonner des évêques, des prêtres et autres clercs par-tout où il seroit besoin, dans tous les diocèses de ces deux métropoles, qui seroient dépourvus de pasteurs légitimes. Il est donc tout naturel que son nom se trouve à la tête de tous les autres prélats, même des archevêques, sans excepter S. Remi, son oncle, archevêque de Rouen, dans la notice qui nous reste du concile d'Attigny, et c'est à juste titre qu'il en est communément regardé comme le président. La règle pleine de sagesse qu'il donna à ses clercs, et que tant d'autres évêques adoptèrent depuis, ne lui a pas acquis moins de célébrité. Il les obligea à vivre en commun, comme les religieux, dans l'intérieur d'un cloître, pour les préserver de la corruption du siècle, et pourvut suffisamment à leurs besoins, pour leur ôter tout prétexte de se livrer aux affaires temporelles. Il voulut aussi qu'ils apprissent parfaitement le chant romain, et leur fit observer, dans l'office public, l'ordre et les cérémonies de l'église romaine. Il gouverna très-saintement l'église de Metz pendant l'espace de 23 ans, 5 mois et 5 jours, et mourut un an après le concile d'Attigny, le 6 mars 766, jour où le martyrologe de Metz le place au nombre des bienheureux (*).

____

(*) On a, en 1812, rétabli, en son honneur, dans l'église d'Attigny, l'autel collatéral du côté de l'évangile. Le tableau représente le concile d'Attigny de 765, sous sa présidence,

Les autres prélats les plus remarquables Ans de J. C. du concile d'Attigny, sont 1°. S. Lulle (a), originaire d'Angleterre, qui, appelé d'abord en Allemagne par S. Boniface, archevêque de Mayence, pour l'aider à convertir les Thuringiens et les Hessois, devint enfin son successeur, de son vivant, vers l'an 753. On voit par les lettres de S. Boniface, combien il en étoit tendrement aimé à cause de ses vertus, et combien il étoit versé dans les plus hautes sciences. Delà vient qu'il écrivit en Angleterre pour se procurer différens livres de cosmographie. Il mourut en 787, et est honoré comme Saint, le 16 octobre.

2°. S. Remi (b), frère du roi Pépin, oncle de S. Chrodegand, qui fut élu en 775 pour être mis sur le siège de Rouen, à la place de Raginfroi, déposé pour sa mauvaise conduite, se rendit l'an 760 en Italie, par ordre du même prince, pour obliger Didier, roi des Lombards, à restituer au pape Paul tous les droits, patrimoines et territoires des villes qu'il avoit usurpés sur la république des Romains. Il montra la plus grande munifi- 765. cence en faveur de son église, et mourut en 771. Son corps, transféré pendant quelque tems à Soissons dans l'église de S. Médard,

---

avec cette inscription : *D. O. M. in honor. B. Chrodegangi, episc. Met., in synodo Attiniac. præsidis; anno* 765.

(a) Vita S. Bonif. a Willibaldo presb. scripta; Othlonus, in ejusdem vitâ, lib. 2, c. 19; S. Bonif. Epist. ad Fulrad, Pipini reg. primar. capellan. et Epist. ejusdem 95, 99, 109, 111; Marian., ad ann. 787, et Serrar. et Sur. ad diem 16 octobr.

(b) Annal. Franc. Duchesne, tom. 2, pag. 7. Epist. Pauli pap. I, ad Pipin., reg. in Cod. Carol. et Vita S. Remig. Rothom. a Lambec., lib. 2. Biblioth. Cæsar., c. 8.

 fut rapporté à Rouen l'an 1090, et sa fête est fixée dans les Bollandistes au 19 janvier. Il s'intitule dans le concile d'Attigny, *Vocatus Episcopus*, parce qu'à cette époque il n'étoit pas encore sacré, mais simplement élu évêque.

3°. S. Mégingoze (a) qui, après l'abdication volontaire de S. Burchard, fut mis à sa place sur le siège de Wirtzbourg, vers l'an 754, gouverna quinze ans cette église avec la plus grande édification, et abdiqua lui-même l'épiscopat pour s'occuper entièrement de son salut.

4°. S. Willibald (b), fils de S. Richard, Anglais des plus distingués par son origine et ses richesses, frère de S. Wunebald et de Ste. Walburge, ou Ste. Vaubourg, qui, après avoir visité le tombeau des apôtres S. Pierre et S. Paul, Jérusalem et toute la Palestine, 765. fut sacré, à son retour, premier évêque d'Aischtet, l'an 742, par S. Boniface, archevêque de Mayence et légat du S. Siège. Il prêcha la foi avec le plus grand zèle et les plus étonnans succès, et mourut saintement après 46 ans d'épiscopat. On honore sa mémoire le 7 juillet.

5°. S. Madalvée (c), d'abord abbé de S. Viton, qui, réunissant en lui les plus grandes vertus, fut élu d'une voix unanime pour

---

(a) Egilward. lib. 2, vitæ S. Burchardi, ubi plura de virtutibus S. Megingordi vel Megingozi.

(b) Vitæ duæ S. Willibaldi ; altera a Sanctimoniali Heidenheim ; altera ab aut. anonym. apud Mabillon, sæc. 3, bened. part. 11.

(c) Hugo Flavian. abbas, in chron. Virdun.

remplir le siège de Verdun, lorsque Pépin Ans
étoit déjà monté sur le trône. Cette ville, de J. C.
à cette époque, étoit toute désolée par les guerres et les incursions des barbares. Les offices du jour et de la nuit y étoient négligés, et les églises profanées en mille manières. Il rétablit la règle dans son clergé, exposa à Pépin les désastres de sa ville épiscopale et de son peuple, en obtint de grandes largesses pour remédier à tant de maux, et mourut peu de tems après, l'an 776.

6°. Fulrad (a), abbé de S. Denys, qui fut, avec Burchard, évêque de Wirtzbourg, de la fameuse ambassade envoyée par Pépin au pape Zacharie, au sujet de Childéric III. Ce fut aussi lui que ce prince, déjà monté sur le trône, envoya, avec le duc Rotard, jusqu'au monastère d'Agaune, dans les Alpes Cottiennes, au devant du pape Etienne III, quand il vint en France; il fut encore du nombre de ceux qui formèrent la suite du pape à son retour, et l'accompagnèrent jusqu'à Rome. A peine revenu en France, il fit une seconde fois le voyage d'Italie, pour y accompagner le roi Pépin dans sa seconde expédition contre Aistulphe, roi des Lombards, violateur des traités les plus sacrés. Ce prince enfin mis à la raison, Fulrad fut laissé en Italie pour recevoir de sa part, et mettre effectivement au pouvoir de l'église

---

(a) Annal. Loisel. Duchesne, tom. 2, pag. 25. Eginhart, ad ann. 749. Anastas. ad ann. 753. Annal. Lauresh. Annal. Metens. ad ann. 771. Henschen. ad diem 17 febr. Pagi ad ann. 784. n°. 8; et Epitaph. Fulrad. Duchesne, tom. 2, pag. 690, autore Alchuino, Caroli M. præceptore.

Ans
de J. C. Romaine les villes de l'Exarchat de Ravenne,
dont on étoit convenu dans le traité. On
peut juger de l'autorité dont jouissoit justement auprès de Pépin ce célèbre abbé, par
différentes lettres de S. Boniface, archevêque
de Mayence, qui lui donne les titres de *conseiller* de ce prince, et de *chapelain du
palais.* Enfin, dans toutes les affaires les
plus importantes de son tems, il est facile
de reconnoître en lui l'homme de confiance
tout-à-la-fois des souverains pontifes et du
roi son maître. A la mort de Carloman, il
s'attacha, non à sa veuve et à ses enfans,
mais au parti de Charlemagne, et mourut
lui-même l'an 784. Il étoit honoré comme
bienheureux dans le monastère de Liberaw
en Alsace, le 17 février. On ne doit point
s'en étonner, en lisant l'épitaphe que le fameux
précepteur de Charlemagne composa en vers
pour célébrer ses éminentes vertus.

Enfin, Lantfrid (a), abbé de S. Germain-
des-Prés, très-connu par la célèbre translation qu'il fit faire du corps de S. Germain,
évêque de Paris, l'an 754, à laquelle assista
Pépin avec ses deux fils Carloman et Charles,
et une foule de prélats et de grands du
royaume.

D'après tant de saints et illustres personnages qui assistèrent au concile d'Attigny
765. l'an 765, on peut voir combien cette assemblée est digne de respect et de vénération.

(a) Monach. anonym, autor narrat. translat. S. Germ. quæ
extat sæc. 3, benedict. p. 11.

CHAPITRE VIII.

Eclaircissement de certaines obscurités dans les signatures de quelques-uns des évêques du concile d'Attigny.

QUELQUES-UNS des autres prélats qui ont souscrit au concile d'Attigny, s'intitulent évêques de certains monastères. Il ne faut pas en être surpris; c'est que le titre de leur évêché, tout récemment érigé, étoit réellement attaché à un monastère qu'ils avoient fondé, et où ils habitoient, comme S. Willibald, premier évêque d'Aischtet. Peut-être aussi s'intitulèrent-ils ainsi, parce qu'après avoir abdiqué l'épiscopat, ils s'étoient retirés dans ces monastères, ou pour s'occuper plus librement de leur salut, comme on en voit alors beaucoup d'exemples, ou pour se soustraire aux fureurs des barbares, comme celui dont la signature porte : *Willihaire, évêque du monastère de S. Maurice*, apparemment le même que *Vilicaire*, archevêque de Vienne, qui, après l'incursion des Mahométans en France, abdiqua son siège, se réfugia au monastère de S. Maurice, ou d'Agaune, dans les Alpes Cottiennes, où furent martyrisés S. Maurice et la légion Thébéenne ; y embrassa l'état monastique, et finit par en devenir abbé (*).

765.

(*) On voit d'ailleurs, par le privilège du pape Adrien I,

CHAPITRE IX.

Preuve que les prélats, dont nous avons les souscriptions, ne sont pas les seuls qui aient assisté au concile d'Attigny.

Au reste il ne faut pas croire que les prélats, dont les souscriptions se trouvent dans la notice indiquée ci-dessus, soient les seuls qui aient assisté au concile d'Attigny. Un autre monument, qui nous en reste, prouveroit au besoin le contraire (9).

En effet, Assuerus (a), premier abbé du fameux monastère de Prum, fondé par Pépin et Bertrade, son épouse, en 762, à quelque distance de Trèves, étant en voyage, eut occasion de passer par le monastère de S. Goar, situé un peu au-dessus de Coblentz, et n'y trouva pas les secours que l'hospitalité prescrit le plus impérieusement. Il raconta donc peu de tems après au roi Pépin, ce qui s'étoit passé à cet égard, et se plaignit comme d'une chose indigne, qu'on n'exerçât plus aucune hospitalité dans un endroit où cette vertu avoit été si en vigueur sous S. Goar. Pépin

765.

---

en faveur du monastère de S. Denys (Labbe, tom. 6, p. 1776), que les papes de ce tems-là permettoient à certains monastères d'être exempts d'avoir pour eux des évêques, indépendamment de leurs abbés.

(a) Vandelbert. diac. Prum. et monach , in fine libri sui de miraculis S. Goar. apud Mabill. sæc. 11, bened. pag. 298.

lui répondit qu'il y remédieroit en tems op- Ans
portun. Aussi quelque tems après, l'abbé de J. C.
Assuerus étant aussi venu à l'assemblée gé- 765.
nérale des Francs à Attigny, le prince lui
rappela les plaintes qu'il lui avoit portées,
et voulut que désormais, indépendamment
de la conduite du monastère de Prum, il
eût aussi le gouvernement de celui de S. Goar,
pour y rétablir cette hospitalité, plus précieuse encore pour les mœurs que pour la
bourse des voyageurs, qu'on exerçoit dans
tous les autres monastères de ce tems-là, et
qui malheureusement est aujourd'hui presque
entièrement anéantie parmi nous. Or, le nom
d'Assuerus ne se trouve pourtant pas avec
celui des autres abbés dans la notice du concile d'Attigny (*).

Maintenant donc qu'avec cette foule d'é-
vêques et autres prélats, on se représente
encore tous les grands seigneurs du royaume
réunis à la cour de Pépin, et l'on pourra
juger combien Attigny devoit être brillant à
cette époque.

―――――――――――――――――

(*) *Pagi* (Critica histor.-chron. in Annal. Baron, tom. 3,
pag. 316, 321 et 322.), au lieu d'avouer que la notice du
concile d'Attigny, l'an 765, ne renferme pas le nom de tous
les prélats qui s'y sont trouvés, a supposé deux conciles
d'Attigny, l'un tenu, selon lui, en 762, dont les prélats seroient
rapportés dans cette notice ; et l'autre en 765, dont tous,
excepté *Assuerus*, seroient inconnus ; mais les auteurs du tems
n'ayant fait mention que d'un seul concile tenu dans le 8e. siècle à
Attigny, l'an 765, son opinion n'est appuyée sur aucun fon-
dement solide.

CHAPITRE X.

*Le roi Carloman habite Attigny en 769 ;
Charlemagne, son frère, vient y passer les
fêtes de Noël en 771, et de Pâques en 772.*

ATTIGNY ne fut pas moins brillant sous le
règne des deux fils de Pépin. Le roi Carloman
y habitoit au mois de mars de l'année 769,
première de son règne. Mabillon rapporte en
effet le commencement d'une ordonnance
qu'il donna sous cette date, *dans le palais
roya d'Attigny* (ce sont expressément les paroles de la charte), (a) pour exempter le monastère de S. Denys de toutes impositions,
et confirmer toutes les immunités qui lui
avoient été accordées par les rois antérieurs (10).

Charlemagne, après la mort de son frère
Carloman, y vint aussi passer les fêtes de
Noël 771, et de Pâques 772 (b), lorsqu'il
étoit déjà maître de tout l'empire François, et
à la veille d'entreprendre, contre les Saxons,
cette fameuse guerre qui devoit durer trente-
trois ans (11).

769.

771
et
772.

(a) Ex autographo, apud Mabillon, diplom. lib. 4 et 5,
pag. 387.

(b) Eginhard. Annal. et Franc. annales Varii ; Vita Karoli M.
per monach. Egolism. Annal. Metens. et poeta Saxon. de gestis
Karoli M.

CHAPITRE XI.

Witikind et Albion, fameux chefs des Saxons, baptisés à Attigny. Charlemagne les tient en personne sur les fonts de baptême.

Mais jamais rien ne contribua davantage à la célébrité d'Attigny et de son palais, que l'évènement si mémorable et pour la Saxe et pour la France, dont tous les historiens font mention à la quatorzième année de cette même guerre, et qu'un poëte Saxon du neuvième siècle a chanté dans ses vers (a). Qui, en effet, n'a point entendu parler de ce fameux Witikind, qui, sûr de trouver, au besoin, un refuge en Dannemark avec ses partisans, engagea tant de fois les Saxons à violer les sermens les plus solemnels de demeurer fidèles à Dieu et à l'empire des Francs, dans la personne de Charlemagne et de ses enfans ? Quel acharnement ne montra-t-il pas à persécuter ceux des Saxons qui avoient embrassé le christianisme ! Avec quelle fureur ne força-t-il pas les Frisons eux-mêmes à abandonner la foi, et à immoler de nouveau aux idoles, chassant et massacrant partout les ministres évangéliques ; renversant

(a) Annal. Tiliani ; fragm. annal ; Loisel annal. Vitæ Karoli magn. incerti autoris, et per monach. Egolismen ; annal. Eginhard ; annal. Fuld. chron. vetus Moiss. cœnob ; annal Bertin et Metens ; poeta Saxon. de gestis Karoli. magn ; et Krantz, lib. 2. Saxon.

 de fond en comble et incendiant les églises !
Mais enfin Charlemagne l'ayant engagé à une
conférence, lui et Albion, autre chef des
Saxons, en leur promettant le pardon et l'im-
punité de leurs crimes, ils consentirent à y
venir, après avoir exigé des ôtages pour leur
sûreté, et promirent à ce prince, avec serment, de se rendre en France auprès de lui.

 Effectivement, Charlemagne de retour
dans ses états, vint, cette année 785, passer
à Attigny les fêtes de Noël, et celles de Pâques
de l'année suivante 786, et ces deux chefs des
Saxons vinrent aussi l'y trouver. C'est là
qu'après avoir été sans doute instruits con-
venablement, ils abjurèrent l'idolâtrie, et
furent baptisés avec tous ceux qui les accompagnoient. Charlemagne voulut lui-même
tenir Witikind sur les fonts de baptême, et lui
fit des présens magnifiques. Les historiens ne
disent pas quel fut l'évêque qui fit la cérémonie. Mais comme Attigny appartenoit au
diocèse de Rheims, il est très-probable que
ce fut Tilpin, qui alors occupoit le siège de
cette ville, et qui d'ailleurs jouissoit de la
confiance de Charlemagne, au point de
l'accompagner dans ses expéditions mili-
taires, même les plus éloignées. C'est ainsi
que la Saxe fut entièrement soumise à l'empire François. Car Witikind et Albion, depuis
qu'ils eurent embrassé le christianisme, demeurèrent toujours fidèles à Charlemagne,
et favorisèrent même l'érection des évêchés
en Saxe. Attigny peut donc s'en glorifier à
juste titre ; c'est dans son sein qu'ont été
posés les plus solides fondemens du Christianisme, et par conséquent de la civilisation
parmi les Saxons (12).

CHAPITRE XII.

*Concile et assemblée générale des Francs à
Attigny, l'an 822. Louis le Débonnaire s'y
soumet volontairement à la pénitence publique, et pourquoi.*

Mais on fut frappé, trente-sept ans après,
à Attigny, d'un spectacle bien différent et
bien extraordinaire. En voici les préludes,
absolument tels qu'ils sont présentés par les
historiens du tems, sans y ajouter aucunes
réflexions étrangères.

Louis le Débonnaire, aussitôt après la mort
de Charlemagne, et dès la première année 822.
de son règne, s'étoit laissé séduire par quelques courtisans jaloux, qui vinrent à bout
de noircir, à ses yeux, l'innocence, depuis
bien avérée, de ses cousins Adalhard et
Wala, et de lui faire concevoir des inquiétudes au sujet de la haute considération dont
toute cette illustre famille avoit si justement
joui jusqu'alors. Ces deux frères, enfans du
comte Bernhard, frère de Pépin, roi de
France, et oncle de Charlemagne, ont obtenu les plus grands éloges de la part des personnes les plus distinguées de leur tems.

(*) Dans la nouvelle édition des Capitulaires, par Chiniac,
tom. 1, pag. 622, on lit : *Hludovici Pii, imp. aug. Cons-
titutio in Comitiis in Attiniaco celebratis* (anno 820) *cons-
cripta, et per missos imperiales in imperio promulgata* (*Vide
in novo Codice Legum veterum*).

Ans
de J. C.

Adalhard (a), d'abord simple moine de Corbie, et chargé par l'abbé de la culture des jardins du monastère, s'étoit enfui en Italie, au Mont-Cassin, pour se soustraire à l'importunité des visites de ses proches, et se mettre à même d'observer plus tranquillement la règle de S. Benoit. Mais Charlemagne l'avoit bientôt après rappelé en France pour le faire entrer dans son conseil. Devenu ensuite abbé de Corbie, il fut placé par ce grand prince auprès de Pépin, son fils, roi d'Italie, à la tête de l'administration de la justice. C'étoit l'homme de confiance sur lequel il comptoit, pour apprendre à son fils, encore jeune, à régner avec équité, et à le former, lui et son royaume, à la pratique de toutes les vertus que la religion inspire. Il s'étoit acquitté de cet emploi avec l'applaudissement des gens

822.

de bien, et ses belles qualités le faisoient exalter, moins comme un homme que comme un ange sur la terre. Hincmar, archevêque de Rheims, l'appelle le sage vieillard, et assure avoir lu un ouvrage de lui, aujourd'hui perdu, et intitulé : *de la Règle, ou de l'Ordre du Palais*, dont il fait l'éloge. Malgré tant de mérite, le S. abbé de Corbie ne laissa pas d'être envoyé en exil, d'abord à Lérins, et ensuite en Aquitaine. Il ne fut rappelé qu'au bout de sept ans dans son abbaye, et ne re-

---

(a) Paschas. Radbert, in vita S. Adhalhardi, Duch., tom. 2, pag. 652 ; S. Adhalhardi vita, a S. Gerard, monacho Corbeiensi, abbrev. apud Mabillon. Sæc. 4. Benedict., p. 1 ; Hincmar. Rhem. *de instilut. Karolomanni*, c. 12. Duch., tom. 2, pag. 490 ; Eginhard ad ann. 821 ; vita et act. Ludov. imperat. Duch., tom. 2, pag. 301.

couvra les bonnes graces de son prince qu'en 821.

Wala, son frère, étoit lui-même un homme doué des plus éminentes qualités (a). Aussi à la mort de Pépin, roi d'Italie, fut-il mis, par Charlemagne, à la tête du conseil de Bernhard, qui avoit succédé à son père dans ce royaume, pour rendre à ce jeune prince les mêmes services que son frère Adalhard avoit rendus à Pépin. Il avoit, en se rendant aimable dans toute sa conduite, étendu plus loin son pouvoir, que tant d'autres par le faste et la tyrannie ; strict observateur de la justice, il étoit l'ennemi déclaré des oppresseurs. Faut-il s'étonner qu'il eut de si puissans en‑nemis ? Chassé de la cour injustement, il s'étoit réfugié à Corbie, où il avoit lui-même embrassé l'état monastique, et consolé ce monastère pendant l'absence de S. Adalhard.

Pieux comme il l'étoit, Louis le Débonnaire ne pouvoit manquer de se reprocher souvent ce traitement injuste et criminel envers deux personnages si respectables. Mais il étoit encore bien plus tourmenté au sujet de la mort de Bernhard, son neveu, roi d'Italie, et de la conduite qu'il avoit tenue à l'égard des enfans naturels de Charlemagne, ses frères, que ce prince lui avoit tant recommandés.

Bernhard, sans doute, étoit extrêmement coupable. C'étoit Louis le Débonnaire qui, plus que personne, avoit déterminé Charle‑magne à lui confier, malgré le vice de sa nais‑

Ans
de J. C.

822.

(a) Vita Caroli magn. incerto autore ad ann. 812 et vita ejusd. per monach. Egolism ; vita et actus Ludov. Pii, Duch. tom. 2, pag. 295.

sance, le royaume d'Italie à la mort de Pépin dont il étoit fils naturel. Cependant, au mépris d'un si grand bienfait, mécontent du titre d'empereur que Louis avoit donné à Lothaire (a) son fils aîné, de son vivant, il avoit déployé contre lui, en Italie, l'étendard de la révolte, en voulant lui-même s'y faire reconnoître en cette qualité. Mais, au rapport des historiens, il avoit depuis déposé ses armes aux pieds de Louis, et s'étoit jeté à ses genoux, pour le supplier de lui accorder le pardon de son crime, au moment où ses affaires étoient désespérées, et où il voyoit de jour en jour ses partisans l'abandonner. Un seul semble assurer qu'il fut pris les armes à la main par les armées de Louis, et amené à ce prince alors à Châalons-sur-Saône. Un pareil forfait, selon les loix des Francs, méritoit le dernier supplice, et les grands du royaume, chargés par l'empereur de juger cette affaire dans une assemblée générale, avoient, en conséquence, porté contre lui la sentence de mort. Louis le Débonnaire, à la vérité, s'étoit opposé à son exécution, et avoit commué cette peine capitale en ordonnant, ou du moins, selon d'autres historiens, en consentant qu'on lui crevât les yeux. Mais le jeune prince, désolé de se voir privé de la vue à jamais, étoit mort au bout de trois jours, soit en s'ôtant la vie à

____

(a) Chron. vetus Moissiac.; vita et act. Ludov. Pii, opus Thegan. de gestis ejusd; Nithard. hist. lib. 1; Annal. Bertin; Annal. Fuld. et Eginhard. ann. 817, Duch., tom. 3, pag. 147, 148, 175, 261, 262, 280, 299, 360, 543.

lui-même,

lui-même, soit par suite d'un supplice aussi cruel et aussi barbare. Or l'empereur, à cette nouvelle, avoit ressenti la plus vive douleur, jusqu'à pleurer amèrement et pendant long-tems, la mort violente du roi son neveu, à laquelle il ne s'étoit pas attendu.

Quant à ses trois frères, Drogon, Hugues et Thierry, encore fort jeunes, il les avoit fait tondre et renfermer malgré eux dans des monastères, sur la simple crainte que par la suite ils ne se portassent à de pareilles démarches contre lui.

La conscience est un terrible bourreau. Continuellement assailli de remords, l'empereur assembla, au mois d'août de l'année 822, dans le palais d'Attigny (a), un concile où se trouvèrent les évêques, les abbés et les autres ecclésiastiques de marque, avec les grands du royaume, réunis en forme de cour plénière. Là, de l'avis de tous, il se réconcilia d'abord avec ses frères naturels qu'il avoit si maltraités, mais qu'il plaça bientôt après très-honorablement. Puis s'étant, à haute voix, en face des évêques et en présence de tout son peuple, confessé coupable, tant sur ce point que sur la conduite qu'il avoit tenue envers Adalhard et Wala, et sur le supplice barbare infligé à son neveu, au moins sans opposition de sa part, il se soumit *spontanément* (b), disent les historiens du tems, à la pénitence publique,

____

(a) Annal. Franc. Fuld.; Eginhard. Annal.; apud Duch., tom. 2, pag. 544, 265.

(b) Vita et actus Ludov. Pii, imp. Duch., tom. 2, pag. 301.

spontaneam pœnitentiam suscepit, pour tout le mal qu'il avoit commis publiquement. Enfin, pour remédier à tous autres semblables manquemens de la part de son père ou de la sienne, en quelque lieu que ce fût, il fit même d'abondantes aumônes, se recommanda avec instance aux prières des personnes ferventes, et s'efforça d'appaiser la justice divine par ses propres satisfactions, comme si les déterminations, légalement prises envers les personnes lésées, avoient été le résultat de sa cruauté personnelle. On vit donc alors à Attigny ce qu'on avoit vu à Milan, plus de quatre siècles auparavant, dans la personne de Théodose, un empereur se livrer à toutes les rigueurs prescrites par les canons pour la réconciliation des pénitens publics. Comment supposer en effet que Louis le Débonnaire, timoré comme il l'étoit, eût voulu qu'on adoucît en sa faveur ce qu'il a exigé lui-même si impérieusement dans ses propres capitulaires (a), en qualité de protecteur de la discipline de l'église, de la part des simples particuliers coupables de délits publics (13)?

____

(a) Lib. 5, pag. 85o, 851, et seqq. tom. 1, novæ edit. Chiniac, Paris 1780.

CHAPITRE XIII.

Promesse que font , dans ce concile , les évêques , d'établir des écoles dans les lieux convenables, pour l'instruction des clercs et des fidèles. On y projette divers autres établissemens et réformes. Discours du B. Agobard, archevêque de Lyon , dans le concile, sur les biens de l'église envahis ; pourquoi supprimé ici en langue vulgaire. Retour de Louis le Débonnaire à Attigny, l'an 823.

822.

Le concile d'Attigny, l'an 822, est très-recommandable, à raison de la promesse avantageuse (a) que les évêques y firent solemnellement à Louis le Débonnaire , d'établir, dans les lieux convenables, des écoles pour l'instruction des clercs et des simples fidèles. Ce prince , indépendamment de l'injonction qu'il leur en fit alors, leur annonça en outre, de vive voix , ainsi qu'à tous ceux de l'ordre de la noblesse réunis en forme de concile et de cour plénière à Attigny, plusieurs autres établissesemens ou réformes, qu'il avoit médités dans sa sagesse, pour l'avantage et l'utilité de ses peuples ; et ces dispositions furent alors rédigées en chapitres distincts (b).

____

(a) Capitular., lib. 2 , cap. 5 , pag. 737, novæ edit. Chiniac.
(b) Sirmond, Baluze, Labbe, et autres savans , pensent que

C'est S. Agobard, archevêque de Lyon,
le seul des évêques assistans au concile d'Attigny, qu'on connoisse nommément (*) qui
nous donne ces détails dans son ouvrage *sur
la Dispensation des biens ecclésiastiques.*
Alors, et c'est encore lui qui nous l'apprend,
ceux qu'il appelle *ses maîtres*, et spécialement le vieux Adalhard, ce même S. abbé
de Corbie, qui avoit été injustement envoyé
en exil, mais qui, depuis un an, avoit recouvré toute la confiance de Louis le Débonnaire,
et occupoit dans l'assemblée une des places
les plus distinguées parmi les grands de
l'empire, et les conseillers du prince, commencèrent à faire le plus grand éloge de ces
projets d'établissemens et de réformes. Adalhard avança même que, depuis le règne de
Pépin, jusqu'au moment présent, il n'avoit
jamais vu agiter et approfondir, d'une manière

---

ces chapitres rédigés au concile d'Attigny en 822, sont précisément ceux qui forment le capitulaire rapporté à l'an 823, dans
la collection récente des capitulaires *de Chiniac*, tom. 1, pag.
631, et de nouveau pag. 735 et suivantes; mais d'autres savans
sont d'un avis contraire. A raison de cette incertitude, nous
nous abstiendrons de les rapporter dans les Monumens latins,
qui se trouvent à la fin de cet ouvrage.

(*) Il est pourtant très-vraisemblable qu'Ebbon, archevêque
de Rheims, s'y trouva aussi. Car il fut envoyé à Rome, du
consentement de Louis le Débonnaire et du même concile, pour
solliciter, de la part du pape Paschal, la permission d'aller
propager l'évangile dans les pays Septentrionaux. C'est un fait
attesté par S. Anschaire, archevêque de Hambourg : *Ebbo,
Rhemensis archiepiscopus, temporibus D. Ludov. imperatoris,
cum consensu ipsius, et pene totius regni ejus synodi (in
Attiniaco) congregatæ, Romam adiit, ibique à papa Paschali
publicam evangelizandi licentiam, in partibus Aquilonis, accepit :* (Epist. ad omnes S. Dei ecclesiæ episcopos, in regno dun-
taxat Ludovici commanentes; Pagi, ad ann. 823, n°. 9). On voit,
par ces paroles de S. Anschaire, que presque tous les évêques
et les grands du royaume assistèrent au concile d'Attigny en 822.

plus glorieuse, la cause de l'intérêt public. Ans de J. C.
Seulement, pour épargner à une assemblée si
nombreuse l'espèce d'humiliation de s'être
contentée d'approuver et d'obéir, voici, continue S. Agobard, ce qu'il ajouta, de concert
avec les autres grands de son rang, en adressant la parole à tous : « Que le concile expose
» avec confiance tout ce que sa sagacité
» pourra lui suggérer, pour prévenir les pré-
» varications, écarter les dangers, rétablir la
» religion, propager les lumières de l'ensei-
» gnement, affermir la foi, augmenter la fer-
» veur de la sainteté, et qu'il soit très-assuré
» que l'empereur ne manquera pas d'obéir
» à Dieu pour en procurer l'exécution. Les
» malheurs, les troubles, les mortalités et les
» famines qui affligent les royaumes, sont,
» il le sait, selon les divines écritures, les
» justes punitions des crimes auxquels se
» livrent les peuples. C'est pour cela qu'il met
» tous ses soins à affermir le bien et à détruire
» le mal, afin d'obtenir de Dieu, de concert
» avec nous, en faveur de ses sujets, l'éloi-
» gnement des calamités publiques, et, pour
» lui-même, la faveur de gouverner heureu-
» sement son royaume ».

Après ce discours et autres très-gracieux 822.
de la part de ceux qu'il appelle encore
Priores nostri, S. Agobard prit lui-même la
parole, et, comme étant, dit-il, le dernier
de tous, et ayant à parler à des personnes
d'un rang si élevé, il commença à toucher
insensiblement, et avec beaucoup de réserve,
la matière délicate de l'invasion des biens
consacrés au culte de Dieu, sous les règnes
précédens.

Ans
de J.C.
Son discours, il est vrai, appartient à l'histoire, et même à notre sujet. Il n'est, d'ailleurs, et ne peut nullement être applicable à
notre temps, puisqu'à cette époque bien dif-
férente de celle-ci, sous mille rapports, il
n'existoit, de la part des deux puissances,
aucune des garanties, qui assurent aujourd'hui
aux acquéreurs la propriété de ces biens, en
les déclarant incommutables entre leurs
mains ou celles de leurs ayant-cause. Néanmoins nous ne nous permettrons pas de le
traduire. La prudence, l'amour de la paix,
l'obligation de concourir, pour notre part,
au parfait rétablissement de la religion catholique, qui est le premier bien, et au salut du
peuple qui est la souveraine loi, enfin la soumission due aux décisions du S. Siège, et
même à la Charte, tout nous impose le devoir
de le supprimer ici en langue vulgaire. On le
trouvera en latin dans les Monumens.

Voici seulement comme il termine : « Lors-
» que j'eus ainsi parlé, les révérendissimes
» abbés Adalhard et Hélisachar (celui-ci
» étoit abbé de S. Maximin de Trèves),
» me donnèrent une réponse convenable à
» leur piété. Mais firent-ils à Sa Majesté im-
» périale rapport de ce qu'ils avoient entendu?
» C'est ce que j'ignore (a) ».

822.
Il faut conclure delà que l'empereur n'étoit
pas présent à la séance où ce discours fut
prononcé. Au reste, il ne séjourna pas, après
cela, long-tems à Attigny, et en partit aussi-

______

(a) Agobardi, Lugd. Archiep., lib. de *Dispensatione rei
ecclesiasticæ*, in principio.

tôt l'assemblée terminée (a), pour aller dans les Ardennes prendre le divertissement de la chasse (14). Mais il ne tarda pas beaucoup à y revenir ; car il existe une ordonnance de ce prince, en faveur du monastère de Bagneul, dans le diocèse de Gironne (*), en Espagne, datée du palais d'Attigny, le 11 septembre 823 (15).

~~~~~~~~~~~~~~~~~~~~~~~~~~~~~~~~

CHAPITRE XIV.

Plainte de Northilde, femme d'Agembert, rapportée par Hincmar, archevêque de Rheims. On ne peut décider si elle fut portée au concile d'Attigny en 822 ou en 834.

Hincmar de Rheims, dans son Opuscule sur le divorce du roi Lothaire et de Tetberge (b), son épouse, dit qu'il restoit encore, de son tems, quelques évêques qui avoient assisté à un concile général de tout l'empire, tenu dans le palais d'Attigny, sous l'empereur Louis le Pieux, avec les légats du S. Siège à la tête, et en raconte le trait suivant : Une femme, au-dessus de la classe du peuple, appelée Northilde, vint publiquement dans

---

(a) Eginhard. Annal. ad ann. 823, et Præcept. Ludov. Pii, ex archiv. monasterii Balneol. in nova edit. Capitular. append., tom. 2, pag. 142.

(*) Une portion de l'Espagne appartenoit alors à la France.

(b) Hincmar Rhem. in lib. de divortio Lotharii et Thetbergæ in respons. ad interrogat. V.
~~~~~~~~~~~~~~~~~~~~~~~~~~~~~~~~

l'assemblée générale porter plainte à l'empereur, au sujet de quelques difficultés en matière deshonnête, qui s'étoient élevées entre
elle et son mari, nommé Agembert. L'empereur remit au concile et aux évêques la
décision de cette affaire. Mais la généralité
des évêques la renvoya au jugement des
laïcs mariés, au fait de ces sortes d'affaires,
et suffisamment instruits des loix du siècle,
pour que cette femme eût à s'y soumettre et à
s'y conformer sans aucune répétition; ajoutant
toutefois que, si elle étoit déclarée criminelle,
elle viendroit, d'après le jugement de ces laïcs,
s'adresser à ceux qui sont revêtus de l'autorité apostolique, pour leur demander le mode
de pénitence convenable en pareil cas, selon
la règle des canons, et qu'alors ils ne refu-
seroient pas de la lui imposer. Cette discrétion de la part de l'ordre sacerdotal, plut
beaucoup aux gentilshommes, en voyant
qu'il leur renvoyoit le jugement de leurs
femmes, ne portoit aucun préjudice aux
loix civiles, invoquoit même la loi, pour
faire droit à la plainte publique de cette
femme, et avoit voulu qu'il n'y eût pour elle
aucun appel après un jugement légal.

Comme il s'est aussi tenu, sous Louis le
Débonnaire, une assemblée générale de tout
l'empire dans le palais d'Attigny en 834, est-ce
à celle-ci, ou à la première en 822, qu'Hincmar
a voulu rapporter ce trait d'histoire ? La
chose est fort incertaine, et les savans sont
partagés à ce sujet. Liberté à chacun d'embrasser l'opinion qu'il trouvera préférable.
Nous opinons qu'Hincmar a voulu parler de
la première assemblée générale (16).

CHAPITRE XV.

Actes du concile d'Attigny, l'an 834, perdus. 834.
Ce que l'on en sait avec certitude. Ordon-
nance rendue à Atti_ny par Louis le Dé-
bonnaire, l'an 839.

Les actes du concile d'Attigny, l'an 834,
sont perdus, et on a fait d'inutiles recherches pour les retrouver. Ce que l'on en sait
avec certitude, c'est qu'il fut tenu vers la S.
Martin (a), et que l'empereur avoit résolu d'y
opérer plusieurs réformes, tant en matières
ecclésiastiques qu'en matières de droit public ; en voici les principales dispositions. Il
ordonna à Pépin son fils, roi d'Aquitaine,
par l'entremise de l'abbé Ermold, de restituer sans délai, aux églises, les biens ecclésiastiques situés dans son royaume, ou qu'il
avoit distribués à ses favoris, ou que ceux-ci
avoient usurpés eux-mêmes. Il envoya des
députés, de sa part, dans les villes et les
monastères, avec ordre de rappeler à son
ancien lustre l'état ecclésiastique, presqu'entièrement déchu. Il voulut encore que ces
députés se rendissent dans les différens comtés,
pour réprimer la scélératesse des voleurs et
des brigands qui s'étoient multipliés d'une
manière inouie, et leur enjoignit même d'appeler à eux les comtes et les vassaux des lieux

(a) Vita et actus Ludov. Pii, et Annal. Bertin, ad ann. 834.

Ans
de J. C.
où ces brigands étoient le plus en force, pour les expulser et les détruire entièrement, avec l'obligation de lui faire un rapport exact de tout cela à la prochaine assemblée générale de Worms, qu'il convoqua pour la fin de l'hiver, aux premières faveurs du printemps. Nous avons aussi de Louis le Débonnaire une ordonnance (a) rendue *au palais royal d'Attigny*, le 21 janvier de la 26e. année

839.
de son empire, c'est-à-dire, 839 de J. C., pour confirmer un échange de quelques terres entre Hilduin, abbé de S. Denys, et Ermentrude, abbesse de Jouarre ; preuve qu'à cette époque il y résidoit encore (17).

~~~~~~

CHAPITRE XVI.

Assemblée indiquée à Attigny par l'empereur Lothaire, de concert avec le roi Charles le Chauve, son frère, pour statuer sur leurs intérêts réciproques. Elle n'a pas lieu.

Mais ce Palais fut beaucoup plus fréquenté pendant les guerres qui s'élevèrent entre les enfans de Louis le Débonnaire, au sujet de la succession de leur père, et de la division de l'empire ; guerres malheureuses, dont les Normands surent si bien profiter pour pénétrer dans le sein de la France. L'empereur Lothaire, sur le point d'en venir aux mains

____

(a) Ludov. Pii Præcept. ex autograph. apud Mabillon. de re Diplom., lib. 6, pag. 525.
~~~~~~

dans les environs d'Orléans , avec Charles Ans de J. C. le Chauve, son frère, vers la fin de l'année 840 , crut de son intérêt de s'abstenir, pour 840. le moment, de combattre contre lui, persuadé que ses propres forces alloient s'accroître de jour en jour, tandis que celles de Charles diminueroient , et qu'en conséquence il pourroit alors le vaincre plus facilement. Il consentit donc à une cessation d'hostilités , et céda à Charles, l'Aquitaine, la Septimanie, la Provence, et les dix comtés qui sont entre la Loire et la Seine, à condition qu'il s'en contenteroit , et s'y renfermeroit jusqu'à une assemblée qui devoit, le 8 mai de l'année 841 , se tenir à Attigny (a), où il seroit statué, de concert, sur leurs intérêts réciproques, à la satisfaction des deux parties. Les grands de la suite de Charles ne se voyant point en force, et redoutant l'issue du combat, donnèrent aussi leur consentement à tout ceci , à condition que Lothaire laisseroit effectivement Charles jouir en paix des états qu'il lui avoit cédés. Mais Lothaire envoya , sur-le-champ, des émissaires dans ces mêmes états , pour empêcher de le reconnoître pour souverain, et de se soumettre à lui. En falloit-il davantage pour causer à Charles les plus vives inquiétudes, lorsqu'il vit approcher le tems fixé pour le colloque d'Attigny ?

Ne sachant alors quel parti prendre pour concilier, avec ses intérêts et ceux de ses sujets, l'engagement qu'il avoit pris de s'y rendre, il assembla son conseil qui , tout

____

(a) Nithard. Histor. lib. 2, ad annos 840 et 841.

pesé, fut d'avis qu'il ne falloit point différer de se mettre en route vers le lieu dont on
étoit mutuellement convenu. Il partit donc,
malgré toutes les difficultés que présentoit ce
voyage, et ordonna à ceux de l'Aquitaine
et de la Bourgogne qui tenoient à son parti,
de le suivre avec sa mère.

Lothaire ayant appris que ce prince avoit
passé la Seine, lui envoya une députation
pour se plaindre de ce qu'il excédoit, sans
son consentement, les bornes qu'il lui avoit
fixées, et pour demander qu'au moins il
s'arrêtât dans l'endroit où ses envoyés le
rencontreroient, en attendant qu'il sût lui-
même s'il devoit se rendre au lieu convenu,
ou dans tout autre qui paroîtroit plus convenable à Charles le Chauve.

Celui-ci répondit à la députation qu'il avoit
passé les bornes fixées, parce que Lothaire avoit
lui-même violé ses sermens en troublant de
tout son pouvoir les états qu'il s'étoit engagé
de lui soumettre ; mais que, nonobstant
toutes ces perfidies, il étoit décidé à se rendre
au lieu désigné pour l'assemblée. Il continua
donc sa route, et arriva à Attigny le 7 mai
 841, veille du jour dont on étoit convenu.
Mais Lothaire différa, comme de propos
délibéré, d'y venir, se contentant de former
différentes plaintes par l'entremise de ses
envoyés, et se mettant en garde, dans la
crainte que son frère ne tombât sur lui
à l'improviste. Ainsi Charles, après l'avoir
attendu plus de quatre jours, voyant qu'il
n'arrivoit pas, assembla son conseil, et de
l'avis du plus grand nombre, partit d'Attigny

pour aller au-devant de sa mère jusqu'à Châlons – sur – Saône , où il la trouva en effet (18). Ce premier colloque d'Attigny fut donc simplement projetté , et se réduisit à rien.

Ans de J. C.

~~~~~~~~~~~~~~~~~~~~~~~~~~~~~~~~~~~

CHAPITRE XVII.

Nouveau colloque indiqué par les deux frères à Attigny ; l'an 854. Par quel motif, et ce qui s'y passa.

CEPENDANT les frères se réconciliérent bientôt après, et par la suite il y eut, à Attigny, un second colloque, où Lothaire et Charles le Chauve se réunirent effectivement. Ce fut l'an 854, au mois de juin, et voici quel en fut le motif: presque tous les sujets de Charles, en Aquitaine, s'étoient révoltés contre lui (a), et avoient envoyé à Louis de Germanie, son frère, des députés, pour se soumettre à son autorité. Le jeune Louis, fils de ce prince, passa en effet la Loire, au grand contentement de ceux qui l'avoient appelé. Charles fut donc contraint de se rendre en Aquitaine, pendant le carême, et y séjourna jusqu'à Pâques. Néanmoins , Lothaire eut une entrevue, sur le Rhin, avec Louis de Germanie, et lui fit des reproches, au sujet de sa conduite à l'égard de Charles. Après

854.

(a) Annal. Franc. Bertin, ad ann. 854, apud Duchesne, tom. 3, pag. 207.
~~~~~~~~~~~~~~~~~~~~~~~~~~~~~~~~~~~

Ans de J. C. une vive altercation de part et d'autre, ils s'accordèrent enfin, et la paix fut établie entr'eux, ce qui causa à Charles les plus vives inquiétudes. Il revint donc d'Aquitaine sans avoir rien fait, et invita Lothaire, son frère, à se rendre dans son palais d'Attigny. Celui - ci s'y rendit effectivement, et là fut alors confirmé le pacte d'union conclu quelques années auparavant. Ils envoyèrent ensuite des députés à Louis de Germanie, leur frère, pour le maintien de la concorde entr'eux, par le rappel de son fils. Mais ils ne furent pas écoutés, et Charles le Chauve fut obligé de retourner de nouveau en Aquitaine, où Louis son neveu fut enfin mis en fuite, et forcé de retourner auprès de son père, en Germanie.

854. Ce fut dans ce second colloque d'Attigny, que Charles le Chauve donna à ses envoyés un capitulaire contenant treize articles, ou capitules, avec ordre à chacun d'eux d'en procurer, de tout son pouvoir, l'observation dans toute l'étendue de son ressort.

Le chapitre premier concerne les envoyés du prince, pour détruire les brigands, et ordonne qu'on ajoute et qu'on supplée au nombre de ces envoyés, pour exécuter ce qui est renfermé dans le capitulaire antécédemment rédigé dans le lieu appelé *Sylvacus* (*).

Le second, au sujet de la garde des côtes maritimes, enjoint d'y pourvoir, selon la coutume, avec vigilance.

(*) *Sylvacus*, aujourd'hui *Servais*, dans le pays de Laon.

Le troisième a rapport aux routes à travers les eaux, et ordonne que dans les endroits où elles ont été fermées nouvellement, elles soient ouvertes comme elles l'étoient anciennement.

Le quatrième statue, sur la restauration des ponts, et veut que selon les capitulaires de Charlemagne et de Louis le Débonnaire, l'un ayeul, et l'autre père de ce prince, ils soient rétablis dans les endroits où d'ancienneté ils ont existé ; le tout aux dépens de ceux qui occupent les places honorables des personnes, qui les ont fait construire autrefois.

Le cinquième défend d'exiger le droit de passage, pour les barques et bateaux qui passent sous les ponts.

Certains étrangers dépouillés de tout par les Normands ou les Bretons, avoient été réduits à venir mendier dans le royaume de Charles, ou s'y étoient réfugiés à cause de l'insurrection d'Aquitaine (*). Ils avoient en outre beaucoup souffert de la part des employés de la chose publique, par des exactions en argent ou en ouvrages.

Le sixième ordonne donc un amendement à cet égard, et veut que toute présomption ultérieure, en cette matière, soit, indépendamment d'une amende, punie, en mettant le coupable au ban du roi.

Le septième défend de punir les brigands,

____

(*) Contre Charles le Chauve, pour avoir fait assassiner le comte Gauzebert.

Ans
de J. C.

854.

qui, pour le présent, ne font plus aucun mal, et se sont corrigés, après en avoir causé il y a long-tems, dès-là qu'il n'existe plus, pour le moment, contre eux aucune clameur.

Le huitième statue, au sujet de ceux qui ont déjà été mis au ban et en pénitence, et néanmoins tiennent encore une conduite plus mauvaise. Il ordonne qu'ils seront pris et jetés dans les fers par les envoyés du roi.

Le neuvième enjoint une recherche et une justice exacte au sujet des monnoies et des faux monnoyeurs.

Le dixième veut que les mêmes envoyés fassent une enquête et un relevé exact des biens appartenant aux églises, dont la propriété est passée en d'autres mains, et qu'un rapport en soit fait au roi.

Le onzième enjoint aux envoyés de faire exécuter, dans la visite des monastères, ce qui a été ordonné à cet égard.

Le douzième ordonne que ceux qui se livrent à de nouvelles rapines, soient saisis, enchaînés et amenés au roi par les envoyés du prince.

Le treizième statue, au sujet de la promesse de fidélité envers le roi, que tous les Francs de son royaume la lui feront, et que ceux qui disent l'avoir déjà faite, le prouveront par témoins, ou par serment, ou feront de nouveau cette même promesse.

Or, voici la teneur du serment de fidélité :

Je, (N.), serai désormais, et par la suite, fidèle à Charles, fils de Louis et de Judith, selon mon savoir, comme tout Franc doit
l'être

l'être à son roi. Ainsi Dieu me soit en aide, et ces reliques (*). (19). (a).

Telle fut l'issue du second colloque d'Attigny, qui, dans les vues de Charles le Chauve, avoit eu pour but de s'attacher Lothaire, et de ramener par-là plus aisément Louis de Germanie aux sentimens de la modération et de la fraternité : mais l'ambition est insatiable, et industrieuse à se cacher sous le prétexte spécieux du bien public.

Ans de J. C.

854.

~~~~~~~~~~~~~~~~~~~~~~~~~~~~~~

CHAPITRE XVIII.

Louis, roi de Germanie, entre en France l'an 858, et se rend au palais d'Attigny. Lothaire, roi de Lorraine, neveu de Louis, y vient aussi. Délibération que l'on y prend pour détrôner Charles le Chauve. Wénilon, archevêque de Sens, y célèbre la messe en présence de Louis de Germanie et des excommuniés de sa suite.

QUATRE ans après, un grand nombre de seigneurs de la cour de Charles le Chauve, mécontens du gouvernement de ce prince, envoyèrent encore, au mois de juillet 858, des députés au même Louis, roi de Germanie, pour le prier de venir, par sa présence, mettre fin, disoient-ils, aux malheurs et aux calamités

858.

(*) On touchoit alors quelques reliques des Saints, en faisant ces sortes de promesses.

(a) Vide Capitularia ista, apud Duchesne, tom. 2, pag. 421, et apud Sirmond, tom. 3, pag. 91.
~~~~~~~~~~~~~~~~~~~~~~~~~~~~~~

Ans
de J. C.
858.

du peuple (a). C'étoit en lui qu'ils avoient placé l'unique espoir de leur délivrance, et s'il ne se hâtoit de se rendre à leurs sollicitations, ils seroient contraints, au grand danger de la chrétienté, de recourir aux Normands, pour obtenir, de leur part, la protection qu'ils ne pourroient trouver auprès de leurs souverains légitimes et orthodoxes. Ils ne pouvoient, ajoutoient-ils, supporter plus long-tems la tyrannie de Charles. Il savoit, par une cruauté rafinée, leur enlever, dans l'intérieur du royaume, ce qui avoit échappé au pillage, aux rapines, aux meurtres et aux vexations de la part des payens du dehors; enfin, il n'y avoit plus personne qui crût à ses promesses et à ses sermens, personne qui ne désespérât de le voir jamais s'amender.

Le roi Louis, si l'on en croit les historiens de la Germanie, fut vivement affecté de ces propos. En acquiesçant au désir des mécontens, il alloit être obligé d'agir contre son frère, ce qui lui sembloit une impiété; en épargnant, au contraire, ce même frère, il lui falloit renoncer à la délivrance du peuple en danger, ce qui n'étoit pas, disent-ils, plus conforme à la piété. A ce double embarras se joignoit encore, dans son esprit, la crainte d'être soupçonné d'avoir agi, en cette affaire, non par un motif de compassion envers le peuple, mais par le désir ambitieux d'étendre les bornes de ses états, et en cela il n'avoit pas tort. Au reste,

---

(a) Annal. Franc. Fuld. ad ann. 858, apud Duch., tom. 2, pag. 554, et Seqq. et annal. Bertin, ibid. tom. 3, pag. 210.

et quoi qu'il en soit de la pureté de cons- Ans de J. C.
cience qu'ils lui attribuent, ce prince, après avoir pris l'avis de son conseil, donna réponse favorable aux députés, et leur promit de se rendre aux invitations du peuple, qui désiroit sa présence.

Il entra donc en France, vers le milieu du mois d'août, à la tête d'une armée, et vit accourir à lui tous les seigneurs qui n'avoient pas accompagné Charles le Chauve, alors occupé à une expédition contre les Normands. Celui-ci ayant appris l'arrivée de Louis sur ses terres, vint à l'instant à sa rencontre, par Châalons, jusqu'à Brienne. Mais le 12 novembre, au moment où les deux armées étoient en présence, Charles, à la vue de la multitude des troupes de son frère, renforcées par ceux de ses sujets qui avoient conjuré contre lui, crut, au rapport des annales de Fulde, ne pouvoir, sans grand danger de sa part, se mesurer avec lui, et s'évada secrétement avec une foible escorte ; ce qui engagea son armée, ainsi abandonnée, à passer dans le parti de Louis ; ou, selon la Chronique de S. Bertin, il se retira en Bourgogne, en se voyant lui-même abandonné par les siens. Ce fut alors que le roi de Germanie se rendit à Troyes, où il distribua aux séditieux qui l'avoient appelé en France, des comtés, des abbayes, des palais royaux, et autres grandes propriétés, et de-là il se retira au palais d'Attigny.

Il est difficile de concevoir combien il 858.
s'y commit alors d'attentats contre l'autorité du souverain légitime. En effet, Lothaire, roi de Lorraine, fils du défunt empereur

Ans de J. C.

Lothaire, étant lui-même venu dans ce palais à la rencontre de Louis de Germanie, son oncle, et ayant renouvelé avec lui, en particulier, le pacte d'union que son père Lothaire avoit autrefois juré de garder avec Charles, comme avec Louis, on y tint une assemblée et un conseil, où l'on ne négligea rien pour séduire ce prince, à force de mensonges, et l'engager à refuser à Charles, également son oncle, le secours qu'il lui avoit autrefois promis avec serment,

858.

contre les attaques de qui que ce soit. On y prit toutes sortes de mesures pour engager les évêques et autres sujets de Charles, liés avec lui par la promesse ou le serment de fidélité, à l'abandonner, et à se soumettre à Louis.

Wénilon (a), archevêque de Sens, le seul de tous les évêques de France, qui se fût rendu, tout d'abord, et de lui-même, auprès de Louis, sans aucune permission de Charles le Chauve, ne pouvoit ignorer que ceux qui accompagnoient le roi de Germanie, ne fussent des séditieux et des excommuniés, puisqu'ils avoient été déclarés tels par le jugement du royaume, et la sentence des évêques ses confrères, à lui signifiée, et par conséquent, que ce prince ne participât à leur excommunication. C'étoit à Charles qu'il étoit redevable de son archevêché. Il avoit lui-même sacré ce prince à Orléans, pendant la vacance du siège de Rheims, et

____

(a) Libell. proclam. Caroli. Calvi, advers. VVenilon, archiep. et epist. Synod. concilii. Tull., apud Sapon., ad VVenilon, ad ann. 859.

l'avoit reconnu solemnellement pour son
roi. Cependant, à la honte de son ordre, ^{Ans} ^{de J. C.}
il ne rougit pas de se joindre à la troupe
des rebelles dans le palais d'Attigny, d'assister et de prendre une part très-active
aux délibérations qu'on y prenoit pour détrôner Charles ; enfin, pour comble de
perversité, d'y célébrer publiquement la
messe, en présence de Louis de Germanie
et des excommuniés de sa suite, dans un
diocèse et une province ecclésiastiques,
étrangers à sa jurisdiction, sans aucune
permission de l'archevêque de Rheims, et
sans le moindre consentement, de la part
des autres évêques.

Tels sont les griefs, au moins imputés à
Wénilon, par Charles le Chauve, dans la
proclamation qu'il présenta contre lui au
concile, tenu l'an 859, dans le faubourg 858.
de Toul, appelé en latin *Saponarias*. Mais,
soit qu'il ait appaisé, depuis, la colère de ce
prince, soit qu'il se soit justifié auprès de
lui, il recouvra bientôt après ses bonnes
graces ; ainsi son accusation n'eut pas de
suite, et il n'intervint, sur cette affaire,
aucun jugement canonique.

Il n'est pas clairement démontré que
Louis de Germanie fût déjà arrivé au palais
d'Attigny, quand il écrivit aux évêques de
France *de se rendre à Rheims pour le 24
novembre* de la même année 858, *afin de
s'y occuper*, disoit-il, *avec eux et ses féaux,
de la restauration de l'église, de l'affermis-
sement et du salut du peuple chrétien ;* mais
il est très-certain qu'il y étoit déjà, quand
les évêques des provinces ecclésiastiques de

Ans
de J. C.

858.

Rheims et de Rouen lui adressèrent, en réponse, cette longue, mais excellente lettre, où, après avoir apporté quelques prétextes honnêtes, de n'avoir pu se rendre à ses ordres, ils lui reprochent, avec une modération et une liberté vraiment apostoliques, les pillages et autres excès, dont il s'étoit rendu coupable en usurpant le royaume de son frère. Elle n'a guère de rapport au sujet présent, que par son titre (a), dont voici la teneur : *Les évêques des provinces ecclésiastiques de Rheims et de Rouen assemblés dans le palais de Quierzi, ont, l'an de l'incarnation du Seigneur 858, au mois de novembre, envoyé les chapitres suivants au roi Louis, séjournant dans l palais d'Attigny, par l'entremise de Wénilon, archevêque de Rouen, et d'Erchauraüs, évêque de Châalons.* On peut la voir entière dans la collection des conciles de Labbe, dans Sirmond, et ailleurs, et d'après le témoignage d'Hincmar de Rheims, qui paroît en avoir été le rédacteur : quoiqu'adressée à Louis, elle avoit été composée plus pour Charles le Chauve encore que pour lui.

Il paroît donc que Louis de Germanie étoit à Attigny dans les derniers jours de novembre 858. Mais, comme il se rendit par Rheims et le pays de Laon, à S. Quentin, dans l'intention d'y célébrer les fêtes de Noël, et que bientôt après, chassé de-là, par Charles rétabli dans ses affaires, il fut con-

---

(a) Apud Sirmond, inter Capit. Caroli Calvi, tit. 27, capit. 1, tome 3, pag. 133, et alibi multoties.

traint de s'en retourner bien vîte en Germanie. Attigny ne pût guère voir, qu'un mois durant, dans son sein, le scandale de la perfidie et de la rébellion ; car (20) Charles étoit déjà, le premier dimanche de carême, dans le palais d'Arches (*), où fut renou- velé en public, avec serment, de sa part et de celle de Lothaire, roi de Lorraine, son neveu, qui vint l'y trouver, le pacte d'union jadis solemnellement juré entre l'empereur Lothaire, père de ce jeune prince, et le roi Charles.

Ans de J. C.

858.

(*) Le palais d'Arches, ou Arques (*Arcæ Rhemorum*), étoit situé sur la Meuse, entre Mézières et Charleville, et avoit, avant la révolution, le titre insigne de principauté. Gonzague, duc de Mantoue, à qui elle appartenoit, fit bâtir la belle ville de Charleville, sur le fonds de cet ancien palais, qui étoit autrefois renfermé dans les limites du pays de Portien (*Pagi Porcensis, seu Portiani*). C'est Flodoard qui nous l'assure dans son histoire de Rheims (lib. 2, cap. 18), en ces termes : L'an 933, Richaire, évêque de Tongres, renverse le château que le comte Bernard avoit construit à Arches, dans le pays de Portien. *Anno DCCCCXXXIII, Richarius, episcopus Tungrensis, quoddam Castellum, quod Bernardus Comes, apud Archeias, in pago Porcensi, construxerat, evertit.* Il ne reste plus aujourd'hui rien du château que le nom. On dit encore aujourd'hui : *Le Pont-d'Arches.*

CHAPITRE XIX.

*Deux ordonnances de Charles le Chauve,
l'an 860, datées du palais d'Atti ny.
Il y passe d'abord rapidement l'an 865,
puis y revient pour la belle saison. Arsène,
légat du pape S. Nicolas, y arrive. Motifs
de son voyage, et sa réception. Lothaire,
roi de Lorraine, s'y rend aussi. Arsène y
revient une seconde fois, et pourquoi. Départ de Charles le Chauve et de sa cour.*

CHARLES le Chauve ne tarda pas beaucoup
à revenir à Attigny ; car nous avons de lui
deux ordonnances, données *dans le palais
d'Attigny*, l'une le 30 juin 860, en vertu de
laquelle il confère à un nommé Gomésinde
quelques possessions dans le canton de Nar-
bonne (a) (21), et l'autre le 6 décembre
de la même année (b), par laquelle, à
la prière d'Hirmintrude, son épouse, il
donne à l'un de ses sujets, nommé Adalgyse,
une terre située sur la rivière d'Orne, en deçà
du comté de Bayeux (22).

On peut même assurer que le séjour du
palais d'Attigny fut très-agréable à ce prince,
à en juger par la multitude de fois qu'il y
vint résider. Il y passa, vers le carême de
l'an 865, en revenant de Douzy (c), près de

861.

(a) Mabilloni transmisit D. Pesch. Canon. Narbonn. S. Pauli.
(b) Ex Chartular. Fossat.
(c) Annal. Bertin, et Fuld. ad ann. 865.

Mouzon, où il avoit eu une entrevue avec son
frère Louis, roi de Germanie, et ses enfans.
Il y revint ensuite pour la belle saison ;
et il nous reste, sur le séjour qu'il y fit alors,
des détails assez considérables. Arsène, évêque d'Orti, et conseiller du pape S. Nicolas I,
arriva à Attigny vers le milieu du mois de
juillet, et remit à Charles le Chauve, au nom
de ce pontife, une lettre menaçante, concernant l'invasion du royaume de Lorraine,
que le roi Lothaire, son neveu, redoutoit de
sa part, et de celle de Louis de Germanie. Il
lui présenta aussi Rothade, évêque de Soissons,
revenu avec lui d'Italie. Celui-ci, après avoir
été injustement déposé par Hincmar, archevêque de Rheims, et autres évêques de
France, avoit été rétabli sur son siège par
sentence définitive du concile de Rome,
l'an 863 ; ce qui n'empêcha pas Charles
le Chauve de recevoir le légat très-honorablement, et de lui faire des présens magnifiques. Lothaire, roi de Lorraine, pendant
l'intervalle du séjour de ce prince à Attigny,
y fut aussi reçu avec toutes les marques exté-
rieures de l'amitié, et obtint, par l'entremise
de la reine Hirmintrude, l'avantage de
renouveler, avec son oncle, le pacte d'alliance, dont il lui avoit demandé la confirmation par une ambassade solemnelle. Ce
fut alors que l'évêque Arsène, apparemment
à la suite de quelque voyage, étant revenu
une seconde fois à Attigny, apporta encore,
de la part du pape S. Nicolas, deux lettres
différentes, dont il fit publiquement la lecture;
l'une, où il menaçoit des censures les plus
graves, ceux qui naguère avoient enlevé, par

Ans de J.C.

violence, à ce même légat, une grosse somme d'argent, s'ils ne lui rendoient ce qu'ils lui avoient ravi ; l'autre, au sujet de l'excommunication prononcée par ce grand et saint pontife, contre Ingiltrude, femme du comte Boson, qui avoit quitté son mari, et s'étoit enfuie dans le royaume de Lothaire, neveu de Charles le Chauve, avec celui dont elle étoit éprise. Ce fut enfin dans ces mêmes circonstances que le légat vint à bout de recouvrer et de mettre, sous la sauve-garde de ce dernier prince, une certaine terre, dont Louis le Débonnaire avoit fait don à S. Pierre, et dont un certain comte s'étoit emparé pendant quelque tems. On ne peut dire exactement combien fut prolongé le séjour de Charles à Attigny, cette année 865, après tous ces évènemens. Ce qu'il y a de certain, c'est qu'il n'en sortit que pour marcher contre les Normands, qui s'étoient avancés dans la Seine avec cinquante vaisseaux (23).

865.

~~~~~~~~~~~~~~~~~~~~~~~~~~~~~~~~

CHAPITRE XX.

Charles le Chauve vient de Soissons à Attigny l'an 866, avec Hirmintrude, son épouse, à la rencontre de Lothaire, son neveu, roi de Lorraine. Tethberge répudiée par ce prince, y est ramenée. Députation à Rome, de la part de ces deux princes. Nouvelle réunion à Attigny, de l'oncle et du neveu, en 867. Réponse du pape S. Nicolas, présentée à Lothaire.

866.

L'ANNÉE suivante 866, le même prince, à la suite du concile de Soissons, où il avoit
~~~~~~~~~~~~~~~~~~~~~~~~~~~~~~~~

fait couronner Hirmintrude, son épouse (a), Ans de J. C.
partit de cette ville, pour venir avec elle à
Attigny, à la rencontre du roi Lothaire, son
neveu, qui, depuis long-tems, faisoit souffrir les plus mauvais traitemens à la reine
Tethberge, et qui, au mépris des sermens
les plus sacrés, l'avoit de nouveau répudiée,
pour s'attacher plus que jamais à Waldrade,
sa concubine, tout excommuniée qu'elle
fût par le S. Siège. Ce prince, sans doute
pour se mettre plus à l'aise, avoit permis à
Tethberge de partir pour Rome, selon le désir
qu'elle avoit si souvent manifesté de s'y
rendre. Mais le pape S. Nicolas I s'y opposa
d'abord, parce qu'il prévoyoit que son absence
ne serviroit qu'à donner un accès plus facile
à Waldrade auprès du roi. On rappella
donc, pour lors, cette malheureuse princesse à Attigny, d'où Charles le Chauve
et Lothaire députèrent à Rome, l'un Egilon,
archevêque de Sens, et l'autre Adon, archevêque de Vienne, avec Waltaire son secré-
taire, pour faire part au souverain pontife de
ce qu'ils avoient résolu entr'eux à cet égard.

S. Nicolas I répondit, par une lettre
adressée à Lothaire et aux évêques de son
royaume, avec injonction d'envoyer Waldrade à Rome. Cette lettre fut présentée dans
le courant du mois de mai de l'an 867,
à Charles le Chauve, par Egilon, archevêque
de Sens, au moment où ce prince étoit en 867.
route pour se rendre à Metz à une confé-

(a) Annal. Bertin, ad ann. 866 et 867, apud Duch.,
tom. 3.

rence qu'il devoit avoir avec Louis, roi de Germanie, son frère; et le roi Lothaire de son côté, étant venu de nouveau à la rencontre de son oncle dans le palais d'Attigny, Charles lui remit alors, de la part du pape, la lettre qui étoit à son adresse (24).

CHAPITRE XXI.

Lothaire se rend encore une fois à Attigny auprès de Charles le Chauve, en 868. Celui-ci y revient de nouveau en 869, à la nouvelle de la mort de son neveu en Italie, et y reçoit une députation des évêques et des grands du royaume de Lothaire; il en part pour se faire couronner à Metz.

Mais le roi Lothaire, loin de déférer à cette lettre, se rendit, l'année suivante 868, auprès de Louis, roi de Germanie, et obtint de lui le serment de ne l'inquiéter en rien, s'il venoit à épouser Waldrade (a). Ensuite il se rendit au *palais d'Attigny* pour s'assurer également de Charles le Chauve, qui lui étoit suspect à cet égard. Ce prince se débarrassa de lui par la simple promesse d'une conférence à ce sujet, pour le premier octobre suivant. Il n'obtint donc aucune assurance de sa part. Néanmoins il ne laissa pas de se rendre, en 869, à Rome, et de-là au Mont

_____

(a) Annal. Bertin, apud Duchesne, ad ann. 868 et 869, pag. 223, et Seqq. et epist. S. Nicol. I, ad Lothar.; reg.

Cassin, où le pape Hadrien II consentit de Ans de J. C. lui donner la communion, en cas qu'il n'eût eu aucun commerce charnel avec Valdrade, depuis qu'elle avoit été excommuniée par le pape S. Nicolas I. Il reçut l'eucharistie, avec le front de quelqu'un qui n'a rien à se reprocher, et bientôt après il mourut subitement à Plaisance, au mois d'août. Charles le Chauve étoit à Senlis, quand il apprit cette triste nouvelle. Il partit à l'instant pour *Attigny*, où arrivèrent bientôt quelques évêques et autres grands seigneurs du royaume de Lothaire, chargés de le supplier de ne pas entrer dans les états du défunt roi, jusqu'à ce que son frère Louis de Germanie fût revenu de son expédition contre la Bohême. Ils le prièrent donc d'envoyer, en attendant, des députés à ce prince, pour apprendre de lui où et quand ils pourroient avoir ensemble une conférence au sujet du partage du royaume de Lothaire. Mais Charles le Chauve, d'après le conseil du plus grand nombre de ses courtisans, se hâta de partir d'Attigny pour se rendre à Metz, et s'y fit couronner par Hincmar, archevêque de Rheims, et autres évêques, s'emparant ainsi des états de son neveu, au détriment de l'empereur Louis II, frère du défunt (25).

869.

CHAPITRE XXII.

Charles le Chauve à Attigny en 870, au mois de mai. Arrivée de douze députés de la part de Louis, roi de Germanie. Convocation du concile d'Attigny, la même année. Matières qu'on doit y agiter.

870.

CHARLES devoit bien s'attendre que son frère Louis, roi de Germanie, ne verroit pas tranquillement cette invasion. Aussi s'étant rendu, au mois de mai 870, dans son palais d'Attigny, il y vit arriver douze envoyés de la part de ce prince (a), pour lui faire des propositions, au sujet du partage du royaume de Lothaire ; et il fut convenu qu'ils se rendroient tous deux, son frère et lui, dans les états du défunt, et se le partageroient entr'eux à l'amiable.

Dans cet intervalle, Hincmar, archevêque de Rheims, de concert avec Charles, convoqua à Attigny, dans son diocèse, un concile de dix provinces ecclésiastiques, où l'on devoit s'occuper principalement de la cause d'Hincmar, évêque de Laon, son neveu, et de celle de Carloman, fils du roi (26).

______

(a) Aimoini Continuator anon. ex Annal. Bertin, anno 870, lib. 5, cap. 24 ; Hincm. Laudun., in Pitaciolo; Hincm., Rhem. in indice Synodi Duziac. et in scedula ad nepot.

CHAPITRE XXIII.

*Notions préliminaires au sujet d'Hincmar
de Laon, pour l'intelligence des actes du
concile d'Attigny, l'an 870. Son origine
et son éducation. Il succède à Pardule,
évêque de Laon. Bienfaits de Charles le
Chauve envers lui. Fameuse Terre de Poilly
recouvrée, bientôt après par lui cédée au
roi, en faveur du comte Nortman. Commencement de ses brouilleries avec Charles
le Chauve.*

HINCMAR le jeune, fils de la sœur d'Hincmar,
archevêque de Rheims (a), perdit sa mère
encore enfant, et comme son père, selon
l'expression du roi Charles le Chauve, n'avoit
pas vaillant un pouce de terre, son oncle
l'appela de très-bonne heure à Rheims,
auprès de lui, et prit le plus grand soin
de son éducation. Il étoit encore très-jeune,
quand l'archevêque le fit entrer dans les affaires les plus importantes. Ce fut lui qui fut
chargé de porter à Charles le Chauve, alors
en Bourgogne, la lettre vigoureuse (b) que
les évêques des provinces de Rheims et de
Rouen avoient adressée en 858, à Louis
de Germanie, au moment où, dans le palais

(a) Concil. Duziac 1, cap. 5, et epist. Synodal. ad Hadr. II.
(b) Epist. Hincm. Rhem, ad Carol. Calv. anno 859, opusc. 5.

 d'Attigny, il cherchoit tous les moyens de s'emparer du royaume de son frère.

Pardule, évêque de Laon, étant venu à mourir en 858, Hincmar de Rheims obtint ce siège, en faveur de son neveu, qui, selon l'usage, vint à Rheims promettre obéissance à son métropolitain, sur l'autel de Notre-Dame (a). D'abord il fut très-aimé de tout le monde, et en particulier du roi Charles, qui, pour se l'attacher, le combla de bienfaits (b), et rendit à son église quantité de terres qui en avoient été distraites depuis long-tems, et en particulier la fameuse Terre de Poilly. Mais il ne la garda pas long-tems. Les biens ecclésiastiques étoient alors l'objet de la convoitise des grands seigneurs. L'entretien du culte de Dieu sur la terre, la nourriture des ministres du sanctuaire et des pauvres, auxquels ils sont destinés (c), étoient pour eux, comme on peut bien le croire, d'une très-petite considération. Quelquefois ils faisoient profession ouverte d'abandonner Charles le Chauve, s'il ne se rendoit aux demandes qu'ils lui faisoient de ces biens, et ce prince, s'il les avoit quelquefois distraits lui-même par jeunesse, avoit aussi souvent été entraîné

____

(a) In Scedul. Hincm. Rhem. advers. nepot. suum, cap. 9.

(b) Hincm. Rhem., lib. 55. Capit., c. 45; Epist. Carol. Calv. ad Hadr. pap. II. MS.; annal. Bertin, ad ann. 868; concil. Duz. 1, p. 3, c. 5; Scedul. cit., c. 15; Epist. cit. Hincm. Rhem. ad Hadr. II et Proclam. Carol. Calv. advers. Hincm. Laudun., in concil. Duz. 1, parte 1.

(c) Res ecclesiasticas, quæ Dei sunt (concil. Trid., Sess. 25). Res ecclesiæ sunt patrimonia pauperum (concil. Aquisgr., c. 26) fideles sanctam locupletem fecerunt ecclesiam, ut et Christi milites alerentur, et ecclesiæ exornarentur, pauperes recrearentur, et captivi redimerentur. Ibid., c. 116.

par

par les suggestions, ou même forcé de céder Ans
de J. C. aux menaces (a) de ses courtisans.

Un comte, nommé Nortman, qui avoit déjà, ci - devant, tenu la terre de Poilly, désiroit ardemment y rentrer de nouveau. Deux autres seigneurs, sans doute ses amis, vinrent la postuler en sa faveur auprès de l'évêque de Laon. Celui-ci, assure Hincmar de Reims, l'accorda en effet au roi, à leur demande, pour la donner, comme on s'exprimoit alors, *en bénéfice*, c'est-à-dire *en fief* (b), à Nortman. Il en est convenu, ajoute-t-il, dans des écrits adressés au roi et à moi-même (c). On trouve la même assertion dans la proclamation que Charles le Chauve présenta au premier concile de Douzy, près de Mouzon, contre Hincmar le jeune; et elle est répétée par le concile lui-même. Mais comment l'évêque de Laon avoit - il entendu cette concession ? Son intention avoit-elle été d'abandonner au roi la propriété de cette terre, en sorte que ce prince pût dès-lors la donner à Nortman, comme en *fief royal, et de sa propre autorité ?* ou

---

(a) Frater vester, Dominus noster, partim juventute, partim aliorum callida suggestione, quia dicebant petitores, nisi eis illa sacra donaret, ab eo deficerent, talibus commisit (Epist. Episc. Prov. Rhem. et Rothom. ad Ludov. German. R., fratrem Caroli Calvi, in Attiniaco morantem, tit. 27, apud Sirm., tom. 3, oper. var.).

(b) Voyez dans Radevic, liv. 1, chap. 10, au sujet du mot *bénéfice*, la contestation de l'empereur Frederic I, avec le pape Adrien IV, qui lui répondit, avec raison : *Beneficium, apud nos* (Romanos), *non feudum, sed bonum factum.*

(c) Dicit ibi (in litteris suis) ad petitionem Conradi et Rodolphi, se villam (Pauliacum) concessisse regi, ut eam Nortmanno beneficiaret (in scedul., c. 15, et Epist. ad Hadrian., pap. II, et concil. Duziac., part. 3, c. 5.).

 avoit-il prétendu que la propriété restant toujours à son église de Laon, le roi ne pourroit en disposer, en faveur de Nortman, que
comme d'un *fief mouvant d'elle*, et en vertu
de son consentement épiscopal? C'est ce
qu'on ne voit pas clairement.

Le roi, l'archevêque de Rheims, et le
concile de Douzy l'entendirent constamment, dans le premier sens. C'est pour
cela que les Pères, dans leur réponse à la
proclamation de Charles le Chauve, reprochent à Hincmar de Laon (a) d'avoir, en
aliénant cette propriété de son église, sans
la participation de son clergé, non-seulement violé les canons, qui le défendent
expressément, mais encore d'avoir ouvert
la porte, par son exemple, à mille scandales, et à une foule de persécutions, et
même ils disent très-clairement que par-là
il s'est rendu coupable *de sacrilège.*

Le second sens présenteroit l'affaire sous
un aspect bien différent. Au reste, le roi
donna en fief à Nortman la terre de Poilly,
*de sa propre bouche, et de sa propre au-
torité.* Soit que l'évêque de Laon ne se fût
pas attendu à ce procédé, soit qu'après y
avoir consenti d'abord, il s'en fût ensuite
repenti, il est au moins certain qu'il déclara ne pouvoir se dispenser d'excommunier

______

(a) *Videtur viam cæteras ecclesias lædendi, cum, in hac
causa, contra sacros canones, dedisse, quia potest princeps,
apud alios episcopos, petere possessiones ecclesiarum, ut eas
concedant a suis ecclesiis abrogari, et aliis in beneficium dari.
Quod si fecerint, faciant contra canones; si autem non fecerint,
Hincmaro prævio, diversas afflictiones sustineant* (Concil.
Duz. 1, P. 3, cap. 5.).

ses vassaux, qui tenoient les biens de son
église, *per potestatem et verbum regis* (a);
ce qui montre que Nortman n'étoit pas le
seul dans ce cas. Il n'est pas moins vrai que,
pour n'avoir point, dit-il, à se reprocher un
sacrilège, il se crut obligé de réclamer, et de
faire tous ses efforts pour recouvrer la terre
de Poilly, ajoutant néanmoins qu'il étoit dis-
posé, pour plaire au roi, d'en faire tout ce
qu'il voudroit, pourvu que la propriété lui
en fût conservée; ce qui n'étoit pas en opposition avec le désir de ce prince, et de son
côté, le mettroit lui-même à l'abri d'inquié-
tude de conscience, pour son propre salut.
Il fit, en effet, pendant près de neuf ans (b),
une foule de démarches, soit auprès de
Nortman, soit auprès du roi, pour en venir

Ans
de J. C.

(a) Mandavit, quod non posset dimittere ut homines (vas-
sallos) suos, qui res de ecclesia sua tenebant, *per potestatem
et verbum regis*, non excommunicaret (Scedul. cit. Hincm.
Rhem., cap. 18).

Dicit in scripto suo, quia si taceat, et non clamet; si non ,
quibus valet, viribus insistat, ut eamdem Villam (Pauliacum)
recipiat, sacrilegium a se fieri reputet... Si sacrilegium faceret,
si taceret ; quid fecit, quando illam à sibi commissa ecclesia
irregulariter abrogavit (Concil. Duz. 1, part. 3 , cap. 5.)?

Ipse prodit se sacrilegium perpetrasse , quando eamdem
Villam, sine conscientia sui metropolitani et coepiscoporum ,
ac suæ ecclesiæ comministrorum, contra regulas, abrogavit
(Sentent. Adalard. Rothom., P. 4. Concil. Duziac.).

(b) Tacere ulterius non fui ausus, cum, per octo transactos
penitus annos, nonoque fere completo, satagens pro ea (Villa)
recipienda , defecerim (Epist. Hincm. Laudun. ad Carol. Calv.
Concil. Duz., P. 1, c. 4.).

Super adjiciens, quod si ipsam villam in *alodem* haberet,
quidquid regis esset voluntatis, ex eâ facere gauderet, quia illud
voto regis non obviabat, nec inde ei periculum imminebat (Sch.
Hincm., Rhem. cit., c. 15.).

Ipsas *proprietates*, quas vos *alodes* dicitis (Joann. VIII, pap.
Epist. 129, Ludov. regi.).

 à bout, mais tout fut inutile, et ne servit
qu'à le brouiller entièrement et avec Nortman,
et avec Charles le Chauve, vers la fin de
l'année 866.

CHAPITRE XXIV.

*Affaire du fils de l'archidiacre Luidon, avec
Hincmar de Laon. Charles le Chauve fait
confisquer presque tous les biens de son
évêché. Hincmar, son oncle, archevêque
de Rheims, appaise tout.*

HINCMAR de Laon fit bien d'autres mécontens. Charles le Chauve tenant sa cour
l'an 868 (a), dans le diocèse de Laon, le
fils de Luidon, archidiacre de l'ancien évêque
Pardule, qui apparemment avoit été marié
avant son ordination, obtint audience de ce
prince, et se plaignit, en présence d'Hincmar
lui-même, de ce qu'après avoir obtenu de
lui, avec présent, *le bénéfice* de son père, il
l'en avoit ensuite, disoit-il, injustement dépouillé. Un grand nombre de ces bénéficiers
laïques finissoient souvent par s'ériger en indépendans, et par regarder comme biens
allodiaux, c'est-à-dire, comme leur pleine
et entière propriété, les terres qu'ils avoient
obtenues *en fief* de leur évêque, avec obligation de servir utilement et fidèlement son
église particulière, et de marcher, en cas de

____

(a) Annales Bertin. ad ann. cit. et Quaterniones Hincm.
Rhem. Labbe, tom. 8, pag. 173, et Epist. 29 ejusd.

besoin, comme son contingent de milice, au secours du prince, pour la défense géné-rale des églises du royaume.

Le roi avoit été très-attaché à Pardule et à son archidiacre Luidon. Déjà indisposé contre Hincmar, il entra subitement dans une colère excessive en présence de toute sa cour, et se répandit contre lui, dit Hincmar de Rheims (a), en invectives, aussi indécentes, dans la bouche d'un roi, qu'outrageantes envers la personne d'un évêque. Il le cita même à comparoître, à jour fixe, pardevant un tribunal séculier, composé, ajoute-t-il, de personnes infâmes, que des laïques de condition libre auroient eux-mêmes été en droit de récuser, afin d'y rendre compte de sa conduite à cet égard. L'évêque de Laon s'en excusa, d'après le privilège canonique de son ordre, révéré alors par les lois de toutes les nations chrétiennes (b), et fondé

Ans
de J. C.

(a) Hincm. Rhem. Quatern. cit.

(b) Pro Christo legatione fungimur (2 Cor. 5, 20.).

Sacerdotum vitia non sunt populo aperienda, ne inde, causâ offendiculi arreptâ, licenter peccare aggrediatur (Constantin. imper., apud Theodoret, lib. 1, cap. 2.).

Mihi non est fas, cum homo sim, ejusmodi causarum cognitionem arrogare, præsertim cum, qui accusantur, sacerdotes sint (Idem apud Sozom., lib. 1, cap. 16.).

Vos... nobis a Deo dati estis dii, et conveniens non est, ut homo judicet Deos, sed ille solus, de quo scriptum est : *Deus stetit in synagoga Deorum, in medio autem Deos discernit* (Idem apud Rufin, lib. 1, cap. 2.).

Cur non adiistis imperatorem, allegantes nunquam de pontificibus nisi ecclesiam judicasse...; solere imperatores (Christianos) episcopis caput subdere, non de eorum capitibus judicare; præcipue cum leges etiam publicæ, ecclesiasticis regulis obsequentes, tales personas, non nisi ab episcopis sanxerint judicari (S. Gelas., Epist. ad Episc. orient. apud Sirmond., tom. 1, Var. oper., pag. 797, 798.).

Legibus suis sanxit Valentinianus (senior), in causa eccle-

Ans
de J. C. sur le respect dû à celui dont les évêques sont
les ambassadeurs et les représentans; privilège dont Charles le Chauve avoit d'ailleurs
lui-même juré à son sacre (a), et plusieurs
autres fois, la conservation, et n'envoya pas
même d'avocat pour plaider sa cause, ajoutant qu'il n'osoit pas, au mépris du jugement
ecclésiastique, se présenter à un tribunal
séculier.

Le roi fit donc confisquer tous les biens
de son évêché, excepté l'église, la maison
épiscopale et le cloître des clercs, avec défense à tous les vassaux de l'église de Laon
de lui rendre le moindre honneur, et même
à son clergé et aux laïques de son diocèse de
lui donner le moindre secours provenant des
biens ecclésiastiques. Cependant Hincmar
de Rheims fit au roi de très-humbles repré-
sentations à cet égard, et obtint, de concert
avec les autres évêques, qu'Hincmar, son
neveu, remis d'abord, selon les sanctions
canoniques, en possession des biens de son
église, dont on l'avoit dépouillé, (ce qui
néanmoins ne fut pas entièrement exécuté),
la contestation seroit ensuite terminée par
des juges choisis, du consentement des par-

---

siastici ordinis, cum judicare debere, qui nec munere impar
sit, nec jure dissimilis...; hoc est sacerdotes de sacerdotibus voluit
judicare (S. Ambros. epist. ad Valentin II.).

Vide insuper Rescript. Constantii Imper. Ariani ad Sever. de
episc. et Theodos. ad Optat. Præf. in cod. Theodos., lib. 3 ; Novell.
Justinian., Imper., 79, 83, 123. Capitular. lib. 6, cap. 38,
157, 158, et lib. 7, cap. 139, et additam. 4, apud Chiniac.,
cap. 85, quibus concinit concil. Trid. Sess. 25, cap. 20 de
Reform.

(a) Martenne, lib. 2, c. 10; Quatern. cit. Hincm., Rhem.,
tom. 8, p. 1749, et Rotul., ib., p. 1763.

ties, ou même, s'il étoit nécessaire, par un Ans de J. C. jugement synodal dans la province ecclé- siastique, où régulièrement elle devoit être jugée, et ceci sembla devoir suffire, pour le moment, soit à l'archevêque de Rheims, soit aux autres évêques (a).

~~~~~~~~~~~~~~~~~~~~~~~~~~~~~~~~~~~~

CHAPITRE XXV.

Hincmar de Laon de nouveau en butte à la colère du roi. Il se brouille entièrement avec son oncle. Ses violences envers Nortman et sa femme en couche.

Mais le calme ne pouvoit pas être de longue durée. L'évêque de Laon, au moment où il s'étoit vu dépouillé de tout, avoit perdu tout espoir de rentrer dans les biens de son église, et au lieu, dit le concile de Douzy (b), de porter l'affaire premièrement au concile de sa province, avoit cru devoir s'en plaindre tout

----

(a) Rotul. Hincm. Rhem. Labbe, ibid, p. 1767 ; Quatern. mox cit., pag. 1736 et Annal. Bertin.

(b) Debuerat de his, quæ per se non poterat obtinere, regiam potestatem prius, in comprovincialis Synodi convenire judicio (Part. 3, cap. 7.).

Antequam de ipsis rebus eum (regem).... in Synodo Rhemorum provinciæ compellaret, latenter illum ad sedem apostolicam, ut distractorem rerum ecclesiasticarum, per calumniam, accusare Missum suum, et litteras suas transmisit (Ibid, cap. 6.).

Misit ad sedem apostolicam furtim et latenter, atque *mendaciter* iterum me accusare, pro villa Pauliaco, et pro aliis (Proclam. Car. Calv. adv. Hincm. Laod.).

Vide etiam epist. Hincm. Laud. ad regem Carol. Synod. Duz., part. 1.
~~~~~~~~~~~~~~~~~~~~~~~~~~~~~~~~~~~~

Ans
de J. C. d'abord à Rome, jusqu'à deux fois. Il avoit donc exposé au pape Hadrien II les mauvais traitemens qu'il avoit essuyés, accusant le roi, comme ayant distrait les biens consacrés au culte de Dieu, et Nortman, comme coupable de détention sacrilège; mais, dit Hincmar de Rheims, il n'avoit fait, dans sa lettre, aucune mention de la concession (quelle qu'elle puisse être) qu'il avoit faite au roi de la terre de Poilly, en faveur de Nortman, contre les règles canoniques (a).

Il est clair qu'elles avoient été violées par l'évêque, s'il avoit abandonné la propriété de son église, pour la transférer à Nortman, sans en faire part à son clergé ; mais s'il n'avoit accordé au roi la terre de Poilly pour Nortman, que comme un *bénéfice*, ou un *fief* toujours dépendant de son église, il n'est pas moins certain qu'elles avoient été violées, quand elle lui fut donnée, *per potestatem et verbum regis*. Le pape, bien ou mal informé, ou peut-être ne faisant attention qu'à cette violation des canons, qui existoit en tout état de cause (b), ordonna à Hincmar de Rheims d'excommunier Nortman, s'il ne

---

(a) Proclam. Car. Calv. adv. Hincm. Laud. Concil. Duz. P. 1. Annal. Bertin ; Hincm. Rhem., lib. 55, cap. c. 27; epist. ejusd. ad Hadr. II, et Scedul. adv. nepot. Concil. Duz. P. 1.

(b) Ut res et facultates ecclesiæ, non sine presbyterorum conscientia, diaconorumque, pertractet episcopus, sed quæ sunt ecclesiæ, sub omni sollicitudine, et conscientia bona, et fide, quæ in Deum est...... serventur (Concil. Antioch. Can. 24.).

Sicut illæ res ac facultates, de quibus vivunt Clerici, ita et illæ, *sub consecratione immunitatis sunt*, de quibus debent militare VVassalli (Epist. jam cit. Episc. Prov. Rhem. et Rothomag. ad Lud. Germ. regem in *Attiniaco*, cap. 7.). Vide etiam Concil. Meldens, 845, canon. 18.

(75)

se désistoit, à l'instant, de tous les biens de l'église de Laon, qu'il retenoit, et adressa au roi une autre lettre où il lui témoignoit, avec réserve, toute sa peine, en apprenant que, contre sa coutume et celle des rois ses prédécesseurs, il eût, *en quelque chose*, distrait les biens consacrés au culte de Dieu (a).

Le roi n'en fut pas moins indigné contre l'évêque de Laon à la réception de la lettre du pape. L'archevêque de Rheims, qui avoit toute la confiance de ce prince, et qui craignoit de la perdre, ne pouvoit manquer non plus d'être très-mécontent de la démarche de son neveu, et ce fut en effet, à ce moment, qu'ils commencèrent à se brouiller entièrement. Il né voulut point excommunier Nortman, et tout en refusant d'obéir aux ordres du pape, il se flatta d'avoir interprêté ses véritables intentions (b), s'il eût été, disoit-il, mieux informé, et exposa au pontife que le comte Nortman n'étoit point usurpateur, et ne s'étoit mis de nouveau en possession de la terre de Poilly, qu'en vertu de la concession faite par son neveu à Charles le Chauve, sans consulter ses comprovinciaux.

Cependant Hincmar de Laon, élevé trop jeune (c) à l'épiscopat, n'étoit pas non plus, malheureusement pour lui, de caractère à beaucoup temporiser; ou plutôt, dans une

____

(a) Proclam. cit. Karoli Calv. adv. Hincm. Laudun, et epist. cit. Hincm. R. ad Hadr. II.

(b) Flodoard, lib. 3, cap. 18. Annal. Bertin, et Sched. Hincm. Rhem., advers. Hincm. Laud. in Concil. Duz., 1, cap. 28.

(c) Hincm. Rhem., lib. 55, cap. c. 44.

Ans
de J. C.
affaire qui exigeoit la plus grande modération, il ne sut garder aucune mesure. Naturellement bouillant et impétueux, et persuadé
que, pour faire restituer à son église la terre
de Poilly, il doit, en conscience, et pour ne
pas participer au sacrilège, employer tous
les moyens qui sont à sa disposition, il
prend avec lui un bon nombre de ses vassaux, armés d'épées et de bâtons; se rend
avec eux dans cette terre (*), fond sur la
maison du comte Nortman, dont la femme
alors en couche étoit au lit, la met en fuite,
et s'empare de l'or, de l'argent, des vêtemens,
du linge, des provisions de bouche, en un
mot de tout ce qu'il y avoit dans la maison (a).
Voilà, entre autres excès, presqu'incroyables,
surtout de la part d'un évêque, l'extrême
violence que lui reproche le premier concile
de Douzy, au moins d'après la plainte et l'accusation du comte Nortman, à l'appui de
laquelle celui-ci ne manqua pas de produire
des témoins. Nous nous bornons ici aux
griefs à sa charge, qui nous ont paru antérieurs au concile d'Attigny, de l'an 870, et
qui y furent dénoncés.

____

(*) Je ne puis croire, d'après cela, avec le P. Cellot, que
cette terre de Poilly soit celle dont parlent les Annales de S.
Bertin (ad ann. 768), en ces termes : *Carolus* (Calvus) *ab
Antissiodoro, super Ligerim fluvium, ad villam, quæ Bellus
Pauliacus dicitur, pervenit.* Comment concevoir, en effet, que
l'évêque de Laon ait été courir, avec ses vassaux, jusqu'à la
Loire ? Il me paroît plus probable que la terre de Poilly, dont
il s'agit ici, est le lieu du diocèse de Laon, dans l'ancien doyenné
de Mons, non loin d'Anisy, dont l'église est désignée dans un
vieux *Pouillé* que j'ai sous les yeux, en cette sorte : *Ecclesia
de Pauliaco*, pag. 234.

(a) Epist. Synod. Concil. Duz. 1, ad Hadr. II, et Respons.
ejusd. ad libell. Karol. Calv. advers. Hincm. Laudun, P. 3,
cap. 5.

CHAPITRE XXVI.

Charles le Chauve donne des ordres pour arrêter Hincmar de Laon. Quelques évêques intercèdent pour lui, et la chose en reste là. Sa conduite au moment du concile de Verberie. Interdit de ses clercs, son arrestation. Inutiles efforts d'Hincmar de Rheims, pour lui faire lever cet interdit.

Indigné de ces voies de fait, le roi enjoignit plusieurs fois au jeune Hincmar de se rendre auprès de lui, pour exposer au moins les motifs d'une telle conduite ; mais, ou il différa trop d'obéir aux ordres du roi, ou si enfin, à force d'instances de la part des autres évêques, il se détermina à venir à la cour, il en étoit bientôt après reparti sans permission, pour retourner à son siège. Charles le Chauve irrité, envoya donc une escorte, avec bon nombre de comtes de son royaume, pour se saisir de sa personne, et le lui amener de force. Mais alors il se réfugia dans le sanctuaire de sa cathédrale, avec ses clercs, auprès de l'autel. On étoit sur le point de l'en arracher, lorsque quelques évêques intercédèrent pour lui, et obtinrent, à force de prières, que, par respect pour le caractère et la dignité épiscopale, on ne se porteroit point, à son égard, à cette violence.

Cependant le roi voulut au moins réprimer et réduire, par les voies canoniques, cet évêque brouillon, qui lui résistoit avec tant d'opiniâtreté. Un concile fut, en 869, convoqué, par ses ordres, à Verberie, et Hincmar de Laon y fut appelé avec les autres (a). Il prit le parti de s'y rendre; mais soupçonnant, d'après ce qui s'étoit déjà passé à son égard, qu'on pourroit bien s'y porter à quelque acte de violence contre lui, il tint lui-même à Laon un synode, quelques jours avant ce concile. Là, après s'être plaint qu'on voulût lui ôter le pouvoir que le droit et les règles canoniques attribuent à chaque évêque de dispenser les biens de son église, en les donnant ou en les retirant, selon sa conscience, à qui il juge à-propos, il défend à tout son clergé, sous peine d'encourir les censures les plus graves, d'exercer aucune fonction ecclésiastique dans son diocèse, si on vient à lui refuser la permission de se rendre à Rome, ou à se saisir de sa personne, ajoutant que cet interdit devra être strictement observé, jusqu'à ce qu'il s'en explique lui-même autrement, ou qu'on reçoive, à cet égard, des ordres de la part du S. Siège (b). Je ne puis croire qu'il fût assez cruel et assez impie, pour vouloir *directement* toutes les affreuses conséquences d'une pareille défense, dit le P. Cellot, dans sa vie d'Hincmar de Laon (c), et assurément on ne l'accusera pas de l'avoir ménagé. Peut-être avoit-il eu intention que son interdit fût en-

---

(a) Annal. Bertin, ad ann. 868 et 869.
(b) Consultatio cleri Laudun., ad Hincm. Rhem. Labbe, tom. 8, pag. 1790.
(c) Labbe, pag. 1680, tom. 8.

tendu avec quelques réserves de droit ; mais il fut, comme nous le verrons plus bas, pris à la lettre par son clergé.

Il partit donc pour le palais de Verberie ; mais bientôt, comme il s'y étoit bien attendu, tous les grands du royaume, déjà furieux de longue main, de se voir disputer, dans la personne de Nortman, la possession libre et indépendante des terres de l'église, s'élevèrent aussi fortement, avec le roi lui-même, contre lui, dans le concile, *à cause de son insolence ; insolentia tua exigente* (a) ; ce sont les expressions d'Hincmar, son oncle. Alors il pria l'archevêque de Rheims, son métropolitain, de solliciter en sa faveur, de la part du roi, la permission de se rendre à Rome (b), conformément aux ordres du souverain pontife, qui l'y appeloit, sans doute pour étouffer sagement une affaire si peu susceptible, *au fond*, d'être jugée sur les lieux, et selon les règles ordinaires, et pour prévenir les suites d'une lutte, dont l'issue ne pouvoit être que très-malheureuse pour lui-même.

Demander cette permission, c'étoit à-peu-près équivalemment déclarer que le pape avoit évoqué son affaire à son tribunal, et que l'autorité suprême en étant déjà saisie, les tribunaux inférieurs n'avoient plus aucun droit de le juger. Charles le Chauve n'eut pour lors aucun égard à sa demande ; mais il n'en

____

(a) Ibid, pag. 1527 et 1681.
(b) Hincm. Rhem. Epist. 35, ad nepot ; Epist. 16 et 17, Hadr. 11. Labbe, tom. 8, pag. 914, 915 ; Concil. Duz., ibid, pag. 1605 et Pittaciol. Hincm. Laudun, ad avunc., post synod. Attiniac.

 est pas moins vrai que ce premier concile
tenu contre lui, n'aboutit à rien, et laissa son
affaire indécise ; ce qui détermina le roi à le
faire arrêter et enfermer, tant soit peu de tems,
dans un endroit du pays de Laon, nommé
en latin *Sylvacus*, aujourd'hui *Servais*. Il y
auroit témérité, et même injustice, de dire
que ce fut du consentement, et à l'instigation de son oncle, comme il l'en accuse (a)
dans plusieurs de ses écrits, et l'archevêque
de Rheims le nie formellement (b). Néanmoins, d'après la lettre que celui-ci adressa
au roi, quelques jours auparavant, il est
impossible au moins de douter qu'il ne fût
d'avance instruit de son arrestation future (c).

Au reste, le jour même où l'on se saisit
de sa personne (c'étoit le 28 mai 869),
avant d'être arrivé au lieu de sa détention,
il ordonna à un prêtre et à un diacre de son
diocèse, de dénoncer, de sa part, à tout son

(a) Adversus illum habeo (avunculum suum), quia me à
rege in custodiam mitti fecit (In Concil. Duz. Part. 4, c. 6.).

(b) Ut te, sine mea voluntate, sineque meo consensu,
aliquantulum detineri juberet (Hincmar. Rhem. Epist. 35,
ad nepot.).

(c) Jussistis, ut apud Sylvacum ad vos venirem... ; Spiritu
superbiæ illum (Hincm. nepotem) agi, sicut antea, mihi videtur... ; laborat, ut nulli subjectus sit, et maximam habet fidu-
ciam, ut, per sedis Romanæ potestatem, omnia, quæ cupit,
evincat. Veniam.... Kalend. Jun. Codiciacum (Coucy, diocèse
de Laon, dont nous parlerons plus tard), et in crastino, ubi
vos esse audiero. Multum cupio, ut... filius noster Hodo, episcopus (Bellovacensis, Hincmari Rhem. amicus) vobiscum sit,
ut quod *ex his*, quæ dominatio vestra injunxerit, pro me
agere nequivero, ipse perficiat. Sed et multum vellem, ut etiam
alii de.... sociis nostris episcopis ibi adessent *qui periti sunt
ad hanc bestiam capiendam*, ad ipsius salutem, ne, in per-
niciem suam, captionis retia transilire... possit (In Concil. Duz.
P. 2. Labb., tom. 8, pag. 1589.).

clergé, qu'il eût à observer exactement l'in‑ terdit prononcé (a) dans son synode du 19 avril précédent. Cette démarche extrême fut attribuée par son oncle, et par quelques évêques du concile de Douzy, à un désir passionné de venger ses injures personnelles. Il prend, au contraire, Dieu à témoin, qu'il a eu intention par‑là de prévenir, pour la suite, en faveur de tout l'ordre ecclésiastique, de semblables traitemens (b). Le clergé de Laon ne pouvant pénétrer jusqu'à lui dans sa prison de Servais, et conférer avec lui de vive voix, crut devoir s'abstenir de toute fonction ecclésiastique, en attendant que le métropolitain se fût expliqué à ce sujet. Cette espèce d'anathême, en vertu duquel un certain nombre d'enfans et d'adultes purent être privés du baptême, au moins solemnel, du bienfait de la réconciliation, et du viatique à la mort, et de la sépulture ecclésiastique, duroit déjà depuis cinq jours, quand Hincmar de Rheims, sur l'exposé du clergé de ce diocèse, écrivit, jusqu'à deux fois, à son neveu, pour l'engager à retirer son interdit; mais il n'en voulut rien faire ; ainsi l'archevêque fut obligé de l'annuler lui-même (c).

Ans
de J. C.

(a) Consul. Cleri Laudun, cit.

(b) Non me, pro me, dicere reamini, quasi propriâ instigatum injuriâ, quia, Deo teste, pro cavendo potius ecclesiastici ordinis detrimento, vobis scribo (Hincm. Laudun, in Concil. Duz. Part. 2, cap. 31.)

(c) Scedull. Hincm. Rhem., ibid, c. 9, et 18; Consult. Cler. Laudun, et epist. ejusd. Hincm. Rhem. 2, 3, 4, 5, Labbe, tom. 8, pag. 1792, 1809.

CHAPITRE XXVII.

Caractère dur et âpre d'Hincmar de Rheims. Il étoit excessivement jaloux de l'autorité métropolitaine. L'évêque de Laon s'en montroit mal-à-propos l'ennemi. Ses deux fameuses collections de décrétales et de canons. Excès d'éloignement de la part de l'oncle et du neveu.

CE n'étoit pas le premier trait d'insubordination dont l'oncle de l'évêque de Laon eût à se plaindre. On peut en voir plusieurs autres dans le *libelle* qu'il présenta, contre lui, au concile de Douzy, l'an 871. Aussi existoit-il, depuis long-temps, entre l'oncle et le neveu, une division, ou plutôt une guerre scandaleuse, à laquelle avoit peut-être donné quelque lieu le caractère dur et âpre d'Hincmar de Rheims. Celui-ci accoutumé, dès ses plus tendres années, à la stricte observance de la règle dans le fameux monastère de S. Denys, d'où il avoit été tiré pour être placé sur le siège de Rheims, étoit aussi austère pour les autres, qu'il l'étoit pour lui-même. Il vouloit le bien, mais quelquefois il le vouloit d'une manière trop impérieuse. Excessivement jaloux de l'autorité métropolitaine, alors dans toute sa force, il l'exaltoit à tout propos, souvent même jusqu'à la satiété. Il fut accusé d'en faire trop sentir le joug à ses comprovinciaux (a). Tout puissant Ans de J. C. auprès du roi Charles le Chauve, ses plus zélés partisans ont été forcés de le reconnoître, il en avoit cruellement abusé dans l'affaire du malheureux Rothade, évêque de Soissons, qui, après avoir été très-injustement déposé, ne fût pourtant jamais remonté sur son siège, si, comme dans tous les états bien ordonnés, il n'eût existé dans l'église un tribunal suprême, réformateur né des jugemens des métropolitains, l'autorité du S. Siège, reconnue et révérée dans tous les siècles et dans toutes les contrées de l'univers chrétien, comme le refuge (b), spécialement de tous les évêques opprimés.

Mais, si Hincmar de Rheims, dans cette circonstance et autres, chercha mal-à-propos à empêcher ou à restreindre, sur-tout en dernière instance, le recours à Rome, si précieux et si vénérable en lui – même, Hincmar de Laon de son côté, il est juste

---

(a) Ipse, quasi omnium Dominus, Præsidens ac prævalens, in concilio (Suess.) tanquam imperator triumphans, et tanquam summus ecclesiæ pontifex, decernens, subjugatâ suo potentatui, et oppressâ fratrum humilitate....., hoc à me exigere volens, ut non quasi confrater et coepiscopus, sed ut proprius clerious ad sua vota famularer (Proclam. Rothad. Suess. ad S. Nicol. I ; vide etiam multas ejusd. papæ epist. de Rothado injustè deposito, et concil. Rom. ann. 868).

(b) Privilegia Romanæ ecclesiæ totius sunt Christi, ut ita dicamus, remedia ecclesiæ catholicæ. Privilegia, inquam, Petri arma sunt contra omnes impetus pravitatum, et munimenta Domini sacerdotum, et omnium prorsus, qui in sublimitate consistunt, imo cunctorum, qui ab eisdem potestatibus, diversis afficiuntur incommodis (S. Nicol. I, epist. 3o, ad Carol. Calv.).

Quod Rothado hodie contigit, unde scitis quod cras cuilibet non eveniet vestrûm? Quod si contigerit.... ad cujus, rogo, confugietis auxilium ? (Idem, epist. 3a, ad episcop. concil. Suess. alias Sylvanect.).

 aussi d'en convenir, ne savoit pas non plus
le renfermer dans les bornes de la modération. Disons-le franchement, il sembloit voir
impatiemment à ses côtés cette jurisdiction
supérieure du métropolitain, si sagement et
si utilement instituée dès les premiers siècles,
d'après *la forme de S. Pierre* (a), et par
une émanation primitive de sa primauté (b),
soit pour décharger le S. Siège de la multitude des causes ordinaires dont il seroit
accablé, soit pour entretenir par-tout, à
proximité des lieux, cette surveillance indis-
pensable, qui, lorsqu'elle se renferme dans ses
justes bornes, peut seule établir, dans le
vaste corps de l'église, la plus belle har-
monie de tous les membres avec le chef, et
prévenir la ruine totale de la discipline ecclésiastique. On s'apperçoit trop qu'il eût bien
voulu, à l'exclusion du métropolitain, ne
dépendre uniquement que du pape beaucoup
plus éloigné des lieux; et on ne peut guères

(a) Inter beatissimos apostolos, in similitudine honoris, fuit quædam discretio potestatis, et cum omnium par esset electio, *uni* tamen datum est ut cæteris præemineret. *De quâ formâ* epis-coporum quoque est orta distinctio, et magnâ dispositione provisum est ne omnes sibi omnia vindicarent, sed essent in singulis provinciis singuli, quorum inter fratres haberetur prima sententia, et rursus quidam, in majoribus urbibus constituti, sollicitudinem susciperent ampliorem, *per quos ad unam* Petri sedem universalis ecclesiæ cura conflueret, et *nihil usquam* à suo *Capite* dissideret (S. Leo, epist. ad Anast. Thessalon.).

(b) Privilegio, inquit Thomassinus, cum Hincmaro Rhemensi, Petri supra cæteros evecti, *contineri patriarcharum, primatum et metropolitanorum omnium privilegia.* Hæc enim omnia in eo *uno* sita sunt, quod præsint episcopi alii aliis. At Christus apostolis *solum Petrum* præesse jussit. Hinc ergo perspicuè efficitur, quascumque episcoporum supra alios episcopos præcellentias, ceu radios à sole, luminis fonte, ab hac prærogativâ manasse. (Resp. Pii pap. VI. ad quatuor metrop. super nunciat. apost. Leodii, 1790, pag. 385.).

en effet se dissimuler que, comme son oncle Ans
l'en accuse (a), tel n'eût été, du moins en de J. C.
partie, son but dans ces deux fameuses collections, où il fit entrer une foule de décisions
tirées principalement des décrétales, alors
attribuées communément aux papes anté- 870.
rieurs au concile de Nicée. Mais il faut aussi
l'avouer, l'archevêque de Rheims, de son
côté, se défendoit bien mal contre lui, quand,
au lieu de nier purement et simplement leur
authenticité, il le rappelloit à l'obéissance
due à celles qui avoient été promulguées
d'après les SS. canons, ou en lui répondant
qu'elles ne se trouvoient pas dans le recueil
ordinaire des canons (b) ; comme si les décrétales des papes, quelles qu'elles soient,
n'avoient pas, par elles-mêmes, en vertu
de la puissance suprême attribuée par J. C.
à S. Pierre, d'où elles émanent, une autorité
antérieure à tous les conciles et à tous les
canons, et indépendante de tout recueil.

L'évêque de Laon méritoit des reproches
pour son insubordination habituelle. Aussi
le pape Hadrien II lui écrivit – il enfin,
pour lui enjoindre de se soumettre à son
métropolitain (c), comme il vouloit que ses
propres clercs lui fussent soumis. Néanmoins
l'exercice de jurisdiction supérieure qu'avoit
fait Hincmar de Rheims, en qualité de métropolitain, dans le diocèse de Laon, en annul-
lant l'interdit de son neveu, avoit aussi, de

(a) Epist. ad Carol. Calv. Labbe, tom. 8, p. 1589, et lib. 55.
Cap. c. 16, 27.
(b) Sched. Hincm. Rh. cap. 13, et multoties alibi.
(c) In concil. Duz. p. 11, cap. 2.

Ans de J. C. beaucoup, aigri celui-ci, et prodigieusement augmenté leur éloignement mutuel. On auroit peine à croire à quel point il étoit porté, de longue main, si les écrits de l'un et de l'autre n'en faisoient foi. Ce n'est point ici le lieu de rapporter en détail les indécens et coupables excès qu'Hincmar de Rheims reproche, envers lui, à un neveu (a) qu'il avoit nourri dès l'âge le plus tendre, dont il avoit tant soigné l'éducation, qui lui étoit redevable de son évêché, et qu'il avoit sacré de ses propres mains. Mais quels que fussent les torts du neveu, l'oncle, de son côté, malgré ses grandes et éminentes qualités, montroit-il assez de modération, et ne jettoit-il pas l'huile sur le feu, quand apostrophant l'évêque de Laon, il lui appliquoit, à contre sens, le passage de S. Paul : *Datus est mihi angelus satanæ, qui me colaphiset* (b); ou encore quand il le plaisantoit sur son embonpoint, en lui adressant ces deux vers :

Congruit inde tibi sapiens quod dixerat (c) olim;
Non tenuem sensum venter obesus habet ?

(a) Libell. Hincm. Rh. in Conc. Duz. p. 2, c. 3o. Lib. 55. Cap. c. 1, 2, 5, 7, 9, 10, 4o, 44.
(b) Ibid, c, 39.
(c) Labbe, tom. 8, p. 1665.

CHAPITRE XXVIII.

*Lettre de convocation du concile d'Attigny,
l'an 870, comment motivée. Accusation
d'Hincmar de Laon, contre Hincmar de
Rheims. Comment repoussée par l'archevêque.*

Hincmar de Rheims, en convoquant son 870.
neveu avec les autres évêques de dix provinces ecclésiastiques, au concile d'Attigny,
lui avoit marqué qu'il s'agissoit de répondre
à une lettre du pape Hadrien II. (a). « En
» m'écrivant, lui dit son neveu, en vertu
» de votre autorité, de me rendre à Attigny
» pour le concile, vous m'avez fait entendre
» que le pape avoit adressé au roi Charles,
» et aux évêques de son royaume, une lettre
» à laquelle on ne pouvoit répondre, sans
» s'être concerté dans une assemblée syno-
» dale ».

Cette lettre, dont on ignore le sujet, avoit été
présentée, peu de tems auparavant, par les envoyés du souverain pontife, dans un lieu appellé en latin, *Gundulphi-Villa*, que le savant
Mabillon (b) croit être *Gondréville*, près de
Toul, au moment où le roi s'y trouvoit
avec ses évêques et autres féaux. C'étoit aussi
dans ce même endroit, où Hincmar de Laon

____

(a) Sched. Hincm. R. adv. Laudun. cap. 27.
(b) De re Diplom. lib. 4, cap. 285.

Ans de J. C.

s'étoit alors rendu comme les autres, qu'il avoit envoyé à son oncle, par Vanilon, archevêque de Rouen, la seconde de ces deux fameuses collections dont nous avons déjà parlé, et lui avoit fait dire, en même-temps, qu'en ordonnant à ses clercs de garder, sous peine d'excommunication, son fameux interdit, il n'avoit fait que suivre son exemple (a), l'accusant d'avoir lancé un pareil anathême contre les habitans d'une certaine terre appartenant à l'évêché de Laon, dans le diocèse de Rheims, et se vantant d'avoir une liste complette du nombre d'enfants et d'adultes qui, en conséquence, y étoient morts sans baptême ou sans viatique. Mais cette accusation fut repoussée par l'archevêque, comme une calomnie (b).

870.

Le concile d'Attigny commença vers la mi-juin (c). « Le roi, dit encore l'évêque » de Laon (d) à son oncle, y traita, pendant » quelques jours, telles affaires qu'il lui plut. » Mais le jour précis où l'on devoit unique- » ment s'occuper de matières synodales, » (c'étoit un vendredi) m'ayant été désigné, » j'arrivai à point...... Vous me présentâtes » dès-lors comme un exemplaire de la lettre » du pape, me priant d'en faire lecture, » mais m'ordonnant, en même-tems, de » donner sur-le-champ ma réponse,

---

(a) Sched. Hincm. Rh. cap. 29, et antea cap. 28.
(b) In Concil Duz. 1. Labbe, tom. 8, pag. 1603.
(c) Cap. 5. Proclam. Caroli Calvi adv. Laud. in Synodo Duz. Parte I.
(d) Epist. Hincm. Laud. ad Rhem. cujus initium : *De his quæ vobis per Hittonem*, et Sched. Rh. adv. Laud. cap. 27.

» et de vous rendre le même exemplaire, Ans de J. C.
» aussi-tôt que je l'aurois lu. Or, comme
» je m'en suis depuis assuré par le moyen
» d'un autre exemplaire, il manquoit plu-
» sieurs choses dans l'indice que vous m'avez
» montré ». Accusation odieuse, si elle est
fausse, puisqu'elle suppose, de la part de
son oncle, un manquement grave, contre
le S. Siège lui-même.

Aussi l'archevêque de Rheims la repousse-
t-il de toutes ses forces dans le concile de
Douzy, près de Mouzon, tenu l'année suivante 871. « Ses paroles, y dit-il, (a) en parlant
» de son neveu, sont de toute fausseté.......
» Quand il arriva à Attigny.... je lui ai donné
» à lire un exemplaire qui renfermoit la
» teneur authentique de la lettre du pape,
» telle que je l'avois envoyée en entier à Erard
» de Tours, à Vanilon de Rouen, à Vulfad
» de Bourges, et aux autres archevêques du
» roi Charles; d'ailleurs j'ai relu la même
» lettre à Attigny, en plein concile. Je ne
» lui ai point dit non plus de répondre
» sur-le-champ, mais de lire l'exemplaire,
» et de voir ce qu'il auroit à répondre ». Enfin
il offre de prouver par les propres écrits 870.
d'Hincmar de Laon, qu'il a en main, que
son accusation contre lui, à cet égard, est
entièrement opposée à la vérité. (27)

____

(a) Sched. cit. cap. cit.

CHAPITRE XXIX.

Entrée de l'évêque de Laon dans la séance du concile ; l'archevêque de Rheims lui présente son ouvrage des cinquante-cinq Chapitres. Affaire incidente de l'église de Follembray. L'évêque, avec un écrit à ce sujet, présente au concile sa première collection, ou composition de décrétales et de canons.

LE jour où devoient se traiter les matières purement synodales arriva enfin, et l'évêque de Laon devoit bien s'attendre qu'il auroit à se disculper dans le concile d'une foule d'imputations, mais principalement d'insoumission envers le roi (a), et de désobéissance à l'égard de son métropolitain. L'archevêque de Rheims avoit jugé à propos d'opposer aux deux fameuses collections de son neveu, son ouvrage *des cinquante-cinq Chapitres,* où se trouvent recueillies une foule d'autorités ecclésiastiques. Quand l'évêque de Laon entra dans le lieu de la séance, il lui donna cet écrit avec sa préface, et les 44 vers qu'il avoit mis en tête (b), et lui dit, en présence des évêques des dix provinces : « Mon frère » Hincmar, quand nous fûmes dernièrement

______

(a) Continuator Aimoini ad ann. 870, lib. 5, cap. 24.
(b) Sched. cit. adv. Hincm. Laud. cap. 13, et narratio Hincmari Rhem. post lib. 55. Cap. in cod. MS. 1486. Palat. biblioth. vatic.

» à Gondréville, à la suite de sa majesté le
» roi, avec un grand nombre d'archevêques
» et d'évêques, et autres féaux de ce prince,
» vous m'avez fait dire, par le seigneur ar-
» chevêque Vanilon, d'heureuse mémoire,
» tout ce qu'il vous a plu, comme l'a par-
» faitement entendu le seigneur évêque
» Adventius, et comme vous l'avez d'ailleurs
» fait connoître à bien d'autres. Vous m'avez
» en outre envoyé, par ce même archevêque,
» quelques cahiers qui sont entre mes mains,
» et qui renferment certaines compilations
» de lettres des souverains pontifes. J'y ré-
» pondis briévement, pour le moment,
» jusqu'à trois fois, et de vive voix, et par
» écrit, me réservant d'y répondre ensuite
» plus au long : voici, à ce sujet, une nou-
» velle réponse, dans ces cahiers que je vous
» présente. Mais l'amour paternel que j'ai
» pour vous m'engage, en outre, à vous re-
» prendre pour quelques propos de votre
» part, qui ne conviennent point à la gravité
» épiscopale. Je vous avertis d'avoir doréna-
» vant à vous en donner de garde ; et quant
» à certains autres griefs qui me sont revenus
» sur le compte de votre personne, je vous
» avertis en même-tems de prendre soin
» de vous en corriger, s'ils sont vrais, et de
» mettre la plus grande attention à vous en
» préserver, s'ils ne le sont pas ».

Alors Hincmar de Laon répondit (a) qu'il
avoit aussi quelques écrits à présenter en

An
de J. C.

870.

(a) Narrat. supra cit. apud Labbe, tom. 8, pag. 1837 et
seqq.

plein concile à l'archevêque de Rheims, au sujet de l'église d'une certaine terre nommée Follembray, située dans le diocèse de Laon, mais sous la dépendance de l'église de Notre-Dame et de S. Remi de Rheims.

Cette église, si nous en croyons aux documens rapportés par Hincmar de Rheims, dans les deux lettres qu'il adressa à son neveu (a) pour cette affaire, le 27 avril et le 11 mai de la présente année 870, avoit eu, de tems immémorial, ses prêtres propres et titulaires, et n'avoit jamais été soumise à aucune autre. A la mort d'Otteric, prêtre de Follembray, qui avoit gouverné cette cure pendant près de 60 ans, Pardule, évêque de Laon, avoit admis, pour être ordonné à la place du défunt, le clerc Vulfégérus, à la sollicitation du laïque Osverus, qui tenoit en *bénéfice*, ou en fief, la terre de Follembray, de la part de l'archevêché de Rheims, du consentement d'Hincmar, qui dès-lors occupoit le siège de cette ville ; mais Pardule étant venu à mourir avant d'avoir élevé le clerc Vulfégérus au sacerdoce, Haimerad, prêtre de l'église de Coucy *, dans les en-

---

(a) Vide epist. 7 et 8. Hincmari Rhem. ad nepot. apud Labbe, tom. 8, pag. 1812 et 1819.

* Coucy, paroisse du diocèse de Laon, avoit alors un château célèbre, qui, depuis le don qu'en avoit fait le roi Clovis à S. Remi, appartenoit à l'Église de Rheims. Hincmar, archevêque de cette ville, aimoit beaucoup à y séjourner, et s'y rendoit très-fréquemment. Hérivée y ajouta de nouvelles fortifications. Odalric excommunia un seigneur nommé Thetbald, qui s'en étoit injustement emparé, et le força de le rendre. Ce château eut ensuite différens châtelains qui le tinrent de l'église de S. Remi de Rheims, à titre de cliens, jusqu'à Enguerrand, premier du nom, moyennant une simple redevance annuelle de soixante sols. Celui-ci

virons de Follembray, desservit cette dernière cure avec la sienne pendant quelque
tems, avant l'ordination d'Hincmar de Laon,
successeur immédiat de Pardule, et préten-
dit bientôt après que l'église de Follembray
devoit être soumise à celle de Coucy, et n'en
étoit qu'une dépendance ou succursale.
Hincmar, devenu évêque de Laon, avoit
donc envoyé ses vicaires sur les lieux pour
s'informer de la vérité ; et ceux-ci, d'après
l'attestation de témoins véridiques, et divers autres renseignemens, lui avoient rapporté que cette église n'avoit jamais été soumise à celle de Coucy, et avoit toujours eu
son propre prêtre. Ainsi le prêtre Bertfrid,
du consentement du nouvel évêque de Laon,
avoit, pendant cinq ans, desservi, avec son
église de Brières, celle de Follembray. Mais
Haimerad de Coucy ayant enlevé de celle-ci
divers objets qui lui appartenoient, Bertfrid
avoit porté ses plaintes à l'évêché de Laon,
et quelques prêtres ayant été envoyés pour
faire des enquêtes à ce sujet, on avoit reconnu
que l'accusation de Bertfrid étoit conforme
à la vérité, et Haimerad avoit en conséquence

Ans
de J. C.

---

refusa long-tems de la payer, et le roi Louis VI fut obligé
de faire la guerre à Thomas de Marne, ou de Marle, son
fils et son successeur, et de faire le siège du château de Coucy,
où il s'étoit renfermé. Néanmoins les descendans de Thomas, la
plupart appellés Enguerrand, ne laissèrent pas de rester en possession du même château jusqu'à l'an 1400, où Marie, fille
d'Enguerrand VI, dans l'espoir d'épouser le duc d'Orléans,
vendit au prince Louis, frère de Charles VI, ce domaine, qui
retourna ainsi de nouveau entre les mains de la cour de France.
C'est de ce château qu'a tiré son nom l'ancienne famille de Coucy,
à laquelle appartient Son Excellence Mgr. Jean-Charles de Coucy,
ancien évêque de la Rochelle, et aujourd'hui archevêque de l'église
de Rheims.

été obligé , en présence des députés de l'évêque, de rendre à l'église de Follembray ce
qu'il en avoit distrait. Au bout de cinq ans
Bertfrid quitta le diocèse de Laon. Alors
Sigebert, mari de la sœur d'Hincmar le jeune,
à qui l'archevêque de Rheims avoit donné
en fief la terre de Follembray, lui demanda,
selon l'ancienne coutume, un clerc de l'église
de Rheims, pour être ordonné, par l'évêque
de Laon, prêtre de l'église de Follembray.
Hincmar y consentit, avec promesse de lui
accorder la liberté ecclésiastique, pour rendre
son ordination régulière, dans le cas où son
neveu jugeroit le sujet digne de son approbation. Ce clerc, nommé Senatus ou *Seminatus*,

870.
avoit déjà occupé l'église de Follembray au
sçu de l'évêque de Laon, depuis quatre ans,
pendant lesquels, en attendant qu'il fût
élevé au sacerdoce , cette église avoit été
desservie, à sa place, par Grimon et Heimeric,
tous deux prêtres du diocèse de Laon. Ce
fut à cette époque qu'Hincmar le jeune, mécontent de son oncle, brouillé d'ailleurs avec
sa sœur et Sigebert, son beau-frère, bénéfi-
cier laïque de Follembray, commença à res-
susciter la vieille querelle d'Haimerad, curé
de Coucy, et ses prétentions sur l'église de
Follembray , au mépris des informations de
ses propres vicaires, et d'une foule d'autres
considérations, en interdisant cette église à
Seminatus.

Voilà l'affaire d'assez peu d'importance
dans laquelle il se déclara ouvertement pour
Haimerad ; et voilà pourquoi, tout absent
qu'étoit celui — ci, il présenta à son oncle
l'archevêque, en sa faveur, à Attigny, un

énorme rouleau d'écrits (a), où, dit Hincmar
de Rheims, malgré les réclamations des habitans de Follembray, dont il l'avoit souvent
et inutilement averti, il avoit fait entrer un
tissu de fables au sujet d'un certain prêtre,
nommé *Fimus*, et plusieurs autres inven-
tions mensongères de même espèce, qui
n'avoient jamais engagé Haimerad lui-
même à porter la moindre plainte, ni auprès
du métropolitain, quoiqu'il se fût trouvé
plus de cent fois (b) avec lui dans sa propre
paroisse de Coucy, ni auprès d'aucun concile
provincial, quoiqu'il se fût tenu plusieurs as-
semblées synodales dans la même province,
et à sa proximité, depuis qu'Hincmar le jeune
étoit monté sur le siège de Laon.

Apparemment le concile d'Attigny ne dé-
cida rien sur cette affaire embrouillée, à
cause de l'absence du prêtre Haimerad ; car,
d'après la teneur des canons, l'accusateur
ne peut, à quelqu'exception près, se porter
pour tel, par l'entremise d'un autre ; et ceux
qui se croient lésés, doivent se présenter eux-
mêmes au concile provincial, pour y faire
examiner leurs plaintes. Aussi la même contestation fut-elle reproduite l'année suivante
871, au concile de Douzy, près de Mouzon.
On y voit qu'Hincmar de Laon, à l'instigation duquel quelques-uns attribuoient les
prétentions et les entreprises d'Haimerad,
avoit dessein de porter cette affaire de si peu

Ans
de J. C.

870.

(a) Sched. Hincm. Rh. adv. Laud. cap. 13, et epist. ejusd. 35,
apud Labbe, tom. 8, pag. 1683.

(b) Acta synodi Duz. 1, cap. 1, Parte IV.

de conséquence au tribunal du S. Siége, et qu'il avoit en conséquence amené pour cette fois ce prêtre avec lui, pour l'envoyer à Rome. Au reste les pères du concile de Douzy ayant fait signifier trois fois par un évêque, un prêtre et un diacre, à Hincmar de Laon d'avoir à comparoître avec son cher curé de Coucy, afin de porter en sa présence un jugement canonique sur les plaintes au sujet desquelles cet évêque avoit présenté, l'année précédente, au concile d'Attigny, un rouleau d'écrits, il comparut effectivement lui-même à la troisième citation (a); mais Haimerad ne vint point, malgré les citations qu'Hincmar de Rheims lui fit faire séparément, à différentes reprises, par deux diacres de son église. Ainsi on ne sait à quoi aboutit cette affaire.

870.

Avec son écrit concernant les plaintes d'Haimerad, l'évêque de Laon présenta encore au concile d'Attigny les cahiers où étoit renfermée la première compilation, qu'il avoit faite, des écrits des anciens pères, antérieurs aux canons du concile de Nicée, et autres subséquens ; *compilation* monstrueuse (b), dit son oncle, qu'il avoit signée lui-même avec le clergé de l'église de Laon (c) et les curés de ses paroisses, sans en donner la moindre connoissance à son métropolitain, et autres évêques de la province de Rheims, afin de l'opposer aux écrits adressés par l'archevêque

(a) Vide acta synodi Duz. 1, cap. 4, Parte IV, et cap. I.
(b) Sched. Hincm. Rh. jam cit. cap. 13.
(c) Synod. Duziac. 1, parte IV, cap. 7 et 9, et Narrat. cit. Hincmari Rhem. p. 1838.

de Rheims, tant à lui qu'à tout son diocèse, pour annuller l'interdit désastreux qu'il avoit lancé contre les règles. Cet écrit, continue son oncle, étoit, comme le premier qu'il venoit de lui présenter, entièrement opposé à la vérité, à l'autorité, à la justice et à la raison. Telle fut la satisfaction que donna Hincmar de Laon à l'archevêque de Rheims, après les avertissemens qu'il lui avoit donnés, lorsque lui mettant en main son ouvrage des *cinquante-cinq Chapitres,* il l'avoit engagé *à éviter à l'avenir les réprimandes, et à suivre désormais avec ardeur les voies de paix et de sainteté commandées par S. Paul, en se soumettant aux SS. canons* (a). (28).

Ans de J. C.

870.

~~~~~~~~~~~~~~~~~~~~~~~~~~~~~~~~~~~~

CHAPITRE XXX.

Discours d'Hincmar de Rheims dans le concile. Exposé, en forme de consultation, lu de sa part, et par son ordre, aux pères, dans la séance. Acclamation des évêques contre son neveu.

Alors voyant qu'il n'y avoit à attendre, de la part de son neveu, aucun amendement, Hincmar de Rheims (c'est lui-même qui fait cette réflexion) adressant la parole aux archevêques, évêques et autres personnes

____

(a) Sched. Rhem. arch. adv. nepot. jam cit. cap. 13.
~~~~~~~~~~~~~~~~~~~~~~~~~~~~~~~~~~~~

 honorables qui formoient la séance du concile, leur dit (a) :

« Tourmenté, comme vous devez l'en-
» tendre, par les douleurs de rhumatisme
» les plus violentes, je suis hors d'état de
» vous exprimer moi-même ce que j'ai dans
» l'esprit : voici donc, par écrit, un court
» exposé, que je vais faire réciter, en votre
» présence, non par forme d'accusation con-
» tre Hincmar, notre frère et notre coévêque,
» mais par forme de consultation, pour ap-
» prendre de votre fraternité comment, si
» vous venez unanimement à le juger digne de
» quelque correction, il faudra le reprendre,
» ensorte que le Seigneur, donnant à ceux
» qui habitent la maison, de n'avoir plus
» qu'un cœur et qu'une ame, nous obte-
» nions, lui et moi, par l'entremise de votre
» sainteté et de votre sagesse, ce que, malgré
» mes désirs, je n'ai pu acquérir par moi-
» même, la grace de conserver entre nous,
» et en nous, la charité saine et sauve ».

Aussi-tôt ces dernières paroles, quelqu'un
fit donc la lecture de l'exposé suivant :

» Il y a déjà plus d'un an que, par des
» pétitions à moi remises en présence des
» clercs de l'église métropolitaine de Rheims,
» mes coadjuteurs dans le saint ministère,
» pétitions que j'ai entre les mains, est inter-
» venue une réclamation de la part du roi
» Charles, notre Seigneur, et des clercs de
» l'église de Laon, contre Hincmar, notre
» frère dans l'épiscopat; parce que, à raison de

870.

____

(a) Narrat. cit. pag. 1838, et sched. cit. cap. cit.

ses

» ses injures personnelles, il a, par une sen-
» tence, défendu, sous peine d'excommu-
» nication, à tous les prêtres de son église
» et de son diocèse, sans exception, d'exer-
» cer aucunes fonctions sacerdotales, de
» baptiser les petits enfans, qui souvent sont
» en danger de mort, d'accorder à qui que
» ce soit le bienfait de la réconciliation,
» ou la grace du Viatique, et à aucun mort
» le devoir de la sépulture prescrit par l'hu-
» manité même. Je fus, je l'avoue, saisi
» d'horreur, en apprénant la barbarie d'une
» si grande impiété, jointe à une présomp-
» tion aussi nouvelle, et jusqu'ici inouie,
» contre la vérité évangélique, et contre la
» constitution des apôtres, des saints canons,
» et des règles ecclésiastiques. M'empressant
» donc, pour remplir, autant qu'il est en
» moi, le devoir de ma place, de prévenir le
» danger imminent, où, par suite de retard
» de ma part, et à l'occasion d'une pareille
» présomption, alloient tomber les ames
» dans ce diocèse, je fis venir un notaire, et
» après avoir rassemblé, et lui avoir fait trans-
» crire les autorités décisives de l'évangile et
» des apôtres, en outre les définitions des
» saints canons et du S. Siège apostolique, à
» ce sujet, je me hâtai de les faire parvenir,
» par ceux qui partagent avec nous le saint
» ministère, à notre confrère sus-dit, à sa
» majesté le roi, et aux clercs de l'église
» de Laon. D'abord à notre confrère sus-dit,
» afin qu'à la vue de ces définitions sacrées,
» se soumettant avec obéissance au S.-Esprit,
» qui en est l'auteur, il se hâtât soigneuse-
» ment de délier ce qu'il avoit lié mal-à-pro-

7

Ans
de J. C.

Isaï 58,
6.

870.

» pos, d'après l'ordre exprès du Seigneur,
» en ces termes : *Rompez les liens d'impiété ;*
» *rompez les faisceaux qui accablent; mettez*
» *en liberté ceux qui sont écrasés par l'op-*
» *pression ; mettez en pièces le fardeau qui*
» *pèse sur eux.* Je les envoyai ensuite au roi,
» notre seigneur, et aux clercs de l'église de
» Laon, afin que tel parti que dût prendre
» notre confrère sus - dit, soit d'obéir aux
» écritures et décisions divines, soit de s'y
» refuser, selon l'expérience que j'ai de sa
» conduite ordinaire, ils s'empressassent,
» eux, d'après le précepte de Dieu, et
» l'autorité des saints canons et du Siège
» apostolique, d'éloigner, sans aucune ré-
» tractation ou hésitation, le danger qui les
» menaçoit à la fois eux-mêmes et les ames
» du même diocèse. Mais le même confrère,
» comme je l'avois bien prévu, persistant
» dans son opiniâtreté, refusa entièrement
» d'obéir aux décisions sacrées que je lui
» avois envoyées; ainsi il a persévéré dans sa
» contumace, depuis ce moment jusqu'à ce
» jour, au point que prévenu de ma part,
» et averti, soit de vive voix, soit par lettres,
» déjà jusqu'à cinq fois, non-seulement il
» n'a point corrigé le mal qu'il avoit fait,
» mais il n'a même, à cet égard, donné
» aucune satisfaction au privilège de son
» métropolitain. Voici donc ce que je de-
» mande : faites réciter, en votre présence,
» ce que je lui ai envoyé par écrit, et si,
» d'après votre jugement, c'est là ce qui doit
» être tenu et suivi, selon la règle des saintes
» écritures, et la tradition des anciens, dites-
» le, et excitez-le à s'y soumettre avec obéis-

» sance; et, si au contraire, par une suite
» de la foiblesse humaine, je me suis, ce
» qu'à Dieu ne plaise, éloigné en quelque
» chose de la foi catholique, de l'autorité des
» saintes écritures, et des définitions des saints
» canons et du Siège apostolique, qui ont,
» comme les saintes écritures, le S.-Esprit
» pour auteur, (d'où vient que, selon le
» S. pape Hilarus, *on n'est pas moins cou-*
» *pable en péchant contre les sanctions des*
» *traditions saintes, qu'en se répandant en*
» *injures contre Dieu même ;*) alors, je vous
» en conjure humblement, faites − moi − le
» connoître, et vous me verrez obéir avec
» empressement et de tout mon cœur aux
» divines écritures et aux définitions saintes,
» et du reste retenir dans ma conduite ce
» que vous m'aurez montré devoir être re-
» tenu et suivi, selon la règle et la doctrine
» de l'église catholique et apostolique ».

D'après cette pétition (a), on relut donc, dans le concile, en présence d'Hincmar de Laon, les écrits qu'Hincmar de Rheims avoit adressés, soit à lui-même, soit à son diocèse, pour annuller le sus-dit interdit qu'il avoit lancé, sous peine d'excommunication. Ce fut alors qu'Otulfe, évêque de Troyes, dit tout haut, en présence de l'évêque de Laon, en parlant de lui, de manière à être entendu de tout le concile (b) : « Il dit, à » chaque instant, que les écrits, dont on fait » en ce moment la lecture, ne valent pas

Ans de J. C.

870.

(a) Narrat. cit.
(b) Sched. Hincm. Rh. cit. Concil Duz. i. Parte II, cap. 33.

Ans
de J. C.

» plein sa bouche d'eau ». Aussi-tôt tous les
évêques s'écrièrent d'une même voix (a) :
« Ces écrits, tout au contraire, ne sont que
» l'expression de la vérité évangélique, de
» l'autorité des apôtres et des canons ; ils
» sont rédigés d'après la règle des saintes
» écritures, la tradition du Siège apostolique
» et des pères de l'église catholique ; ils
» doivent être observés et suivis. Quiconque
» auroit la présomption de s'en écarter obs-
» tinément et avec opiniâtreté, se retranche-
» roit lui-même, sans aucun doute, de l'unité
» de l'église catholique, et devroit en consé-
» quence être mis au nombre des schisma-
» tiques ; car, comme le dit le S. pape
» Hilarus dans ses décrets : *On n'est pas
» moins coupable en péchant contre les sanc-
» tions des traditions saintes, que si l'on se
» répandoit en injures contre Dieu même.*
» C'est le blâme qu'a encouru Hincmar,
» évêque de Laon, par la présomption qu'il
» a eue de s'opposer aux saints canons,
» comme on le voit dans les collections qu'il
» a faites de son autorité privée ». (29).

870.

(a) Narrat. cit. supra.

CHAPITRE XXXI.

*On se met en devoir de procéder juridique-
ment contre Hincmar de Laon. Le roi
arrête la procédure. Divers reproches adressés à l'évêque au sujet de son interdit, de
sa première collection, et de son insoumission envers le roi et son métropolitain.
Sa profession par écrit. Noms des évêques
et abbés du concile d'Attigny.*

870.

ON se mit effectivement en devoir de procéder juridiquement contre Hincmar de
Laon, par un interrogatoire en règle, l'au-
dition des témoins, la rédaction par écrit
de leurs dépositions, et autres solemnités
ordinaires en pareil cas. Cependant le roi
s'interposa pour empêcher la continuation de
la procédure. Ainsi elle fut interrompue, et
l'archevêque, son oncle et son métropolitain,
s'abstint de porter contre lui un jugement en
règle, pour le renvoyer à sa conscience (a).
C'est peut-être, pour cette raison, qu'il sou-
tient qu'on ne put l'attaquer à Attigny, au
sujet de l'interdit de son clergé. Néanmoins,
à défaut de l'ordre judiciaire, il ne laissa
pas, au rapport d'Hincmar de Rheims, et
du concile de Douzy, en 871, d'être convaincu, en présence de tous les évêques,

____

(a) Hincm. Rh. epist. 35, pag. 6o3; et iterùm apud Labbe,
tom. 8, pag. 1683.

Ans de J. C.

d'avoir défendu , sous peine d'excommunication , à tous les prêtres et autres clercs de son diocèse, sans qu'ils eussent été accusés , ou se fussent avoués coupables , ou fussent convaincus d'aucun crime , de chanter la messe , ou d'exercer tout autre ministère ecclésiastique, et d'avoir refusé d'obéir aux monitions réitérées par écrit de son métropolitain , pour lever un interdit aussi extraordinaire. On a déjà remarqué ci-dessus quels motifs il prétendoit avoir eus d'en agir ainsi. Cependant tout le concile lui en fit des reproches , comme d'une sentence non moins injuste qu'irrégulière , et dictée uniquement par le désir de se venger des injures personnelles qu'il avoit reçues (a).

870.

On voit encore dans les actes synodaux du concile de Douzy (b) , que les pères du concile d'Attigny examinèrent en session publique la première des deux fameuses collections qu'Hincmar de Laon , avoit , dès l'abord, présentée à son oncle , et contre laquelle on se récrioit sur tout, parce qu'après y avoir fait entrer , avec une foule d'autorités des papes, la loi impériale qui ordonne *de couper la langue au délateur, ou la tête à celui qui est convaincu de l'être ,* il sembloit avoir , au moins en général, quoique sans application particulière, participé à un juge-

---

(a) Vide narrat. Hincm. Rh. jam cit. ; sententias Adventii , Metens. episc. et Gisleberti , Carnot. episc. in fine concil. Duz. 1 , et ejusd. synodi, Parte IV, apud Labbe, tom. 8 , pag. 1644 et 1645, et sched. Hincm. Rhem. advers. nepot. cap. 30 et cap. 13 , et cap. 6 , 7 , 8.

(b) Synodi Duz. 1, Parte IV, apud Labbe, tom. 8, pag. 1645 , et in sententia Odonis, episc. Bellov. Ibid. et sched. cit. cap. 11.

ment de mort, au mépris de la discipline ec- Ans
clésiastique, et contre la douceur épiscopale, de J. C.
soit en faisant signer à ses clercs, de sa propre autorité, et sans le consentement de ses
comprovinciaux, le recueil où elle étoit renfermée, soit en le signant lui‑même, en
ces termes (a) : « Hincmar, par la miséri-
» corde de Dieu, évêque de Laon, j'ai
» souscrit ces décrets des SS. pères du Siège
» apostolique, pour marquer mon obéis-
» sance envers eux ; que ceux aussi qui me
» sont confiés, par l'autorité du même
» Dieu, et qui, à cet égard, pensent comme 870.
» moi, jaloux de garder l'unité d'esprit dans
» le lien de la paix, jouissent avec moi de
» cette paix. Si, au contraire, il en est quel-
» ques-uns qui ne veuillent pas s'associer à
» cette discipline avec moi, qu'ils soient
» aussi étrangers à notre communion ». L'o-
riginal de toutes ces signatures fut mis au
grand jour, et sous les yeux de tous les évêques du concile.

On prouva aussi (c'est toujours Hincmar
de Rheims qui parle) que dans ce premier
recueil, comme dans le second, qu'il avoit
fait remettre à son oncle, au moment où la
cour étoit à Gondréville, près de Toul, il
avoit altéré et falsifié les paroles et les écrits
des pères de l'église catholique. On démon-
tra encore amplement par ses écrits, ses
signatures, ses paroles et les lettres de son
métropolitain, qu'il avoit méprisé le privilège

____

(a) Sched. Hincm. Rhem. cit. cap. 11, et lib. 55. Capitul.
cap. 36, et in actis synodi Duz. 1, cap. 7.

Ans de J. C.

de sa métropole, et qu'il avoit résisté avec constance aux saints canons et aux ordres du souverain pontife lui-même (a). Enfin le roi lui reprochant fortement d'avoir violé, à son égard, le précepte apostolique, renfermé dans ces paroles : *Soyez soumis, à cause de Dieu, à toutes sortes de personnes, soit au roi, comme au souverain;* et l'archevêque, son oncle, le reprenant aussi vivement, de son côté, comme ayant, par sa désobéissance, fait injure au privilège de sa métropole, il commença à faire de plus sérieuses réflexions (b). Bientôt cédant au conseil de quelques évêques, ses amis, qui lui mirent, sous les yeux, les témoignages analogues de la tradition ecclésiastique, et sur-tout du S. Siège, il se détermina, pour appaiser cette tempête, à présenter au roi et à son métropolitain, et souscrivit en effet, en plein concile, sans y être forcé par personne, la formule suivante : « Moi, Hincmar,
» évêque de l'église de Laon, je m'engage,
» dès à présent, et pour la suite, à être fidèle
» et obéissant au roi Charles, mon seigneur,
» selon mon ministère, comme un vassal
» doit l'être envers son seigneur, et comme
» un évêque doit l'être par justice, à l'égard
» de son roi ; je m'engage aussi à obéir, selon
» mon savoir et mon pouvoir, au privilège
» d'Hincmar, métropolitain de la province
» et de l'église de Rheims, selon que l'exigent

1. Petri, 2, 13.

870.

(a) Acta synod. Duz. ibid.

(b) Narrat. cit. eorum, quæ post data 55. Capitul. peracta sunt ab utroque Hincmaro.

» les canons et les décrets du Siège aposto- **Ans**
» lique, promulgués d'après les saints ca- de **J. C.**
» nons ».

Au-dessous de cette profession, et de la signature qu'il mit au bas, fut ajoutée la cédule
suivante : « En présence du seigneur roi
» Charles, et des évêques dont suivent ici les
» noms ; ou en présence des vicaires, qui re- 870.
» présentent les personnes de ceux qui sont
» absens, dans le concile tenu à Attigny,
» diocèse de Rheims, Hincmar, évêque de
» Laon, a fait la sus-dite profession, l'a si-
» gnée, et l'a remise entre les mains du sei-
» gneur roi Charles, et de l'archevêque
» Hincmar, l'an de l'incarnation du Sei-
» gneur, 870, la 30e. année du règne du
» même seigneur Charles, le 16e jour avant
» les calendes de juillet (16 juin), indic-
» tion 3e. » (a).

Les évêques du concile, dit Hincmar de
Rheims, eu égard à la dureté de son cœur,
et le supportant dans la charité, ne voulurent
pas faire peser sur lui tout le poids du passé,
pourvu que, par sa profession souscrite de
sa propre main, il promît de se corriger à
l'avenir (b).

Or, voici les noms des évêques qui se
trouvèrent au concile d'Attigny, et con-
firmèrent les sus-dits actes, en y donnant
leur consentement par eux-mêmes, ou par
leurs vicaires (c).

HINCMAR, archevêque de Rheims.

(a) In narratione cit. et apud Aimoini continuator. anonym.
ex annal. Bertin. lib. 5, cap. 24, ad ann. 870.
(b) Sched. Hincm. Rh. adv. nepot. cap. 17.
(c) In narrat. supra cit.

Remy, archevêque de Lyon.

Hardwic, archevêque de Bezançon.

Wlfad, archevêque de Bourges.

Frotaire, archevêque de Bordeaux.

Bertolfe, archevêque de Trêves, par son vicaire.

De la province de Rheims.

Actard, évêque de Térouenne.

Erpoin, évêque de Senlis.

Hilmerad, évêque d'Amiens, par son vicaire.

Hincmar, évêque de Laon.

Odon, évêque de Beauvais.

Ragenelme, évêque de Tournai.

Jean, évêque de Cambrai.

870. Willebert, évêque de Châlons.

Hildebald, évêque de Soissons.

De la province de Lyon.

Isaac, évêque de Langres.

Luidon, évêque d'Autun.

Gerbald, évêque de Châlons-sur-Saône.

De la province de Cologne.

Francon, évêque de Tongres.

De la province de Sens.

Hildegaire, évêque de Meaux.

Ænée, évêque de Paris.

Otulfe, évêque de Troyes.

De la province de Vienne.

Bernhaire, évêque de Grénoble.

De la province de Bourges.

Rimbert, évêque de Rhodez.

De la province de Tréves.

870.

Adventius, évêque de Metz, par son
vicaire.
Arnolf, évêque de Toul, par son vicaire.
Berenhard, évêque de Verdun,

De la province de Rouen.

Seibard, évêque d'Evreux.

D'entre les prêtres et les abbés.

Engilwin, prêtre et abbé.
Ansegise, prêtre et abbé.
Sigemund, prêtre et abbé.
Carloman, diacre et abbé.

Ce dernier est le fameux Carloman, fils du
roi Charles le Chauve, dont la conduite,
comme nous l'avons déjà dit ci - dessus,
devoit aussi être examinée dans le concile
d'Attigny, et dont nous ferons connoître le
jugement un peu plus tard (30).

CHAPITRE XXXII.

*Billet envoyé par Hincmar de Laon à Hincmar
de Rheims, rejetté et refuté par son oncle.
Opposition marquée du récit de l'évêque,
avec celui de l'archevêque, au sujet du
concile et de ses actes.*

870. LE lendemain 17 juin (a), Hincmar, évêque
de Laon, envoya secrétement par Hardwic,
archevêque de Bezançon, à Hincmar, archevêque de Rheims, un petit billet à signer,
avec la promesse suivante : « Et moi Hincmar,
» archevêque de Rheims, je m'engage, aussi
» envers vous Hincmar, évêque de Laon, à
» conserver le privilège qui vous est dû, selon
» les saints canons ; et à employer, selon les
» saintes règles, mon autorité archi-épisco-
» pale, pour vous prêter, dans toutes les af-
» faires ecclésiastiques, où vous en aurez
» besoin, le secours qui vous est dû, selon le
» droit.

» Mais, continue son oncle, il n'obtint
» point ce qu'il avoit eu la folie de demander,
» contre les saintes règles, et depuis il ne fit
» plus aucune démarche, ni par lui-même,
» ni par aucun autre, pour obtenir cette
» sotte demande. Il parut en effet injuste et
» déraisonnable qu'un archevêque, qui se
» renferme dans les bornes des saints canons,

(a) Narrat. cit. pag. 1842.

» satisfît à son suffragant qui s'en éloigne, et
» qui lui est redevable de son ordination, en
» lui accordant une pareille profession par
» écrit, signée de sa main. Car, comme,
» selon les saintes écritures, c'est l'inférieur
» qui doit être béni par le supérieur, de même
» c'est aussi l'inférieur qui doit être jugé,
» lié et délié par le supérieur, et non pas le
» supérieur par l'inférieur.

» D'ailleurs, quand, entre autres paroles,
» il a mis celles-ci dans la formule de profession
» qu'il a demandée à Hincmar, évêque de
« Rheims, de souscrire : *Je m'engage envers*
« *vous Hincmar, évêque de l'église de Laon,*
» *de vous conserver le privilège qui vous est dû*
» *selon les saints canons,* il n'a su ce qu'il
» disoit; car, comme dit S. Jérôme, les pri-
» vilèges des particuliers ne peuvent pas faire
» une commune loi, et ce n'est point non
» plus généralement aux évêques de la pro-
» vince, et à leurs églises, ou à leurs sièges,
» que les saints canons ont accordé des pri-
» vilèges, c'est-à-dire des loix privées, ou des
» droits particuliers ; car ce que tous ont gé-
» néralement, ne peut pas être un droit spé-
» cial, ou une loi particulière de dignité,
» mais c'est aux métropolitains, et aux sièges
» des métropoles, que les saints canons ont
» attribué des privilèges ». Voilà, si nous
nous en rapportons uniquement à Hincmar
de Rheims, et aux actes du concile de
Douzy, dont il fut l'ame, ce qui se passa au
concile d'Attigny, dans l'affaire de la signature du formulaire, par lequel Hincmar
de Laon s'engage dorénavant à la fidélité

Ans
de J. C.

870.

envers le roi , et à l'obéissance canonique envers son métropolitain.

Mais l'évêque de Laon , dans le rouleau d'écrits qu'il adressa à son oncle, le 16 juin de l'année suivante 871 , présente la chose bien différemment, et il est juste de l'entendre à son tour : « Comme vous m'objectez sou-
» vent , y dit-il (a), la signature de la profes-
» sion que vous m'avez extorquée dans le
» même concile (d'Attigny), d'abord avec
» violence, par la puissance royale, et en-
» suite frauduleusement, je vais maintenant
» vous donner en raccourci quelques ré-
» ponses, me réservant, en son temps, de
» vous répondre plus au long , si la nécessité

» l'exige. Car, comme je vous l'ai déjà dit,
» vous m'avez appellé à ce concile, pour ré-
» pondre à la lettre du pape ; et quand je m'y
» suis présenté, vous ne m'avez pas permis
» d'y entrer , mais vous m'avez mandé à la
» porte que j'eusse à souscrire au privilège de
» votre siège. Je vous ai répondu que je
» n'avois jamais été contre votre privilège ;
» qu'ainsi il n'y avoit ni nécessité , ni raison
» d'exiger de moi cette souscription. Or ,
» comme on me tourmentoit de plus en plus
» à ce sujet, pour la donner, le jour suivant
» je me suis récrié , en m'appuyant de l'au-
» torité du pape S. Léon , dans sa lettre à
» Anastase, évêque de Thessalonique, où il
» dit : *Il n'avoit pas été nécessaire d'obliger*
» *par écrit celui qui , par le fait de son arri-*
» *vée volontaire, prouvoit déjà son obéissance.*

______

(a) Sched. Hincm. Rh. cit, cap. 32, cit.

» Ensuite, ceci ne me servant de rien, je me
» suis défendu à haute voix, par le petit re-
» cueil dont j'ai fait mention plus haut,
» en lisant le chapitre suivant : *Toutes les*
» *fois que les évêques se croiront lésés par*
» *leurs comprovinciaux, ou par le métropo-*
» *litain, ou si ceux-ci leur sont suspects,*
» *qu'ils en appellent à l'instant au siège de*
» *Rome*, et ainsi de suite, jusqu'à la fin du
» chapitre que j'ai rapporté plus haut tout au
» long. Je lus alors les lettres du pape qui
» m'appelloient à Rome ; mais ni l'un ni
» l'autre de ces deux moyens ne me servit
» de rien » (*).

Ans de J. C.

On voit d'après tout cela, qu'à Attigny, dès les premiers abords du concile, il se crut en droit, comme à Verberie, de réclamer immédiatement le jugement du pape, tant parce que son métropolitain, et ses comprovinciaux, qui faisoient, dans le concile, partie de ses juges, lui étoient suspects, que parce qu'il existoit d'ailleurs une évocation, de la part de l'autorité suprême du saint Siège.

870.

« Or, continue-t-il dans le même
» écrit, (a), pendant ces procédés de ma
» part, le seigneur roi, qui, la veille, m'avoit
» dit que, de son côté, il n'avoit aucune
» défiance contre moi, me menaça, à
» l'instigation de votre faction, de me char-

______

(*) Il assure en effet ailleurs qu'il demanda *inutilement* à Attigny la permission de se rendre à Rome, où l'appelloit Hadrien II. (Sched. Hincmari Rh. cap. 17, et apud Flodoard, lib. 3, cap 21).

(a) Sched. Hincm. Rh. cit. cap. 32.

» ger , moi et mes vassaux, le plus qu'il
» pourroit, si je ne donnois point cette sous-
» cription. Je m'en inquiétois peu pour
» moi-même. Mais voyant que mes vassaux
» étoient forcés de rester en gage du paye-
» ment de l'amende, ou du ban du roi, pour
» m'avoir suivi dans la terre de Poilly, au
» moment où j'allois retourner, avec l'arche-
» vêque Hardwic, à sa demeure, l'archevê-
» que (de Bordeaux), Frotaire, s'approcha
» de moi, et me demanda pourquoi je ne
» consentois pas à souscrire, puisqu'il n'y
» avoit nul danger pour moi ; je lui répondis
» que je n'en ferois rien, sans engagement,
» aussi par écrit, signé de votre part, de con-
» server le privilège auquel avoit droit mon
» église, d'après les réglemens du concile
» d'Antioche, de peur qu'enfin, à l'occasion
» de ma signature, vous n'entreprissiez de
» me causer quelque préjudice. Assurément,
» reprit-il, vous n'éprouverez de sa part
» aucune contradiction à ce sujet. Alors je
» promis de le faire, à cette condition. Je
» demandai donc qu'on me montrât ce que
» je devois souscrire. Vous me le fîtes voir ;
» on effaça certaines choses auxquelles je
» n'acquiesçois pas ; on en ajouta certaines
» autres ; ce sont ces paroles : *Selon les dé-*
» *crets du Siège apostolique*, dont j'exigeois
» l'insertion dans la formule. Or, voici la
» teneur de ce que je devois souscrire : *Moi*
» *Hincmar*, *évêque de l'église de Laon*,
» *m'engage*, etc. (comme ci-dessus). Je

870.

Ibid. Cap. 32.

» l'emportai

» l'emportai avec moi à la maison ; et je dictai
» à mon tour ce formulaire auquel vous de-
» viez souscrire : *Et moi Hincmar, arche-*
» *vêque de Rheims, je m'engage aussi envers*
» *vous Hincmar, évêque de Laon, etc.*
» (comme ci-dessus). Alors je vous l'envoyai
» par Frédéric, prêtre de l'archevêque (de
» Bezançon), Hardwic ; et vous me répon-
» dîtes, par le même prêtre, que vous le
» feriez volontiers ; c'est ainsi que je relus et
» signai dans le concile. Mais, pour vous,
» vous ne vous êtes plus du tout embarrassé
» de la signature que vous aviez promise ;
» et vous vous êtes contenté de déclarer
» de bouche, que, dans toutes les circons-
» tances où, selon votre ministère, vous pour-
» riez justement et raisonnablement me prê-
» ter secours, vous le feriez. Or, quant à
» moi, je n'ai jamais rien fait contre votre
» privilège, et, avec la grâce de Dieu, jamais
» je ne ferai rien contre le privilège d'aucun
» évêque. » Enfin il apporte deux autorités,
pour prouver la nullité de ce qui a été extorqué par crainte, par fraude ou par violence ;
en outre, *qu'il faut moins faire attention à ce*
qui se fait, qu'à l'intention avec laquelle on le
fait. Sur quoi, il ajoute ces paroles remarquables : « Quelque peu que j'aie de savoir,
» je n'ai pu ignorer quelle a été mon inten-
» tion en le faisant ; j'en aurois même fait
» alors bien davantage, pour venir à bout de
» délivrer mes vassaux, qui sont innocens,
» et étoient opprimés à cause de moi. » Nous

Ans
de J. C.

870.

Ibid. Cap 31.

Ans.
de J. C.

venons d'entendre le neveu, ayons encore la patience d'écouter la réponse de l'oncle, pour ne rien perdre des détails de ce qui s'est passé au concile d'Attigny : « Exami-
» nons, reprend-il (a), en détail tout ce
» qu'il vient d'avancer. Il dit que dans le
» même concile j'ai employé d'abord la vio-
» lence, en me servant de la puissance du
» roi, et ensuite la fraude, pour lui extor-
» quer sa signature. Sa Majesté, graces à
» Dieu, a l'âge, la sagesse, la vertu, et la
» place convenables, pour répondre en ce
» qui le concerne, et sur ce fait, il a d'ailleurs
» en main un grand nombre d'archevêques
» et d'évêques, qui sont autant de témoins
» véridiques.

870.

» Quant à ce qu'il dit ensuite, que je lui
» ai, par fraude, extorqué cette signature,
» c'est une fausseté. Car en ce jour, après la
» séparation du concile, pour se réunir le
» lendemain, le roi étoit déjà sorti de la
» salle de l'assemblée, et quelques évêques,
» dans la même salle, s'entretenoient en-
» semble, chacun avec qui bon lui sembloit.
» Pour moi, debout auprès d'une fenêtre, je
» m'entretenois avec mon confrère Odon
» (l'évêque de Beauvais). Alors vint à moi
» l'archevêque Frotaire (de Bordeaux), et
» l'évêque Énée (de Paris), qui me dirent,
» en présence d'Odon, que mon confrère
» Hincmar vouloit souscrire la formule de
» profession, et s'engager à l'obéissance

____

(a) Ibid. Cap. 33.

» envers le roi ; ajoutant que la paix devoit
» exister entre nous deux, comme il est con-
» venable entre le père et le fils, entre l'ar-
» chevêque et l'évêque. Ce discours me fit
» plaisir. On m'amena Hincmar d'une autre
» fenêtre, auprès de laquelle il étoit debout,
» avec d'autres évêques, et il me demanda
» la permission de me parler en particulier.
» Je me retirai donc avec lui, auprès d'une
» muraille de la salle, et il me dit que ce
» n'étoit point à mon égard qu'il balançoit
» de souscrire, mais à l'égard de celui qui
» me succéderoit dans le siège de la métro-
» pole. Dictez, lui répondis-je, la formule
» telle qu'il vous plaira. Mais il me demanda
» de la dicter moi-même. Alors nous re-
» vînmes ensemble à la fenêtre, auprès de
» laquelle Enée et Odon étoient debout. Je
» dis donc à Odon de prendre ses tablettes,
» et d'y écrire la formule qu'Hincmar de-
» vroit signer. Odon l'écrivit telle que nous
» la lui dictâmes l'un et l'autre. Puis je dis à
» Hincmar, qu'il étoit le maître d'y changer,
» d'y retrancher, ou ajouter tout ce qu'il
» voudroit, et il le fit en effet. Alors je dis à
» Odon d'apporter le lendemain cet écrit,
» pour qu'Hincmar le signât dans le concile.
» Mais celui-ci répondit qu'il avoit la fièvre,
» et qu'il vouloit tout de suite se débarrasser
» de cette affaire, pour se faire saigner. J'or-
» donnai donc à Odon de se rendre auprès du
» chancelier du roi, et de lui demander du
» parchemin et de l'encre, pour écrire bien

Ans
de J. C.

870.

Ibid. Cap. 33.

Ans
de J.C.

» vîte. Cependant je dis à Enée, pendant
» qu'Hincmar prêtoit l'oreille à ce qu'il lui
» disoit, qu'il vaudroit mieux attendre au
» lendemain ; et Hincmar y consentit, à
» la persuasion d'Enée. Le lendemain, il
» vint effectivement, et fit dans le concile
» la profession telle qu'elle étoit couchée
» par écrit. Odon lui présentant la plume, il
» signa spontanément la même profession,
» comme il fut alors visible, en présence de
» tout le monde ; ensuite il la présenta au
» roi, et à moi, de sa propre main, et
» dès-lors le roi lui donna la paix, et moi
» après lui. Mais le lendemain, avant que je
» fusse entré dans la salle où les évêques de-
» voient s'assembler, l'évêque Hardwic m'a-
» dressant la parole, dans une autre place,
» me dit tout bas qu'Hincmar m'envoyoit

870.

» un petit billet pour le signer, et me tirant
» à part, il me le donna : je le pris donc, et
» le mis dans mon sein. Or, je n'en fis lec-
» ture qu'après m'être mis en chemin pour
» retourner à ma demeure. Ce fut en pré-
» sence de l'évêque Otulphe, qui s'avançoit
» avec moi, que je lus cet écrit, pour la pre-
» mière fois ; et depuis, ni Hincmar, ni tout
» autre, ne m'en fit plus aucune mention.
» Mais jamais Frédéric, prêtre d'Hardwic,
» ne m'en a dit un seul mot. Voilà, comme
» vous venez de l'entendre, la fraude que
» j'ai employée, pour lui extorquer cette si-
» gnature.

» Quand il a dit, qu'avant de souscrire

Ibid. Cap. 33.

» cette profession , il la porta à sa demeure ;
» c'est encore une chose fausse ; car depuis
» que l'évêque Odon l'eut écrite, sous dictée,
» dans ses tablettes , Hincmar ne la vit
» pas , jusqu'au 16 juin de l'indiction 3e.
» (870) , jour où il signa la même profes-
» sion dans le concile , en présence de tous
» les évêques qui s'y trouvoient , et en pré-
» sence du roi lui-même , puis la présenta
» à Sa Majesté et à moi ; et je lui en donnai
» copie en pleine assemblée. Mais , le len-
» demain , c'est-à-dire le 17 juin , le seigneur
» archevêque Hardwic me présenta le billet
» de sa part, de la manière que je l'ai dit ci-
» dessus ; et depuis , tant que nous fûmes à
» Attigny , Hincmar ne m'en a pas dit un
» mot , ni de vive voix , ni par écrit.

» Pour ce qu'il dit ensuite : *Car comme je*
» *vous l'ai déjà récrit, vous m'avez convo-*
» *qué à ce concile (d'Attigny), pour ré-*
» *pondre à la lettre du pape ; et quand je*
» *m'y suis présenté, vous ne m'avez pas per-*
» *mis d'y entrer, mais vous m'avez fait ar-*
» *rêter à la porte, avec ordre de souscrire le*
» *privilège de votre siège ; qu'il nomme celui*
» par qui je lui ai donné cet ordre à la porte,
» et qu'il montre, comment il peut être vrai,
» qu'au moment où il vint au concile, je ne
» lui ai pas permis d'y entrer. Car , depuis
» qu'il est arrivé à Attigny, toutes les fois
» que nous avons été réunis en concile, il
» s'y est lui-même trouvé ; et il y étoit lui-
» même présent, quand on relut ce que

Ans
de J. C.

870.

Ibid. Cap. 33.

 » j'avois décerné jusqu'à deux fois, pour an-
» nuller ses censures impies ».

Il dit avoir appellé au S. Siège ; qu'il dise
donc qui s'est opposé à ce qu'il poursuivît
son appel.

Il dit qu'à l'instigation de ma faction, le
roi, après avoir dit, la veille, qu'il n'avoit,
quant à lui, aucune méfiance à son égard,
lui a fait ensuite des menaces ; mais la réponse du roi pourra suffire.

Il dit que ses vassaux furent contraints de
rester en gage du payement de l'amende
fixée par le ban du roi, pour l'avoir suivi dans
la terre de Poilly. S'ils ont subi ce traitement,
pour l'y avoir déraisonnablement suivi, il ne
peut nier qu'il ne soit l'auteur de cette même
conduite déraisonnable.

870. Il dit que le pape Alexandre lui prêteroit
la main, quand même il y auroit, dans sa
souscription, quelque chose d'intolérable ;
je réponds que personne ne l'a mis en prison,
ou au secret, pour l'obliger de souscrire.

Voilà à quel point l'oncle et le neveu s'ac-
cordoient mal au sujet du fameux formulaire, et des faits relatifs au concile d'Attigny,
l'an 870. (31).

CHAPITRE XXXIII.

*Plaintes de plusieurs vassaux de l'église de
Laon contre leur évêque. Il demande des
juges choisis de concert, et s'enfuit la nuit
d'Attigny, sans attendre leur entière définition. Le roi lui enjoint de revenir. Plai-
sante excuse de sa part. Réponse que lui
fait le roi Charles le Chauve. Ecrit qu'il
envoie à son oncle. Réflexions de l'archevêque à ce sujet. Raisons de l'évêque pour
excuser sa fuite.*

CEPENDANT plusieurs d'entre les vassaux
d'Hincmar de Laon, et sans doute, ceux
dont nous avons au long parlé ci-dessus (a),
avoient porté au roi leurs réclamations, et
s'étoient plaints qu'il leur eût ôté injustement,
et sans raison, les *bénéfices* qu'ils avoient
desservis, tant sous lui que sous ses prédécesseurs. Ainsi, après avoir donné, dans le
concile, sa profession d'obéissance canonique, il demanda à son oncle, comme à son
métropolitain, des juges choisis parmi les
évêques. Celui-ci lui en désigna trois, selon
le concile d'Afrique, savoir : Actard (de
Térouenne), Ragenelme (de Tournay), et
Jean (*) (de Cambrai), et il les accepta. Il

870.

(a) Narrat. Hincm. Rh. sæpe cit. in fine, et sched. ejusd.
sæpe cit. cap. 13.

(*) Cet évêque a été mis dans le catalogue des bienheureux ;
Labbe, tom. 8, pag. 1724.

Ans
de J. C.

fut donc décidé, en présence du roi, d'après le jugement de ces évêques, et autres personnes craignant Dieu, que quelques-uns de ces vassaux devoient recouvrer les bénéfices, dont ils avoient été injustement dépouillés. Néanmoins certains motifs étant intervenus, leur cause ne fut point entièrement définie, et fut renvoyée à une autre séance, pour être terminée un autre jour. Hincmar, selon les saints canons, auroit dû attendre l'entière définition de toutes ces affaires; mais, dit son oncle, sans raison, comme sans nécessité, il s'enfuit pendant la nuit, du palais d'Attigny, sans permission, ni du roi, ni de son métropolitain (a), et s'en retourna à Laon. C'est encore Hincmar de Rheims qui nous a fourni tous ces détails.

870.

Le roi lui enjoignit de revenir, et d'exposer les motifs de sa fuite; mais il se contenta de lui envoyer, par un de ses clercs, la lettre suivante (b) : « Je m'empresserois, » sans aucun retard, de me rendre auprès » de votre Majesté, comme c'est ma cou- » tume de le faire autant qu'il m'est possi- » ble, si je n'avois pas une fièvre réglée qui » m'en empêche. Quand je m'expose à l'ar- » deur du soleil, alors c'est bien pis ; je » deviens tout rouge ; la bile s'enflamme » chez moi, et mon corps est tout en feu. » Je me jette donc à vos pieds, et vous » supplie de tout mon cœur, et en toute » humilité, de n'ajouter foi aux discours

---

(a) Narrat. Hincm. Rh. cit. in fine.
(b) Proclam. Regis Caroli Calvi adv. Hincm. Laud, cap. 5.

» d'aucun des miens, qui, par inimitié contre Ans
» moi, vous feroit entendre en cachette, de J. C.
» parce qu'il n'oseroit le faire publiquement,
» que je suis dans l'intention de m'éloigner
» de la fidélité que je dois à votre Majesté,
» tandis que je désire combattre pour elle en
» toutes rencontres, comme je le dois, selon
» toute l'étendue de mon savoir, et de mes
» forces : je ne vous demande qu'une grace,
» c'est de daigner me conserver la loi éta-
» blie par les saints canons, sans laquelle je
» ne puis subsister. Que l'Esprit divin fasse
» donc sentir au grand cœur de votre Majesté
» les impressions de sa lumière, afin de la
» déterminer à m'accorder, pour l'amour et
» à la prière de celui à qui J. C. a donné les
» clefs du Ciel, la permission et la liberté de
» me rendre, dès-à-présent, au tombeau
» des SS. apôtres. C'est en supportant la   870.
» peine de ce voyage, que j'ai la confiance
» d'être au plutôt délivré de cette fièvre qui
» me tourmente ; j'en ai déjà été autrefois
» préservé par le vœu que j'ai fait d'y aller,
» et apparemment elle ne m'a repris, que
» pour m'obliger de ne pas tarder à ac-
» complir ce que j'ai louablement promis à
» Dieu. Ajoutez à cela que si je tenois une
» conduite opposée, étant, comme vous le
» savez, appelé à Rome par l'autorité apos-
» tolique, j'aurois même tout sujet de crain-
» dre, à cause de ma désobéissance, d'être
» jugé comme je le mériterois, et de me
» voir frappé des censures ecclésiastiques ».

Le roi lui répondit, qu'il étoit fort éton-
nant qu'il ne pût, comme il lui marquoit,
se rendre, avec la fièvre, à Attigny, à si peu

Ans de J. C.

de distance, tandis que, d'après sa lettre, il pouvoit, avec elle, se rendre à Rome (a) pour en être délivré ; qu'au reste il n'avoit qu'à venir le trouver, et qu'il ne lui refuseroit pas la permission d'aller à Rome, contre la raison et l'autorité. Mais il n'en voulut rien faire.

Il envoya aussi à son oncle, après sa fuite, un petit écrit signé de sa main, en daté du 2 juillet 870, où il lui disoit (b) : « Vous » savez que le pape universel de la sainte » église Romaine, Hadrien, notre père et » notre maître, m'a déjà appelé deux fois..... » Je vous en prie donc, pour l'amour du » Dieu tout-puissant, et le respect dû à S. » Pierre, comme je vous l'ai déjà demandé, » sans avoir pu l'obtenir, dans le concile

870.

» que vous avez convoqué à Attigny......, » employez votre autorité archi-épiscopale, » pour m'obtenir de la clémence du très- » glorieux roi Charles, notre seigneur, la » permission d'obéir aux ordonnances et » aux institutions ecclésiastiques du pape » universel Hadrien, notre seigneur, selon » qu'il est expédient à tout le monde de le » faire, puisque c'est lui qui a le pouvoir de » juger toute l'église, c'est-à-dire, de me » rendre aux tombeaux des SS. apôtres S. » Pierre et S. Paul, pour accomplir mon » vœu, et en outre me conformer à l'appel » du S. Siège ». Ce qui fit dire à son oncle l'année suivante : « Partout où il lui semble

____

(a) Ibid.
(b) Sched. Hincm. Rh. sæpe cit. cap. 17.

» bon, quand on le reprend de ses inso-
» lences, il demande la permission d'aller
» à Rome, ou il en appelle au S. Siège ;
» mais, quand il voit le roi et les évêques
» s'appaiser à son égard, il ne dit plus un
» mot de cette permission, et ne parle plus
» de cet appel ;.... L'année dernière, après
» m'avoir une fois présenté, dans le concile
» d'Attigny, sa profession d'obéissance ca-
» nonique, il n'en a plus appelé au S. Siège,
» et n'a plus ouvert la bouche pour obtenir
» la permission d'aller à Rome; mais quand
» une fois, mécontent il se fut malhonnête-
» ment enfui, il m'envoya cet écrit, au sujet
» de la permission d'aller à Rome, vers les
» calendes de juillet ».

Cependant l'évêque de Laon allégua aussi
ses raisons pour excuser sa fuite. Tous les
vassaux de sa suite au concile avoient, dit-il,
été appelés en jugement, mis au ban du
roi (a), et retenus, dans le palais d'Attigny,
pour le service du prince, au point qu'on
n'avoit permis à aucun d'eux de l'accompagner à son retour au logis, et qu'il avoit été
réduit à regagner seul la demeure d'Hardwíc,
avec un seul clerc et trois laïcs, vassaux de
cet archevêque. C'étoit, ajoute-t-il (b),
Nortmann, qui avoit été l'instigateur de

Ans
de J. C.

870.

______

(a) Sched. sæpe cit. Hincm. Rh. cap. 14, et epist. Hincmari
Laudun. ad Rhem., quæ incipit: *De his, quæ vobis per Hil-
tonem*, apud Labbe; tom. 8, pag. 1707, 1708.

(b) Hincm. Laud. epist. mox cit., et Sched. Hincm. Rhem.
cap. 14 et 16.

toutes ces voies hostiles, contre les vassaux
dont il s'étoit fait accompagner, pour rentrer
en possession de la terre de Poilly à lui
rendue par l'autorité du roi et du S. Siège.
On avoit même condamné à l'amende du
ban l'un des siens, entièrement étranger aux
reproches qu'on faisoit à tous les autres.
L'évêque alors avoit inutilement envoyé son
avocat, pour obtenir, à ce sujet, une défense
légitime; on avoit à l'instant chassé cet avoué.
On avoit exigé, avec la dernière violence, de
la part de cet homme de sa suite, pour assurer le payement de l'amende du ban du
roi, qu'il restât aussi en gage, et après cela il
avoit encore été menacé de se voir juger à
mort, comme infidèle au roi, s'il ne s'ac-
quittoit aussi-tôt. Ainsi Hincmar de Laon
avoit été, selon lui, en butte à une persécution ouverte à Attigny, et par conséquent

avoit été très en droit de la décliner. Aussi
apporte-t-il, pour justifier son évasion,
l'exemple de J. C., qui se retira, pour se
soustraire au complot que les Pharisiens
avoient formé de le mettre à mort; celui des
disciples, qui se cachèrent par la crainte des
Juifs; celui de S. Paul, qui s'échappa de Damas,
en se faisant descendre du haut des murs
de cette ville, dans une corbeille; et enfin
de S. Athanase, qui s'évada pour éviter la
fureur des Ariens. Une autre raison qu'il apporte de sa fuite, c'est qu'il s'étoit souvenu à
Attigny du traitement qu'il avoit éprouvé à
Servais, où la présence de son oncle, loin
de lui être du moindre avantage, lui avoit été
nuisible, n'y ayant été enfermé que pour

l'empêcher de se rendre à Rome, et d'obéir aux ordres du souverain Pontife ; conduite, ajoute-t-il, jusques-là inouïe, de la part d'évêques envers leur confrère.

~~~~~~

CHAPITRE XXXIV.

Affaire de Carloman, fils du roi Charles le Chauve. Il est privé à Attigny de toutes ses abbayes, et condamné à être mis en prison à Senlis. Il en sort bientôt après, se met à la tête d'une troupe de brigands, dévaste la Belgique, et plusieurs autres lieux. Excommunication de ses complices. Hincmar de Laon refuse, jusqu'à six fois, d'y consentir.

CE fut, selon toute apparence, après la fuite d'Hincmar, que l'on s'occupa, à Attigny, de l'affaire de Carloman. Celui-ci étoit le second des trois fils que Charles le Chauve avoit eus de la reine Hermentrude. Son père l'avoit fait tonsurer encore tout jeune enfant, en 854. Par la suite il avoit, en outre, été *forcément et malgré lui,* ordonné diacre par Hildegaire, évêque de Meaux, en présence de son père ; avoit chanté publiquement l'évangile, et exercé les autres fonctions de son ordre, tandis que l'évêque officioit pontificalement. On lui avoit, il est vrai, donné une foule d'abbayes ; mais il est facile de croire, d'après une telle vocation, qu'il ne devoit pas avoir beaucoup l'esprit de son état. Aussi le voit-on, dès l'an 868, mais
~~~~~~

**Ans.
de J. C.**

sans aucun succès, à la tête de quelques
troupes, dont le roi lui avoit donné le com-
mandement, pour aller repousser les Normands. Accusé de s'être rendu coupable
d'infidélité, en tendant quelques embûches
à son père, dont il n'avoit pas lieu d'être fort
content, il fut aussi privé (a), à Attigny,
de toutes ses abbayes, et condamné à être
enfermé, à Senlis, dans une prison.

Voilà ce que nous avons pu recueillir des
actes du concile d'Attigny, dans le con-
tinuateur d'Aimoin, dans les annales de S.
Bertin, dans les lettres d'Hincmar de Laon,
dans les ouvrages d'Hincmar de Rheims,
dans les actes du concile de Douzy de l'an
871, et enfin dans les écrits de Flodoard.

870.
Les suites de l'affaire de Carloman et d'Hincmar de Laon, n'appartiennent plus, il est
vrai, à notre sujet et à nos recherches sur Attigny. Néanmoins, pour satisfaire la curio-
sité des lecteurs, nous avons cru devoir les
ajouter ici, sans interruption, comme un
pendant du concile qui s'y est tenu en 870.

Carloman ne resta pas long-temps en
prison à Senlis. Il en fut tiré, dans les
premiers jours d'octobre de la même année 870, à la prière de quelques envoyés du
S. Siège auprès du roi (b); mais il eut ordre,
en même-temps, de rester auprès de son
père. Néanmoins il s'échappa bien-tôt après,
à la faveur de la nuit; et ayant rassemblé une

______

(a) Vide annal. Bertin et Metens. ad annos 854, 868, 870
et Aimoini continuator. lib. 5, cap. 24, ad ann. 870.

(b) Annal. Bertin ad ann. 870, et annal Metens. ad eumd.
ann.

grande troupe de gens qui partageoient son Ans de J.C. mécontentement, il commença à exercer les plus épouvantables ravages dans la Belgique, pillant et dévastant tout, sans excepter les églises elles-mêmes. La ville et le château de Mouzon furent, au commencement de l'année 871 (a), avec tous les environs, les principales victimes de son indignation. Il y eut alors une feinte réconciliation entre lui et son père. Mais il fallut bientôt envoyer contre lui des troupes en règle, du côté de Toul, **871.** où il avoit recommencé ses brigandages. Ce fut alors qu'Hincmar de Rheims, à la sollicitation du roi lui-même, lança, de concert avec plusieurs autres évêques présens, contre les complices de Carloman, qui étoient de leurs diocèses, ou y avoient causé quelques ravages, la sentence d'excommunication (b), à laquelle Hincmar de Laon, on ne sait par quel motif, refusa jusqu'à six fois de donner son consentement.

(a) Annal. Bertin. ad ann. 871, et apud Sirmond. tom. 3. Capitular. sub tit. 45, apud Carisiac. cap. 4, pag. 297.

(b) Vide annal. Bertin ad ann. 871, epist. 32, Hincm. Rhem. ad Remig. arch. Lugd. apud Labbe, tom. 8, pag. 1575 ; et ejusd. epist. ad nepot. ibid. pag. 1576 et 1580, et supplem. concilior. antiq. Galliæ Petri *de la Lande*, pag. 203, 204.

CHAPITRE XXXV.

Le pape Hadrien II, sans rien préjuger, fait des reproches au roi d'avoir à ce point provoqué la colère de son fils, qui pouvoit attirer une guerre civile. Rapprochement d'un instant entre le père et le fils. Nouveaux troubles de la part de celui-ci. Il est dégradé du diaconat à Senlis, ensuite condamné à mort. On finit par lui crever les yeux. Il est enlevé par le roi de Germanie, son oncle, et meurt en Allemagne.

871. DE son côté le Pape Hadrien II (a), invoqué par Carloman, qui protestoit de son innocence envers son père, sans rien préjuger en faveur du fils, ne laissa pas, en qualité de père commun des fidèles, de faire à Charles le Chauve les plus vives réprimandes, jusqu'à lui reprocher la dureté de l'autruche envers ses petits, pour avoir à ce point provoqué son fils à la colère, par ses mauvais traitemens, et employa tout l'ascendant de son autorité spirituelle, pour prévenir une guerre civile, et arrêter l'effusion du sang humain.

Il y eut encore un rapprochement, vers le commencement de l'automne de la même année 871, entre le père et le fils, par l'intervention de Louis de Germanie, à Besançon,

---

(a) Vide epist. Hadr. II, 24, ad Carol. Calv. et 25 ad procer. Regni Caroli et Lothar. apud Sirmond. Concil. antiq Galliæ, tom. 3, pag. 395 et 396.

où

où le roi s'étoit rendu , sur un faux bruit de la mort de l'empereur Louis II , son neveu. Carloman, à la persuasion des siens , vint dans cette ville , se soumettre à son père , qui lui ordonna de rester auprès de lui , jusqu'à la tenue de son conseil , où il fut bientôt après décidé qu'il seroit, une seconde fois, renfermé à Senlis (a). On étoit alors sur la fin de 871.

Mais l'an 873, un grand nombre de mécontents attendant, dit l'auteur de la Chronique de S. Bertin (b), le moment favorable de se servir du jeune prince , pour renouveller les troubles précédens dans l'église et dans l'état, Charles le Chauve le fit d'abord déposer du diaconat , et de tous ses autres ordres dans le concile de Senlis , et réduire à la communion laïque. Ses anciens complices, continue le même auteur, remuant ensuite plus que jamais, pour le tirer de sa prison, et regardant même sa dégradation comme un nouveau moyen de le placer plus facilement sur le trône, puisqu'il étoit censé ne plus appartenir à l'état ecclésiastique , *il fallut de toute nécessité rappeler au grand jour les griefs , à sa charge , sur lesquels les évêques n'avoient point porté de jugement. Il fut donc condamné à mort ; mais conformément aux décrets des saints canons, on miti-*

Ans de J. C.

871.

(a) Annal. Bertin ad finem anni 871.

(b) Annal. Bertin ad ann. 873 , et notit. Concilii Sylvanectensis, apud Sirmond. tom. 3. Concil. antiq. Gall., pag. 407, et capitular. Caroli Calvi, apud eumd. tom. 3, pag. 297, 298, et consil. Hincm. Rh. de pœnit. Pippini junior. olim regis Aquitan., Duchesne, tom. 2, pag. 415.

gea la sentence ; et pour lui donner le temps de faire pénitence, et lui ôter la faculté de se porter à de plus grands forfaits, comme il en avoit, disoit-on, l'intention, il fut décidé, d'une voix unanime, qu'on lui creveroit les yeux. Ce qui fut exécuté en effet, par ordre de son père. Triste et déplorable nécessité ! suites terribles de la vengeance divine contre un père qui avoit forcé son fils, sans aucune vocation, à embrasser l'état ecclésiastique ! Cependant la faction de Louis, roi de Germanie, vint à bout d'enlever le malheureux Carloman, désormais aveugle, pendant que Charles le Chauve étoit absent pour une expédition contre les Normands. On lui donna, pour fournir à sa subsistance, une abbaye en Allemagne, où il mourut bientôt après. (33).

~~~~~~

CHAPITRE XXXVI.

Suite de l'affaire d'Hincmar de Laon, comme pendant du concile d'Attigny, l'an 870. Charles le Chauve en part, après avoir envoyé une députation d'évêques à Louis, roi de Germanie.

Quant à Hincmar de Laon, on sait qu'il fut déposé en 871, au concile de Douzy (*). Si l'on ajoute foi à ce qu'il raconte de son

---

(*) Douzy, placé à égale distance entre Sedan et Mouzon, étoit aussi, à cette époque, un palais royal. Néanmoins Hincmar, dans la vie de S. Remi, assure que Chlodoald, fils du roi Chlodomir, avoit long-temps auparavant donné cette terre, avec
~~~~~~

côté , de la procédure de ce concile (a) , Ann
de J. C.
ses ennemis avoient commencé par l'arrêter
lorsqu'il étoit en route pour s'y rendre ,
l'avoient séparé des gens de sa suite , et
l'avoient hostilement dépouillé de tout avant
de l'y amener. Il avoit offert de répondre sur-
le-champ, par un écrit qu'il tenoit alors en
main , aux accusations du roi présent à la
séance ; mais son oncle n'avoit pas voulu que
le concile reçût cet écrit de sa main , et lui

___

ses dépendances, à S. Remi et à l'église de Rheims. *Duziacum
villam , cum appendiciis suis , S. Remigio ac Rhemensi ecclesiæ tradidit.* Elle se trouve nommée ailleurs : *Dociacum*
(Annal. Tiliani). L'an 777, Charlemagne y célébra la fête de
Noël (Annal. Tiliani, Oiscll. et Bertin). Ce fut là que Louis
de Germanie et Charles le Chauve firent alliance entre eux,
au mois de septembre 864 (Annal. Fuld.). On trouve dans le
Spicilège d'Achery (tom. 8, p. 352) un diplôme de Charles le
Chauve, pour l'établissement d'un monastère, dans le diocèse
d'Elue, donné l'an 32 de son règne, avec ces mots à la fin :
Actum Doziaco , palatio regio. Ce fut alors que fut tenu à
Douzy, appellé aussi *Duciacus Remensis Parochiæ*, le concile
de l'an 871, dont il est ici question, et où fut accordée au 871.
monastère de S. Médard l'immunité qui se trouve rapportée
dans l'histoire du monastère de S. Marie de Soissons, pag. 432.
On peut consulter, pour ce concile, et un autre tenu à Douzy
l'an 874, le P. Sirmond (Concil Gallic, tom. 3.). Flodoard, óu
Frodoard, prêtre de l'église de Rheims, nous apprend, dans son
histoire, que Douzy, terre de l'église de Rheims, fut enfin resti-
tuée à l'archevêque Foulques (libr. 4, c. 2.). Il fait aussi mention,
dans sa Chronique (ad ann. 947), d'une cour plénière, où se
trouvèrent, à l'entrée du mois d'août, *super Charam fluvium*,
les rois Louis et Otton, pendant que le prince Hugues étoit campé
aux environs de Mouzon et de Douzy : *Hugone principe, circa
Mosomum et Duodeciacum castrametato.* Le chartrier de Cluny
parle aussi de la terre de Douzy, dans une lettre donnée l'an
939 : *In Querceto, juxta Dociacum villam.* Enfin Ebale, archevêque de Rheims , à la prière de Bozon, abbé de Mouzon,
rendit, l'an 38 du roi Robert, au monastère de S. Marie,
l'église de Douzy : *Ecclesiam, in villa quæ dicitur Duziaco,
sitam.* Douzy est appellé aussi par Flodoard (in vulg. Chron. ad
ann. 938): *Tusciacum super Mosam.* Nous voulons que l'honneur
de tous ces détails, et de plusieurs autres, retourne au savant
Mabillon, dont nous les avons tirés.

(a). Vide acta concil. Duz. 1 , apud Labbe, tom. 8, et Reclamat.
Hincmari cæci in concilio Trecensi ad ann. 878.

avoit enjoint de le lui remettre à lui-même. Ce qu'il n'avoit point voulu faire, déclarant que, non-seulement il lui étoit suspect, mais qu'il le regardoit comme très-manifestement son ennemi. On n'avoit eu aucun égard à la réclamation qu'il avoit faite du droit d'appel à Rome, conformément aux autorités des papes Jules et Félix, quoiqu'il les eût invoquées, jusqu'à se prosterner en terre. On n'avoit pas fait plus de cas de la lettre du pape, qui l'appelloit à Rome tout présentement, et qui lui défendoit, sous peine de déposition, de différer plus long-temps de s'y rendre. Enfin son oncle l'archevêque avoit prononcé la sentence, qui le privoit de la dignité épiscopale, et le séparoit de la communion sacerdotale ; mais les autres évêques avoient alors poussé des gémissements, et versé des larmes, tenant, il est vrai, l'écrit que l'archevêque leur avoit lui-même mis entre les mains, mais refusant de le proférer de bouche ; à peine avoient-ils, malgré eux, balbutié quelques mots, terminant toutefois l'écrit, qu'ils lisoient, par cette clause : *Sauf en tout le jugement du S. Siège.* Telle est, en effet, en substance, la proclamation qu'Hincmar de Laon osa présenter au pape Jean VIII, en 878, dans le concile de Troyes, où se trouvoient son oncle et plusieurs autres évêques qui avoient assisté au concile de Douzy.

Quoi qu'il en soit de la vérité de son récit, il est au moins certain que la dégradation du neveu, à Douzy, par les mains de son oncle, qui alla jusqu'à l'interroger, le presser, et enfin le déposer lui-même, a fait bien des ennemis à Hincmar de Rheims. Il est impossible, il est vrai, d'excuser les imprudences

et les excès auxquels l'évêque de Laon s'aban-
donna, ou fut accusé de s'être abandonné, de J. C.
pour réparer la foiblesse qu'il pouvoit avoir
eue, de livrer au roi, de son chef, à l'instigation de quelques courtisans, les biens
sacrés de son église, dont, après tout, il
n'avoit, d'après son propre aveu, que la simple
administration ; foiblesse que le concile de
Douzy lui-même lui a reprochée comme un sacrilège (a), et comme une violation criminelle
des saints canons. Cependant, depuis l'affaire
de Rhotade, évêque de Soissons, où, du consentement de ses plus zélés admirateurs (b),
Hincmar de Rheims s'étoit indignement
comporté, on étoit fortement, à Rome, en
garde contre lui. On n'y doutoit pas qu'il
n'eût sourdement prêté sa plume à la rédaction de certaines lettres adressées au pape,
à la suite du concile de Douzy, où le ton ma-
gistral et la morgue percent de toutes parts,
et dont les maximes spécieuses, mais perfi-
des, n'ont enfin malheureusement abouti qu'à
replonger les rois chrétiens dans l'abyme
sans fond de la régence populaire, d'où le
christianisme les avoit retirés : *Posuisti nos in
similitudinem gentibus : commotionem capitis
in populis.* On s'y défia de plus en plus de la liberté des suffrages donnés par les évêques,
dans un concile, où Charles le Chauve
s'étoit, dès l'abord, présenté en personne,
comme accusateur de l'évêque de Laon,

Ans
de J. C.

871.

(a) Vide præsertim sententiam Adalardi Rothom. archiepiscopi in synodo Duz. 1, apud Labbe, tom. 8, pag. 1647.

(b) Vide *Anquetil* : Histoire de Rheims, livre 1, pag. 123,
tom. 1.

avec tout l'appareil imposant de la royauté;
auquel Hincmar de Rheims, lui - même,
partie plaignante, avoit présidé, et dont il
avoit évidemment rédigé les actes, et les lettres
synodales (a). Aussi le pape Hadrien II
avoit-il, tout d'abord, répondu que l'on
n'auroit pas dû proférer la sentence de con-
damnation, contre un évêque qui protestoit,
à haute voix, vouloir se rendre auprès du S.
Siège, et satisfaire, en sa présence, à toutes
les accusations de son adversaire; ajoutant
que les griefs, à la charge de l'évêque de
Laon, paroissoient *incroyables* aux personnes
peu instruites des faits, *tant ils étoient in-*
famans, exécrables, et dignes de condam-
nation. Aussi, malgré toutes les instances
et le mécontentement très-prononcé du roi
et de l'archevêque de Rheims, avoit-il déclaré très-nettement, et à différentes reprises,
que, sans se laisser prévenir contre personne,
ou en faveur de qui que ce soit, néanmoins,
pour ne pas s'exposer à porter témérairement
un jugement définitif, sans entendre les deux
parties, et sans s'informer exactement de
l'origine, et de toutes les circonstances de la
contestation, il ne consentiroit jamais, de
son vivant, à la déposition d'Hincmar de
Laon, beaucoup moins encore à l'ordination
d'un autre évêque, à sa place, jusqu'à ce
qu'il se fût rendu à Rome; et, qu'après un
nouvel examen, et un plus ample informé,

Ans
de J. C.

871.

(a) Vide duas epist. Caroli Calvi ad Hadr. II, in supplem.
Concil. antiq. Petri *de la Lande,* et Rescript. episcop. synodi
Duz. ad eumd. à pag. 164 ad pag. 282.

son affaire n'eût été révisée par le collége sy- Ans de J. C.
nodal de toute l'église romaine, et finalement
terminée, ou par lui-même, en personne,
ou, du moins, sur les lieux, par des juges
revêtus de l'autorité du S. Siège, conformément aux saints canons, et aux actes du concile de Douzy lui-même, qui ne l'avoit
condamné que sauf en tout le jugement du
Siège apostolique (a).

Cependant l'évêque de Laon avoit été, à
la suite du concile, envoyé en exil, et, pendant quelque temps, chargé de chaînes,
dans une prison, où il étoit depuis près
de deux ans, quand, tout-à-coup, on lui
fit encore, par surcroît, crever les yeux,
en 873, à-peu-près dans le même temps 871.
qu'à Carloman (b). On n'en sait pas positi-
vement la raison. Charles le Chauve, dans
une lettre qu'il écrivit au pape Hadrien, sur
la fin de 871, l'accuse d'avoir (c), depuis sa
déposition, compromis la sûreté publique,
et le repos de l'église, en envoyant furtive-
ment, dans les états de Louis de Germanie,
avec le trésor de l'église de Laon, quelques-
uns de ses proches, et autres personnes sé-
duites, entraînées, ou même achetées à prix
d'argent, qui y tramoient, dans le même
sens, sous la protection de quelques évêques

(a) Vide apud Sirmond. antiq. conc. Gall. tom. 3. Epist. 27
Hadr. II, ad episcopos syn. Duz. 1, et 28 ad Carol. reg., et 29 ad
eumd. à pag. 397 ad 403. Vide etiam sententias episcopór.
concil. Duz., apud Labbe, tom. 8. Vide etiam additam capitular. 4, cap. 29, et epist. 31 S. Bernardi ad Mediolan. Marchetti.
tom. 1, pag. 58, 59.
(b) Vide reclam. Hincm. Laud. in conc. Trecensi.
(c) In supplem. Concil. antiq. Gall. *de la Lande*, pag. 269,
et iterùm, pag. 273.

Ans
de J. C.
de Germanie, et du roi son frère lui-même ;
ce qui, joint à son refus obstiné de ratifier
l'excommunication contre les complices de
Carloman, a pu faire soupçonner à plusieurs
modernes qu'il avoit été impliqué dans cette
conjuration.

Cependant l'église de Laon étoit déjà dé-
pourvue d'évêque, depuis quatre ans et plus,
et il n'y avoit aucun espoir, que jamais
Charles le Chauve, de son vivant, consentît
à permettre à Hincmar de sortir de prison,
pour exercer de nouveau ses fonctions épis-
copales. L'Italie en proie aux incursions des
barbares et à une foule de tyrans, avoit besoin
d'un puissant protecteur, et Jean VIII, successeur d'Hadrien, s'étoit persuadé que
Charles étoit celui à qui il devoit, de préfé-
rence, offrir la couronne impériale. Il ne
voulut pas, à la vérité, s'éloigner entièrement,
dans l'affaire d'Hincmar, des traces de son
prédécesseur. Néanmoins, pour s'attacher le
nouvel empereur, en lui donnant quelque
satisfaction à cet égard, *sans porter de jugement en règle*, en confirmation définitive
du concile de Douzy, il crut au moins, par
économie, devoir écrire à Hincmar de
Rheims une très-courte lettre (a), où il dit
que, *d'après les informations qu'il avoit eu le
plus grand soin de prendre auprès de Charles*,
pendant son séjour à Rome, *au sujet de
toutes les circonstances du jugement porté
contre son neveu, il en avoit tout-à-fait re-*

871.

(a) Vide hanc epist. in Concil. antiq. Gall. apud Sirmond;
tem. 3, pag. 422.

connu la justice, et ne s'étoit pas cru permis Ans
de J. C.
de rejetter, à cet égard, le rapport d'un si
grand prince, puisqu'il étoit incapable de rien
avancer qui ne fût conforme à la vérité.
Ainsi il lui permit d'ordonner un nouvel
évêque à Laon, par cette même lettre, en
date du 5 janvier 876; ce qui fut exécuté en
effet (a).

Mais les choses changèrent bien de face
après la mort de Charles le Chauve : le pape
Jean VIII étant venu, en 878, à Troyes,
pour y tenir un concile, Hincmar l'aveugle
eut la liberté de sortir enfin de sa prison, et
de s'y faire conduire; nous avons déjà rapporté en substance la réclamation qu'il y présenta au Souverain Pontife. Louis le Bégue,
fils et successeur de Charles le Chauve, qui
venoit d'y être couronné roi de France (b), le
7 septembre, à la demandé de quelques personnes du premier rang, se rendit auprès de
Jean VIII, dans sa demeure; et après s'être
entretenu familièrement avec lui, rentra dans
l'assemblée des évêques, qui se tenoit à côté.
Bientôt après, quelques évêques pressant
très-fortement le pape, et le roi lui-même
y consentant, Jean VIII déclara *qu'Hédénulphe ordonné, par son autorité, évêque
de Laon, garderoit son siège, et continue-
roit d'exercer le ministère épiscopal; mais
qu'Hincmar l'aveugle, s'il vouloit, pourroit*

(a) Vide Decret. Cleri Laudun. de Hedenulpho electo episcopo, ibid. pag. 430.

(b) Vide ibid. pag. 486. Gestorum synodal. concil. Trec.
brevem narrationem, quam habet continuator Aimoini post
annal. Bertin. ad ann. 878.

célébrer la messe, et auroit, en outre, désormais une portion dans les revenus de l'évêché de Laon. Alors Hédénulphe pria le pape de vouloir bien accepter sa démission, à raison de ses infirmités, ajoutant qu'il vouloit entrer dans un monastère. Mais sa demande fut rejettée, et il lui fut enjoint par le pape, du consentement du roi et des évêques, qui favorisoient Hincmar, de garder son siège, et d'exercer le ministère épiscopal. Du reste on vit, en ce moment, un spectacle auquel on ne se seroit guères attendu : les évêques des autres provinces, en outre les métropolitains des autres contrées, sans en avoir reçu l'ordre du pape, revêtirent tout-à-coup Hincmar des habits pontificaux ; puis ayant ainsi amené le malheureux aveugle en sa présence, ils lui firent donner au peuple la bénédiction épiscopale.

871.

Il est indubitable que cet arrangement fut une suite de la réclamation qu'Hincmar avoit présentée, dès l'abord, au pape Jean, dans le concile, contre l'archevêque de Rheims son oncle. On avoit accordé à celui-ci un sursis pour y répondre. Nous ne savons pas précisément ce qu'il y opposa, dans son apologie, dont parle Flodoard (a), ni de quel œil il vit, en ce moment, tant d'évêques et de métropolitains, de concert avec le souverain pontife, et le roi lui-même, se déclarer d'une manière si prononcée pour *le rétablissement*, au moins en partie (b), de son

---

(a) Vide Baron. ad ann. 878, et Flodoard, lib. 3, cap. 21, 29.
(b) Vide fragment. à Ludov. pio ad Robert. reg. apud Duchesne, tom. 3, pag. 336, et finem chron. Adonis Vienn.

neveu sur le siège de Laon , malgré sa dépo- **An^s**
sition au concile de Douzy. Sans doute il y **de J. C.**
eut , à cet égard , dans le secret, bien des dis-
cussions, que la prudence ou la politique
n'ont pas permis de mettre au grand jour. Il
est vrai que les actes et le jugement du concile
de Douzy ne furent pas formellement cassés
par un jugement supérieur, et à la suite d'un
nouvel examen de la cause. Néanmoins, ce
qu'il y a de certain , c'est qu'il signa lui-même,
avec les autres évêques du concile de Troyes,
dont quatre avoient assisté au concile de
Douzy, un privilège du pape Jean VIII (a),
en faveur d'un monastère , fondé dans le
comté de Châlon-sur-Saône , où se trouvent
aussi les signatures, d'abord en premier lieu,
d'Hincmar l'aveugle, et ensuite d'Hédénulphe,
l'un et l'autre avec le titre *d'évêque de Laon.*
Hincmar mourut peu de temps après, avant
son oncle, qui, dans une lettre, le recom- 871.
mande aux prières d'un certain abbé, nommé
Hugues, et de tous ses religieux (b). Telle fut
la fin de cet évêque , qui, avec Carloman ,
fils de Charles le Chauve , avoit fait tant de
bruit dans le concile d'Attigny, en 870.

Charles le Chauve, après ce concile, dé-
puta à Francfort-sur-le-Mein , auprès de
Louis de Germanie , Odon , évêque de
Beauvais (c), avec deux comtes, pour lui
demander une entrevue dans quelque lieu
où ils pussent, de concert, se partager le
royaume de Lothaire ; puis il quitta Attigny.

(a) Vide in supplem. *de la Lande*, pag. 294 et 295.
(b) Vide finem dissertat. Jesuitæ Cellot ad notit. concil. Duz
apud Labbe, tom. 8, et Flodoard, lib. 3, cap. 24.
(c) Vide annal. Bertin, ad ann. 870.

CHAPITRE XXXVII.

Charles le Chauve passe rapidement par Attigny, en 871. Il y passe encore à cheval en 872. Il y vient, pour la dernière fois, en 874. Capitulaire qu'il y fait alors en faveur de l'évêque de Barcelone, en Espagne.

IL y repassa rapidement, sur la fin de l'année 871, en revenant de Bezançon (a), par Pontion, pour se rendre à Servais, dans le pays de Laon, où devoit se tenir le conseil d'état, qui, comme nous l'avons déjà dit, condamna Carloman à être renfermé à Senlis pour la seconde fois.

871.

Il y passa encore à cheval, l'année suivante, 872, vers le milieu de l'automne (b), après s'être livré au divertissement de la chasse dans la forêt des Ardennes, pour se rendre de là à Soissons, où il célébra la fête de Noël.

872.

Il vint enfin à Attigny, pour la dernière fois, sur la fin de juin 874, en revenant de Douzy, près de Mouzon (c), et y donna, le premier juillet, un capitulaire, au sujet de la réclamation de l'évêque de Barcelone en Espagne (d), (alors sous la domination de la

874.

(a) Annal. Bertin ad ann. 871.
(b) Ibid. ad ann. 872.
(c) Ibid. ad ann. 874.
(d) Vide reclamat. episcopi Barcinon., apud Attiniac. apud Sirmond. *opera varia*, tom. 3, pag. 302, et seqq. et capitularia *de Chiniac*, tom. 2, pag. 234, et seqq. et alibi multoties.

France), et probablement le même que Ans de J. C.
Frodoin, évêque de cette ville, qui, en 878,
souscrivit au concile de Troyes.

Tel fut le dernier acte, au moins connu, d'autorité souveraine, que fit, à Attigny, le roi Charles le Chauve. (34).

~~~~~~

CHAPITRE XXXVIII.

Louis de Germanie à Attigny, en 875, avec le jeune Louis son fils. Il y célèbre la fête de Noël, et s'en retourne après avoir tout dévasté. Le jeune Louis encore à Attigny, en 880, avec son épouse Luithgarde, ravage tout sur son passage, conclut un traité de paix avec les rois Louis et Carloman, ses cousins, et reprend le chemin de la Germanie. Diète de Gondréville, où on décide que ces deux princes retourneront à Attigny avec quelques troupes de Louis le jeune, roi de Germanie.

<span style="float:right">875.</span>

L'ANNÉE suivante 875, Charles le Chauve apprit, à Douzy, la mort de l'empereur Louis II, son neveu, et se mit en route pour Rome, le premier septembre, dans l'espoir d'y obtenir la couronne impériale. Mais, pendant son absence, Louis de Germanie, son frère aîné, irrité de voir qu'il alloit lui être préféré, entra en France, accompagné de son fils Louis (a), avec une

------

(a) Annal. Bertin ad ann. 875, et post ipsos Aimoini continuator, lib. 5, cap. 32.
~~~~~~

 armée considérable, dans l'intention de le forcer de revenir d'Italie, et s'avança jusqu'à *Attigny*, à la sollicitation d'Engelran, jadis chambellan de Charles, qui l'avoit privé de tous ses honneurs, et lui avoit ôté ses bonnes graces, pour complaire à la reine Richilde, son épouse. Les grands du royaume, par ordre de cette princesse, s'engagèrent, par serment, à lui résister. Cependant ils se mirent eux-mêmes à piller, et causèrent les plus affreux dégats. Louis en fit autant avec son armée. Tout ce qui se trouva sur son

875. passage fut dévasté et mis au pillage. Il célébra, dans le palais d'*Attigny*, la fête de Noël; et après avoir fait un énorme butin sur les terres et dans les châteaux des grands seigneurs du royaume de Charles, il s'en re-

876. tourna, par Trêves, à Francfort, dans le mois de janvier, avec quelques comtes françois qui avoient suivi son parti (a). On peut voir, dans les actes du concile de Pontion, en 876, et dans la plainte que l'église de Rheims y présenta à l'empereur Charles le Chauve, l'énumération d'une foule d'autres crimes que l'armée de Louis de Germanie commit, pendant son séjour, dans le malheureux diocèse de Rheims (b).

876. Cependant ce prince mourut en 876, et le jeune Louis son fils, qui l'avoit accompagné dans son expédition de 875, monta sur le trône à sa place. A la mort de Louis le Bègue, quelques seigneurs mécontens promirent au

---

(a) Vide etiam annal. Fuld. ad ann. 875 et 876.
(b) Vide Sirmond. Concil. antiq. Gall. tom. 3, pag. 444 et 446.

nouveau roi de Germanie de le faire recon- noître pour roi de France, et l'engagèrent, en 879, à .entrer une seconde fois dans le royaume. Il s'avança donc cette année jusqu'à Verdun (a), ravageant tout sur son passage, et vint, l'année suivante 880, avec son épouse Luithgarde, à Attigny, puis de-là à Ercry (*), et enfin à Ribemont (**). Mais ils s'apper- çurent bien qu'on ne leur avoit fait que de vaines promesses. Toutes leurs espérances étant donc évanouies, ils s'en retournèrent dans leur pays, après avoir conclu un traité de paix avec Louis et Carloman, fils du défunt roi Louis le Bégue, leurs cousins, et avoir indiqué de concert, pour le mois de juin suivant, une diète à Gondréville, près de Toul, où ils devoient avoir une entrevue. Ces deux derniers princes se rendirent effec- tivement à Gondréville, avant eux, dans le temps fixé, en passant par Rheims et Châlons. Mais Louis de Germanie étant malade, ne put venir à la diète, et se contenta d'y en- voyer ses fondés de pouvoir. Charles le Gros, son frère, depuis empereur et roi de France, s'y rendit à son retour de la Lombardie. Il y fut conclu, d'un commun accord, que les deux rois de France, Louis et Carloman, re- tourneroient à Attigny avec quelques troupes

Ans
de J. C.

879.

880.

(a) Annal. Fuld. ad ann. 879 et 880; et annal. Bertin ad eosd. annos.

(*) Ercry, autrefois maison royale, prit le nom d'Avaux-la-Ville, en vertu de lettres du roi, en 1671; mais depuis 1730, il porte le nom d'Asfeld.

(**) Ribemont (Ribodimons) dans le diocèse de Laon, dans l'ancien doyenné de Ribemont.

de Louis de Germanie, et iroient ensuite
réprimer les efforts que faisoit Hugues, fils
de Lothaire et de Waldrade, pour s'emparer
de l'ancien royaume de son père. (35).

CHAPITRE XXXIX.

*Charles le Gros, empereur et roi de France,
à Attigny, en 886. Singulière affection de
Charles le Simple pour ce palais. Chartres
qu'il y donne en faveur de Frederune, son
épouse, en 907 ou 908, et ensuite en 916,
pour l'érection et la dotation de l'église de
Ste.-Vaubourg, auprès d'Attigny.*

Nous avons aussi, de l'empereur Charles
le Gros, une ordonnance (a) en faveur d'un
monastère de filles, fondé par Emmen, évêque de Nevers, dans un endroit nommé
Coucy, datée *du palais d'Attigny,* le 17
août 886, et non pas 885, comme le porte
la copie tirée du chartulaire de Nevers, mais
par erreur, et d'une manière inconciliable
avec l'indiction IV, la 11e. année du règne
de ce prince dans la France occidentale, et
autres notes chronologiques qui s'y trouvent.
Cette ordonnance prouve donc que Charles
le Gros, comme tant d'autres empereurs et
rois ses prédécesseurs, fit aussi quelque séjour à Attigny. (36).

Mais aucun des rois de France n'affectionna

886.

(a) Apud Mabillon *de re diplom.* lib 6, pag. 554 et 555.

le

le *palais d'Attigny* autant que Charles III, surnommé le *Simple*. Car, dit le savant Mabillon, de tant de chartres qui portent son nom, la très-majeure partie est datée d'Attigny. Telle est d'abord celle par laquelle il donne en douaire à la reine Fréderune (a), sœur de Bovon, évêque de Châlons, sa première épouse, Corbeny, dans le comté de Laon, avec l'église de S. Pierre, où reposent les reliques de S. Marcoul, et une autre à Craonne, et Pontion, ancien palais royal, dans le Pertois. C'est ainsi que, par un abus alors très-commun, on donnoit des églises aux laïcs, et jusques à des femmes, qui jouissoient de leurs revenus, et convertissoient à leur usage les oblations des fidèles. Cette chartre porte qu'elle fut donnée dans le *palais d'Attigny* (37), le 19 avril de la 15e. année de la première époque du règne de Charles le Simple, c'est-à-dire l'an 907, ou selon d'autres, l'an 908.

Mais la plus importante de toutes, par le rapport qu'elle a avec notre objet, et les renseignemens qu'elle fournit, pour fixer la situation locale du palais d'Attigny, c'est celle qu'il y donna au sujet de l'érection et dotation de l'église de Ste.-Vaubourg. Elle n'est guères susceptible d'une traduction exacte, tant à cause d'une foule d'expressions obscures et barbares qu'elle renferme, qu'à raison des lacunes considérables qui s'y trouvent, soit dans l'original donné par

Ans de J. C.

907
ou
908.

(a) Vide Capitular. edit. de Chiniac. tom. 2, pag. 294, et apud Sirmond, tom. 3, pag 374, et apud Mabillon de re diplom. pag. 558 et 559, et apud alios multos.

Ans de J. C.

Mabillon ; soit dans la copie extrêmement confuse et mutilée qu'en a donnée Marlot : on ne la trouvera donc parfaitement en entier qu'en latin, à la fin de nos recherches, sur deux colonnes différentes et opposées, qui présenteront à droite et à gauche le texte rapporté par ces deux auteurs. Mais nous allons

916.

cependant traduire le plus fidèlement qu'il nous sera possible.

ORDONNANCE DE CHARLES LE SIMPLE ,

Pour l'érection et la dotation de l'église de Ste.-Valburge, auprès d'Attigny.

Texte de Marlot, *Metrop. Rhem.* tom. 2, pag. 228.	Texte de Mabillon, *de re diplom.* pag. 560.
.... Charles , par la bonté toute propice de Dieu, roi des François, sachent tous les féaux de la sainte église de Dieu..... .... jaloux de s'instruire, que...... .... nous avons, par............ .... l'impulsion du feu de l'amour divin qui nous enflamme, résolu de bâtir une église, dans le palais d'Attigny, en l'hon-	Au nom de la sainte et indivisible Trinité. Charles , par la bonté toute propice de Dieu, roi des François, sachent tous les féaux (fidèles) de la sainte église de Dieu, et les nôtres, tant présens qu'à venir, jaloux de s'instruire, qu'imitant les exemples des rois nos prédécesseurs craignant Dieu, et zélés pour son culte; nous avons, par motif de religion, et par l'impulsion du feu de l'amour divin qui nous enflamme, résolu de bâtir une église, dans le palais d'Attigny, en l'hon-

neur de Ste.-Valburge...
.... dont nous
avons, avec le plus grand
soin, apporté les reli-
ques des pays de la France
orientale, pour la sûreté de
tout le royaume. Afin donc
d'obtenir la stabilité de nos
prédécesseurs, de nos successeurs, de notre majesté
royale, et de notre royaume,
nous avons donné, de ce qui
nous appartient en propre,
dans ledit *fisc*, pour fournir
au luminaire...........
les serviteurs..........
....
....
avec leurs femmes, leurs
enfans, et les serfs; et une
métairie, en toute intégrité
....
....
....
....
....
....
....
.... *item* quatre bonniers de terre dans le village de Coëni, et dans la
sus-dite métairie une brasserie......et pour fournir
aux besoins de ceux qui
desservent ce lieu, quatre
métairies, dont deux.....
l'une dans le village d'Ione,
avec les serfs...........
....
....
....
....

neur de Ste.-Valburge,
Vierge de J. C., dont nous
avons, avec le plus grand
soin, apporté les reli-
ques des pays de la France
orientale, pour la sûrete de
tout le royaume. Afin donc
d'obtenir la stabilité de nos
prédécesseurs, de nos successeurs, de notre majesté
royale et de notre royaume,
nous donnons, de ce qui
nous appartient en propre,
dans ledit *fisc*, pour fournir
au luminaire du sus-dit lieu,
les serviteurs dont les noms
suivent, savoir: Adalaricus,
et Gerlaius, et sa femme,
avec..................
.... et une
métairie en toute intégrité
dans le même *fisc*, avec les
serfs de l'un et l'autre sexe
qui y résident, savoir: les
nommés Frédarius, et son
épouse Godoare, avec leurs
enfans; Gerulfe, sa femme
et leurs enfans; en outre
Constabulus et Gislulfe, et
Roslinde; *item* quatre bonniers de terre dans le village de Coëni, et dans la
sus-dite métairie une brasserie......et pour fournir
aux besoins de ceux qui
desservent ce lieu.......
.... dont deux.....
l'une dans le village de
Dionne, avec les serfs, dont
suivent les noms: Martin et
Æve, sa sœur, Fulcuin et
Andrée sa sœur, et Adal-
garde, son épouse, avec

Ans
de J. C.

916.

'Ans
de J. C. ....
....
.... et l'autre
.... dans le
village de Coulommes,
avec les serfs............
....
....
....
....
.... Enfin dans
la ferme elle-même, le
quart de la métairie......
....
avec le four. En outre deux
autres métairies, l'une à
Attigny et l'autre à Mar-
queny; *item* la moitié d'une
métairie à Vetner (lieu inconnu), et le droit d'enforage dans une brasserie. En
outre Gislulfe, avec sa propriété, rapportant quatre
deniers, et les serfs......
....
....
et la moitié d'une métairie
dans la ferme de Mandreck,
rapportant quatre deniers.
.... un
moulin.............
...... sur la rive du ruis-
seau.............
.... en outre la moitié de
la couture, située devant
la porte supérieure du palais..................
.... pour y construire des
maisons, des jardins, ou
des auberges. *Item* l'autre
moitié de la couture qui se
trouve entre le breuil et les
vignes. *Item* le *Cornadum*

916.

leurs enfans, et la femme
que...... et Hildebert,
et Abraham; et l'autre
.... dans le
village de Coulommes,
avec les serfs suivans: Gri-
mold et sa femme Emper-
gia, avec leurs enfans; Hilmerad, avec sa femme
Tetsinde et leurs enfans.
.... Enfin dans
la ferme elle-même, le
quart de la métairie que
Cufar occupe............
.... En outre deux
métairies.... l'une à Méry
et l'autre à Marqueny; *item*
la moitié d'une métairie à
Mutuer (lieu inconnu),
et le droit d'enforage dans
une brasserie. En outre
Gislulfe, avec son clôs,
rapportant quatre deniers,
et les serfs suivans: Witger
et sa femme Gerilde, avec
leurs enfans...........
....
....
Nous leur donnons aussi un
moulin.................
..... sur la rive du ruis-
seau *Fevigenece* (de Foivre); en outre la couture
située au-dessus de notre
palais près du breuil (du
bois).................
....
....
....
....
....

d'Ione et de la Vieille Ville.
Item au-dessous du palais,
depuis la porte du midi, en
entrant, jusqu'à la droite
autour de l'église , pour
faire un cloître. Nous voulons aussi que le droit d'enforage, ou tout autre droit,
soit remis par nos successeurs, et pareillement *la
none* du sus-dit *fisc* appartenant au seigneur. Nous
leur donnons encore deux
bonniers de prés , au-dessus de notre palais.......
....
....
....
....
....
....
....
....
....
....
....
....
....
....
....
....
....
....
....
....
....
.... le.
sus-dit lieu , et ceux qui le

..... et pareillement *la
none* du sus-dit *fisc* appartenant au seigneur. Nous
leur donnons encore deux
bonniers de prés , au-dessous de notre palais......
.... Or , en vertu de 916.
la puissance royale , que
nous avons reçue de Dieu,
nous accordons aussi à tous
ceux qui habitent les terres
appartenant à notre fisc,
en quelque lieu qu'ils soient,
la permission nécessaire ,
pour que ceux qui , spontanément et de plein gré ,
voudront donner à ce....
lieu quelque chose de leur
héritage, ou en vendre quelque chose à l'un des clercs,
qui le desserviront, puissent
le faire , de sorte néan-
moins qu'à la mort du
clerc, auquel l'héritage aura
été vendu , ce même héri-
tage retourne au sus-dit
lieu. Ainsi nous avons , en
vertu de notre autorité,
fait rédiger cette ordon-
nance , par laquelle nous
commandons et enjoignons,
qu'à compter du jour pré-
sent , et par la suite, le
sus-dit lieu , et ceux qui le

Ans de J.C.

916.

desservent...............
.... tout ce que dessus, avec les serfs de l'un et l'autre sexe, les terres, soit cultivées, soit incultes ; le moulin et les champs, les prairies et les pâturages, les eaux et le cours des eaux, leurs issues et leurs retours, avec toutes les bornes légitimes, qui leur appartiennent justement et légalement......

Signe du très-glorieux roi

CHARLES.

desservent, aient, retiennent et possèdent tout ce que dessus, avec les serfs de l'un et l'autre sexe, les terres, soit cultivées, soit incultes ; les moulins et les brasseries, les prairies et pâturages, les eaux et le cours des eaux, leurs issues et leurs retours, avec toutes les bornes légitimes, qui leur appartiennent justement et légalement. Et pour que cette ordonnance soit inviolablement observée, nous l'avons signée de notre propre main, et nous y avons fait imprimer notre anneau.

Signe du très-glorieux roi

CHARLES.

Goslin, notaire de la dignité royale, ai revu cette ordonnance à la place d'Hérivée, archevêque de Rheims, et archi-chancelier.

Donné le 7 des ides de juin, indiction IV, la 24e. année du règne du très-glorieux roi Charles, la 19e., depuis qu'il a recouvré la totalité du royaume, et la 4e. depuis qu'il a acquis un plus ample héritage, (c. a. d. le 7 juin 916) fait heureusement, au nom de Dieu, dans le palais d'Attigny. Amen. (38).

CHAPITRE XL.

Notions à tirer de la chartre d'érection de l'église de Ste.-Vaubourg. Il est faux qu'elle soit de Charles le Chauve. L'ancienne église collégiale, depuis la chapelle de Ste.-Walburge, étoit dans l'étendue du palais d'Attigny. Il n'a jamais existé de palais de Dionne, aujourd'hui appellé communément Ste.-Vaubourg.

Voici maintenant les notions que nous procure cette chartre précieuse, toute mutilée qu'elle est, soit dans Marlot, soit dans Mabillon lui-même. D'abord il est faux qu'elle soit de Charles le Chauve (a), comme

916.

(a) Jean Lespagnol, grand-prieur de S. Remi de Rheims, et prieur de Ste.-Vaubourg, qui a écrit en françois la vie de cette Sainte, vers 1609 ou 1611, sous l'archevêque Louis de Lorraine, assure avoir vu à Molesme, abbaye du diocèse de Langres, l'original de cette même chartre, qu'il attribue aussi mal-à-propos à Charles le Chauve. Il n'en cite que le préambule (page 58); mais il est en effet parfaitement conforme à celui qu'on lit dans Mabillon, et n'est pas mutilé, comme dans Marlot. *Cette chartre*, dit-il, *est signée de la main propre du roi Charles, en telle forme de chiffre, duquel il usoit dans ses lettres.*

Signum Karoli **K-S**, *Regis gloriosissimi.*

Elle est scellée d'un grand scel, où est empreinte la figure d'un roi, à l'entour de laquelle il y a de l'écriture qu'on ne peut bien lire, pour être ancienne et beaucoup maniée.

Il est assez probable que l'original aura été fait double; que l'un des deux exemplaires sera resté entre les mains des chanoines de Ste.-Vaubourg, d'abord, puis sera par la suite passé entre celles des religieux de Molesme, et que l'autre aura été déposé dans les archives de l'abbaye de Compiegne.

l'a simplement conjecturé Marlot, puisqu'elle a été revue par Goslin, à la place de l'archi-chancelier Hérivée, sacré archevêque de Rheims l'an 900. D'ailleurs les trois époques de règne, dont elle parle, ne peuvent évidemment convenir qu'à Charles le Simple. On voit, à la simple inspection, ce qui a induit Marlot avec plusieurs autres en cette erreur. C'est qu'il n'avoit de la fin de cette chartre que la signature du roi Charles.

Il est ensuite incontestable que l'endroit où se trouvoit alors l'église, et depuis la chapelle de Ste.-Walburge, encore subsistante il y a six ans environ, étoit enclavé

916.

dans l'étendue du palais d'Attigny : *Nous avons*, dit Charles le Simple, *résolu de bâtir une église dans le palais d'Attigny, en l'honneur de Ste.-Walburge, que nous avons pris soin d'apporter des pays orientaux;* c'est-à-dire qu'il avoit rapporté, avec lui, de l'Allemagne, ou, ce qui revient au même, de la France orientale, une portion des reliques de cette Sainte, originaire d'Angleterre, fille de S. Richard, sœur de S. Willibald, premier évêque d'Aischtet, et fondatrice de l'abbaye de Heidenheim, qui, de concert avec son frère, contribua beaucoup à la propagation de l'évangile dans ces contrées, et mourut vers l'an 780. En effet, Charles le Simple, à peine sacré à Rheims, en 892, par Foulques, archevêque de cette ville (a), si justement célèbre par son attachement inviolable envers ce prince, fut obligé de se

---

(a) Duchesne, tom. 3, pag. 328.

sauver à Worms, auprès d'Arnould, roi Ans
de J. C. de Germanie, pour implorer son secours con- tre le roi Eudes, auquel il étoit par lui seul incapable de résister ; et ce fut apparemment alors que l'évêque d'Aischtet donna une partie assez considérable des reliques de Ste.-Walburge, si vénérée en Allemagne, à ce roi Charles, et à ce Baudouin, comte de Flandres, que Marlot (a) a pris pour Charles le Chauve, et pour Baudoin *Bras de fer*, tandis qu'effectivement ils ne sont, et ne peuvent être autres que *Charles le Simple*, *et Baudoin le Chauve*, fils du premier.

On voit en outre que l'église de Ste-Walburge, quoique placée à l'entrée du village, anciennement nommé *Dionne*, le même que *Ste.-Vaubourg*, comme nous le verrons un peu plus tard, et ainsi communément ap- 916. pellé, depuis le nouvel établissement de Charles le Simple, ne fut pourtant pas bâtie dans le prétendu palais d'Ione, ou de Dionne, comme l'a avancé Marlot, sans aucun fonde- ment dans l'antiquité, mais dans le palais d'Attigny (b). C'est ce qui, sans doute, a fait dire au savant Mabillon : *C'est mal-à-propos que quelques-uns donnent à Dionne le nom de palais royal. Car, quoique dans la chartre de Charles le Simple, rapportée en partie dans Marlot, le nom de* VILLA *soit donné par deux fois à Dionne, avec énumé-ration de quelques terres y appartenantes, il est certain que Dionne étoit une partie du*

(a) Marlot, tom. 2, pag. 228.
(b) Voyez la chartre ci-dessus.

Ans
de J. C. palais d'Attigny , renfermée dans son enceinte , ou du moins son pendant , comme
l'indique la situation du lieu , qui maintenant
porte le nom de Ste.-Vaubourg. Nous avons
déjà plusieurs fois observé qu'il étoit assez
ordinaire que les palais royaux renfermassent,
non pas une seule , mais souvent plusieurs
maisons de campagne dans leurs enceintes.
Il ajoute encore que *c'est à tort que quelques-
uns divisent le nom d'Ionne*, tandis qu'il doit
s'écrire *Dionne* (a) , d'après l'original de la
chartre.

CHAPITRE XLI.

*Étendue du palais d'Attigny. Ses premières
avenues. Maison de campagne, ou ferme
royale de Dionne. Porte du midi du palais
d'Attigny, vers et près le chemin des Romains. Église et cloître des chanoines de
Ste.-Walburge. Ils observoient la vie commune. Détail de leurs biens. La Vieille Ville,
aujourd'hui connue sous le nom de Vi-Ville.*

Le palais d'Attigny étoit donc fort étendu,
à le considérer dans l'ensemble de son parc,
de son *breuil,* ou bois de plaisance, de ses
916. jardins et des édifices qui le composoient,
soit à Attigny même, soit au dehors. Ses
premières avenues étoient, à n'en pas douter,
à la proximité de la route des Romains, alors

(a) De re diplom. lib. 4 , pag. 280.

si fréquentée, qui passe au-dessus du village Ans de J. C. de Ste.-Vaubourg, vers le midi, et que l'avarice des cultivateurs ignorans a fait de nos jours presqu'entièrement disparoître. Ainsi les rois pouvoient toujours s'y rendre, sans détour, par le plus beau chemin possible.

Venoient ensuite les premiers édifices du palais d'Attigny, qui formoient la maison de campagne royale de *Dionne*. La porte par où on y entroit, s'appelloit *Porte du midi*. Plus bas, vers Attigny, se trouvoit à droite l'église de Ste.-Walburge, avec le cloître des clercs (a) qui la desservoient, comme l'indiquent ces paroles de la chartre de Charles le Simple, dans Marlot : *Item, au-dessous du palais, depuis la porte du midi, en entrant, jusqu'à la droite, autour de l'église, pour faire un cloître.* 916.

Nous verrons, un peu plus tard, le nombre de ces clercs ; et quoique ce fussent des chanoines, comme la suite le montrera, il ne faut pas s'étonner de les entendre appeler *hommes de l'ordre monastique*, parce que, suivant la règle encore en vigueur au dixième siècle, ils devoient, comme les moines, vivre en commun dans le cloître, dont la chartre de Charles le Simple vient de faire mention.

______

(a) Il y a quelques années qu'en déblayant autour des murs de la chapelle de Ste.-Vaubourg, on trouva, à la profondeur de deux ou trois pieds, une pierre énorme, artistement taillée, avec une espèce d'inscription, qui m'a semblé exprimer le nom de *Jesus-Christ*, en abrégé. Peut-être étoit-elle autrefois placée au-dessus de la porte de l'ancienne église. On trouva aussi une grande quantité d'ossemens humains, qui peut-être étoient ceux des chanoines enterrés autour du cloître.

Ans
de J. C.

On vient d'entendre le détail des terres,
prés, moulins, brasseries, fours bannaux,
droits, serfs, que ce prince assigna, soit
pour l'entretien du luminaire, soit pour la
subsistance des clercs de l'église de Ste.-Wal-
burge, à Dionne, à Mery, à Coëni, à Marqueny (a), à Coulommes, et autres lieux
aujourd'hui entièrement inconnus, comme
Vetuer, autrement *Mutuer*, ou presque entièrement inconnus, comme *la Vieille Ville*,
endroit maintenant désert, à un demi-quart
de lieue environ de Ste.-Vaubourg, au-delà
du chemin des Romains, vers Chuffilly, que
les habitans du pays nomment encore par
corruption *la Vi-Ville*, et où les cultivateurs
trouvent tous les jours une foule de vestiges
d'anciennes habitations. Nous aurons plus
bas occasion de faire remarquer les lieux
qui furent attribués, à Attigny même, aux
chanoines de Ste.-Walburge.

916.

____

(a) Il y avoit jadis à Marqueny une chapelle dédiée à
S. -Martin, dont les biens ont été réunis à la fabrique de
S.-Pierre de Coulommes, par Mgr. Le Tellier, archevêque
de Rheims.

CHAPITRE XLII.

Autre chartre en faveur de l'église de Ste.-Walburge. Permission de lui laisser des héritages, ou d'en vendre à ses chanoines. Bois, ou breuil attenant à la ferme de Dionne, dans le palais d'Attigny, appellé le Casuel. *Capitulaire de Charlemagne à son sujet, rappellé dans la première chartre de Charles le Simple. La couture située au-dessus du palais d'Attigny, près du* breuil. *Porte supérieure du palais d'Attigny, vis-à-vis la couture. Moitié de la couture donnée aux chanoines de Ste. - Walburge, pour y construire des maisons, des auberges et jardins. Moitié de la couture, entre le* breuil *et les vignes. Étendue du breuil. Forêts d'Attigny. Défense de la part de Charles le Chauve, à son fils Louis le Bégue, d'y chasser beaucoup.*

MABILLON, dans une note qui se trouve à la suite de cette chartre, parle encore d'une autre, apparemment encore simplement manuscrite, *qui*, dit-il, sans en rien rapporter de plus, *fut*, comme la première, *donnée au palais d'Attigny, le* 7 *des idés de juin*, 916, *indiction IV*, *la* 24e. *année du règne de Charles le Simple*, c'est-à-dire le 7 juin 916, et par laquelle ce prince *attribue* de nouveau *à l'église de Ste.-Walburge un grand nombre de serviteurs.*

Ans
de J. C.

Le même prince, dans une chartre de l'an 919, pour l'érection et la dotation de la chapelle de S.-Clément, à Compiègne, rappelle la permission accordée par celle de 916, de donner ou vendre son héritage, en faveur de l'église de Ste.-Walburge, bâtie dans le palais d'Attigny : *Si quelqu'un de nos féaux,*

919.

y dit-il, veut donner son héritage à ce saint lieu, ou le vendre à quelqu'un des chanoines, il lui sera permis de le faire, comme nous l'avons accordé en faveur de la Vierge Ste.- Walburge, de manière cependant qu'après le décès du chanoine, ces biens soient reversibles audit lieu. (39). On peut, en effet, voir à-peu-près les mêmes expressions vers la fin de la chartre originale que nous avons donnée tout au long, d'après le savant Mabillon, au sujet de l'établissement de la collégiale de Ste.-Vaubourg, dans la ferme de *Dionne*.

A très-peu de distance de l'église de Ste.- Walburge, vers l'orient, se trouvoit un bois, renfermé dans la vaste enceinte des murs du palais, où les rois et les empereurs pouvoient jouir des plaisirs de la promenade. Nous verrons, par la suite, que ce bois se nommoit le *Casuet*. C'est le *Breuil attenant au palais d'Attigny*, déjà si connu dès le temps de Charlemagne, qu'il fit, à son sujet, la huitième année de son empire, c'est-à-dire, l'an 808, un capitule (a), dont il ne nous reste que le titre. C'est le même *breuil* dont fait mention Charles le Simple, dans sa

______

(a) Capitulare de anno VIII, capit. X, apud Chiniac, tom. 1, pag. 466.

chartre, quand il dit : *Nous leur donnons en*
outre (aux chanoines de Ste.-Vaubourg) *la*
couture située au-dessus du palais, près du
breuil (selon le texte de Mabillon), ou selon
Marlot : *En outre la moitié de la couture*
située devant la porte supérieure du palais,
pour y construire des maisons, des jardins.
ou des auberges. Item, l'autre moitié de la
couture, qui se trouve entre le breuil et les
vignes. Nous connoissons à-peu-près l'ancienne étendue de ce *breuil*, parce que les
terres qui sont renfermées dans son espace,
sont encore aujourd'hui nommées *Terres*
dans le Bois, par opposition à d'autres,
communément appellées *Terres hors du*
Bois. Terminé à l'est par le chemin de Chuffilly à Attigny, il s'avançoit vers le nord,
presque jusqu'à *la couture*, lieu très-connu de
tous les habitans du pays, alors embelli de maisons, de jardins et d'auberges, et vis-à-vis lequel se trouvoit, comme nous venons de l'entendre, une porte du palais d'Attigny, nommée
la Porte Supérieure. C'étoit sans doute par
cette porte que les rois sortoient pour se rendre
en promenade, soit dans les vignes, qui se
trouvoient sur les hauteurs, séparées du breuil
par la couture, soit à la chasse dans les forêts de
la Terre d'Attigny, dont les bois *de Roche* et
de la ferme de *Forest* sont encore un léger
reste. L'empereur Charles le Chauve, en particulier, semble y avoir pris, avec grand
plaisir, cet exercice ; car, sur le point de
se rendre, avec une armée, en Italie pour en
chasser les Sarrazins, et réduire le duc de
Bénévent, il tint à Quierzy, le 14 juin 877,
une cour plénière, ou diète générale, où il

fit un capitule (a), pour ordonner que Louis le Bégue, son fils, pendant son absence, *ne chasseroit que peu dans les forêts d'Attigny*. (40). Voilà ce que nous avions à faire remarquer vers l'orient.

~~~~~~~~~~~~~~~~~~~~~~~~~~~~

CHAPITRE XLIII.

Fontaine au pied de l'église de Ste.-Walburge, appellée aujourd'hui fontaine de Ste.-Reine, alimentoit le vivier des empereurs ou des rois, à côté de la forteresse d'Attigny. Situation de cette forteresse. Elle fait donner à Attigny le titre de Châtellenie. Moulin sur la petite rivière de Foivre, en latin Fevigenetium.

Au pied de l'église collégiale de Ste.-Walburge, couloit au nord la belle fontaine, aujourd'hui si mal entretenue, à laquelle l'introduction du pélerinage de Ste.-Reine a fait donner, par le peuple, le nom de cette Sainte. Ses eaux limpides, après avoir serpenté dans les prairies et dans l'enclôs du palais d'Attigny, venoient enfin alimenter *le vivier* des empereurs ou des rois, qui lui-même y étoit renfermé, et baignoit les murailles de la forteresse du château royal. Ce *vivier*, où étoient conservés les poissons destinés à la table des princes, a retenu son nom

____

(a) Apud Chiniac., tom. 2, pag. 268, et apud Sirmond, tom. 3, pag. 344, et Duchesne, tom. 2, pag. 466.

jusqu'aujourd'hui ,
~~~~~~~~~~~~~~~~~~~~~~~~~~~~

jusqu'aujourd'hui , avec sa forme très-sen‑
sible, surtout à l'orient, et appartenoit encore
tout entier , au moment de la révolution ,
aux archevêques de Rheims , devenus, comme
on le verra dans la suite, héritiers des rois de
France , et des comtes de Champagne, dans
la Terre d'Attigny.

Quant à la forteresse qui, depuis, a fait
donner à Attigny le nom de *Châtellenie* ,
comme on le verra ci-après, elle paroît avoir
occupé tout l'espace appellé aujourd'hui *les
Budes*, jusqu'à *la porte de Rheims* (a) ,
placée, avec son pont-levis, vis-à-vis Cou‑
lommes, un peu plus loin que le calvaire
actuel, à l'endroit où , en regardant le midi,
commence, à gauche, l'interruption du fossé
du rempart, qui a été rempli depuis , pour
former un chemin à sa place. Plusieurs offi‑
ciers instruits en matière de fortification (*),
m'ont assuré que les *Budes* avoient évidem‑
ment été autrefois fortifiées. Et on ne peut
en effet en douter, à la simple inspection des
lieux , qui, tantôt bas, et tantôt élevés , pré‑
sentent, avec leurs angles, et surtout le sen‑
tier étroit , par où l'on y descend , au nord,
l'idée d'une ancienne forteresse depuis long‑
temps démolie. Le partage des biens commu‑

Ans
de J. C.

871.

(a) Il existe dans les papiers de la fabrique , en date de l'an 1665, des écrits qui font encore mention de deux portes d'Attigny, l'une sous le nom de *Porte de Rheims*, et l'autre sous le nom de *Porte de Rethel*, ou *du Pont de l'hôpital*. En 1571, et même en 1700, on disoit encore *la Rue de la Porte de Rheims*.

(*) Spécialement mon frère, Jean – Baptiste Hulot, mort lieutenant de roi au fort de Querqueville (près Cherbourg), dont il étoit Commandant.

naux a donné lieu aux habitans d'en faire disparoître les derniers vestiges, en applanissant, au midi, l'escarpe et la contre-escarpe encore très-élevées à mon arrivée. La forteresse faisoit une des principales parties du palais d'Attigny, et venoit jusqu'à l'endroit appellé aujourd'hui *le Pont-Thibouret*. Le moulin placé, comme le dit la chartre, sur la rive de la petite rivière de Foivre (*Fevigenetium*) (*), et donné alors aux chanoines de Ste.-Walburge, ou Vaubourg, étoit, à n'en pas douter, celui qui s'y trouve encore sur le chemin d'Attigny à Allendhuy, près de Charbogne.

CHAPITRE XLIV.

Edifices du palais d'Attigny, dans l'enceinte même d'Attigny. Dôme. Sa description.

916. LES édifices qui, dans l'enceinte même d'Attigny, formoient proprement l'habitation des rois et des empereurs, n'entrent, à la vérité, pour rien dans l'établissement et la dotation de l'église de Ste.-Walburge, dont il est principalement question, à l'époque de 916, où nous sommes arrivés. Néanmoins, comme ils sont le dernier complément du palais d'Attigny, dont nous n'avons pu nous

---

(*) Fevigenetium, fluviolus prope Attiniacum, dit Mabillon, de re diplomat. in Indice universali littera F.

dispenser de faire connoître l'étendue, au Ans de J. C. sujet de cette église, il nous semble que c'est ici le lieu d'achever d'en indiquer l'emplacement, autant que nous le permettront les ruines du temps, dont la faulx détruit tout à la longue, et qui se plaît souvent à substituer d'humbles cabanes aux palais les plus somptueux et les plus magnifiques.

Ces édifices ont sans doute été rajeunis bien des fois durant l'écoulement de mille ans et plus, depuis le septième siècle jusqu'à nos jours. Cependant ils subsistent encore, du moins en partie; car les irruptions des Normands et des Hongrois, les guerres, et mille autres accidens ont entièrement anéanti le reste. C'est cette façade de bâtimens, qui regarde vers l'orient, et qui, du côté de l'occident, est presque adossée à l'église et au cimetière actuel.

A défaut d'écrits pour le prouver, les pierres elles-mêmes le crient à haute voix. 916. Ces édifices, avant la révolution, conservoient au dehors une foule de vestiges de la grandeur de leurs anciens hôtes. Ils étoient chargés d'armoiries. On voit encore les traits barbares du ciseau du vandalisme qui les a fait disparoître. Les appartemens intérieurs étoient tous très-vastes, et soutenus par des poutres d'énorme grandeur. Il n'y a pas plus de vingt-six ans qu'ils étoient ornés, selon le goût gothique, d'une multitude de figures d'empereurs, de rois et de reines. Quantité de témoins oculaires encore vivans peuvent l'attester. Quelques - unes subsistent encore aujourd'hui. Les gros murs qui n'ont pas été détruits, sont d'une épaisseur étonnante. Il

Ans de J. C.

916.

régnoit autour un cordon de pierres, dont la sculpture, du meilleur goût, représentoit des enfans tout éclatans d'une riche dorure, levant les deux bras, pour soutenir, de distance en distance, des pampres parfaitement imités. J'ai vu moi-même de beaux restes de ce cordon. Accumulons les preuves: les audiences autrefois se tenoient dans une des salles de ces édifices. Les prisons des anciens seigneurs d'Attigny, qui viennent d'être vendues à un particulier, s'y trouvent renfermées et en font partie intégrante à côté de l'église. On voyoit encore, il y a quelques années, l'arcade d'une porte-cochère, qui formoit jadis l'entrée de l'antique remise des voitures; et, ce qu'il faut bien remarquer, elle étoit tournée vers le midi, de manière à prouver jusqu'à l'évidence, que la rue étroite, aujourd'hui nommée *Rue de l'Eglise*, ne subsistoit point alors; autrement il eût été impossible de faire entrer par cette porte les carosses des princes ou des seigneurs. Les notaires d'Attigny ont en main des titres de l'existence de cette remise, au même endroit. Nous pouvons même produire des pièces authentiques (a) qui démontrent que, vers le milieu du seizième siècle, les archevêques de Rheims étoient encore propriétaires d'une partie des édifices dont il s'agit.

(a) *Bail à surcens, fait le 27 mai 1553, pardevant Delaval, notaire à Rheims, par M. l'archevêque* (alors Charles de Lorraine), *à Jean Andry, seigneur de la Lesve, d'une place et mazure sise à Attigny, près la halle, frontissant sur la rue de ladite halle, où d'ancienneté soloir être les prisons et l'auditoire pour tenir les plaids.* C'est M. Robin, notaire à Attigny, qui a eu la complaisance de me communiquer cette pièce intéressante.

Mais ce qui doit lever tous les doutes, s'il pouvoit encore en rester à cet égard, c'est le dôme (a) qui couronne encore aujourd'hui précisément le milieu de cette façade de bâtimens, et qui lui-même étoit autrefois couvert d'armoiries, maintenant défigurées ou anéanties, au moyen desquelles il eût été facile, à l'aide du blason, de fixer ici l'époque de sa construction. Des rustres ignorans, et surtout en fureur, peuvent-ils tenir le moindre compte des monumens de l'antiquité? Le dôme est soutenu par une voûte, au frontispice de laquelle se présentent, de chaque côté, cinq colonnes, savoir : deux entièrement au dehors et en face de la halle, et trois autres en face les unes des autres, au dedans. Elles étoient toutes, dans l'origine, de l'ordre corinthien. On ne sait par quelle bizarrerie quelque ouvrier de mauvais goût, comme il s'en trouve tant, chargé de rétablir les deux du dehors, en entrant, qui apparemment avoient été renversées par le temps, y substitua monstrueusement deux autres colonnes

Ans
de J. C.

916.

______

(a) Il existoit dans l'étude de défunt M. Pierret, notaire royal à Attigny, un marché très-curieux, que j'ai vu de mes propres yeux, en date du 5 novembre 1682, en vertu duquel un maçon et un charpentier de Givry, s'engagent, moyennant la somme de onze cents livres, envers la communauté d'Attigny, à rétablir *la maison de ville d'Attigny, et de faire le dôme au-dessus, avec une fleur de lys au sommet*; et spécialement *pour la maçonnerie, de réparer, tant en dehors qu'en dedans* de la voûte, *les piedestaux, la niche et les colonnes qui sont du côté de Champaigne; de reposer en pierres de taille celles de l'autre côté, selon l'ordre corinthien, en la même forme et de la même hauteur que les précédentes, avec l'architrave, la frise et la corniche, et de mettre au milieu les armoiries du roi, qui sont présentement posées à la prison du cimetière.* Il paroît, par ce marché, que l'architecte qui fut employé, s'appelloit *Nicolas Ladouce,* et demeuroit à *Roger-Fontaine.* Il a signé le marché.

de l'ordre composite. Sous la voûte, à droite
et à gauche, se trouvent divers enfoncemens
ou niches, surmontées d'un couronnement
très-élégant, et enjolivées de fleurs et autres
ornemens du temps, qui autrefois renfer-
moient probablement différentes statues ,
depuis long-temps abattues. A son extrémité
est pratiqué, à droite en allant vers l'église ,
un escalier dérobé qui monte dans les appartemens placés au dessus, et par où peut-être
les anciens seigneurs d'Attigny descendoient
pour se rendre à l'église de Notre-Dame. Elle
ne faisoit jadis qu'un même corps avec l'habitation des rois et des empereurs , et s'y
trouvoit enclavée. L'entrée du dôme étoit
peut-être le porche d'un ancien cloître, qui,

916. comme il se voit dans la plupart des basiliques du moyen âge, se seroit prolongé jusqu'à
l'ancien portique de l'église d'Attigny lui-
même, aussi appellé *Dôme.* Ce cloître peut
avoir été depuis détruit par les guerres, ou
autrement. Dans cette supposition, les princes
et seigneurs pouvoient, de leurs appartemens, se rendre, à pied sec, à l'office divin,
sans éprouver la moindre injure du temps.

CHAPITRE XLV.

Eglise d'Attigny. La tour du clocher très-antique. Le chœur de l'église de la plus belle architecture gothique. Preuves qu'elle fut jadis l'église des rois et des empereurs. Fenêtre très-remarquable, par sa fleur de lys entre deux aigles.

ON voit, à la simple vue, que l'église d'Attigny a été rétablie à différentes reprises, et que ses diverses parties ne sont pas toutes du même siècle. La tour du clocher, dont la maçonnerie est évidemment plus antique que tout le reste de l'édifice, appartient à l'architecture usitée avant l'architecture gothique. Elle est massive et pesante. Les colonnes qui l'accompagnent au-dessous de la cloche, soit tout en bas dans l'église, soit dans l'intérieur de la tour, ont, à leurs chapiteaux, des ornemens tout-à-fait grotesques. On s'apperçoit aisément que cette tour, à chaque côté, ne fait corps avec l'église que par un rapprochement tout-à-fait nuisible à sa beauté et à l'ensemble de ses parties. On a voulu, sans doute, pour éviter la dépense, la conserver, quand on a rétabli le vaisseau. De-là vient que la nef collatérale à gauche en entrant, n'offre pas la belle perspective de la droite, et manque de régularité. Cette tour ne peut guères avoir moins de sept à huit cents ans.

916.

Presque tout le reste de l'édifice, au contraire, est d'une architecture gothique-mo-

Ans
de J. C.

derne, tout-à-fait magnifique, et par conséquent annonce le 13e. siècle, où elle fut si
en vigueur. La nef est plus récente, et n'est
pas d'un si bon goût. Cependant mille preuves
indiquent que Notre-Dame d'Attigny a toujours été considérée comme l'église des rois et
des empereurs, et que ceux qui l'ont fait
bâtir d'abord, ou rétablir en partie, quels
qu'ils puissent être, ont eu l'intention bien
prononcée de la faire regarder comme telle.

En effet, une des chapelles collatérales qui
se trouve à droite du chœur, en regardant le
sanctuaire, renfermoit, avant la révolution,
dans son enceinte, un autel dédié en l'honneur de S.-Martin (a), si respecté des anciens
rois de France, avec le titre et l'attache d'un

916.

bénéfice. Les papiers de la fabrique attestent
qu'il étoit de la fondation de l'un de ces
princes. Il est à observer qu'ils en appellent
le titulaire : *Chapelain de la chapelle du
château d'Attigny* (b) ; ce qui prouve que
dans l'origine le palais, et ensuite le château
d'Attigny, renfermoit une chapelle en l'honneur de S.-Martin, qui fut sans doute, après
sa destruction, transférée dans l'église. Les

(a) On vient de relever cet autel, dans la chapelle collatérale qui
est au midi, avec cette inscription :

D.   O.   M.

*In honor S. Martini Turon. erectum, in palat. Attiniac. baptis.
ibid. Vitikind, et Albion. Saxon. Ducibus, anno 786.*

Le tableau de cet autel représente le baptême de Vitikind et
d'Albion.

(b) Le chapelain payoit annuellement à la fabrique la somme de
trois livres, pour l'indemniser de la fourniture des ornemens
et des cierges que l'on employoit à la célébration des 12 messes
basses, qu'il étoit tenu de faire dire tous les ans dans l'église
d'Attigny.

biens fonds qui formoient son revenu, étoient situés sur le terroir de Givry, où l'église est aussi dédiée au même Saint. D'ailleurs cette chapelle collatérale, dont les voûtes surbaissées sont d'une hardiesse étonnante et d'une structure encore plus magnifique que toutes les autres, étoit autrefois décorée au dehors, vers le midi, à une hauteur très-considérable, de la statue colossale de Charlemagne. Le chapiteau très-élevé et artistement travaillé, qui la surmontoit, en forme de couronne, subsiste encore très-bien conservé. L'aigle romaine, quoique mutilée, s'apperçoit à la droite, et sans doute les armes de France étoient à la gauche.

N'oublions rien. Presque toutes les clefs des voûtes de l'église d'Attigny étoient autrefois, et sont encore, en partie, ornées de figures de rois ou d'empereurs, en relief, avec la couronne en tête. Les pierres de taille qui formoient l'enfoncement d'une ancienne piscine, refermée quelque temps après mon arrivée, dans la chapelle jadis *de Notre-Dame du Mont-Carmel*, et maintenant *de S.-Chrodegand*, étoient toutes parsemées de fleurs de lys en bosse.

Enfin il existe, dans le sanctuaire, un monument bien remarquable : c'est une fenêtre de très-bon goût, et très-délicatement construite en pierres, qui, de toute son étendue, représente, au dessus de la porte de la sacristie, une fleur de lys parfaitement imitée, dont les côtés, à droite et à gauche, sont, en forme d'accompagnement, remplis par deux aigles incrustées dans le verre, et très-heureusement conservées, dont les ailes sont en-

Ans
de J. C tièrement déployées. Que pouvoit signifier
cette union de deux aigles avec la fleur de
lys au milieu ? La fleur de lys étoit, dès la
seconde race, un attribut des rois de France,
et comme le symbole de leur royauté. Le
célèbre et magnifique livre de prières, dont
Charles le Chauve fit présent à l'église de S.-
Etienne de Metz, ce semble après la mort de
son épouse Hirmintrude, et qui depuis a
passé dans la bibliothèque de Colbert,
présente, à son frontispice, l'image de ce
prince (a), le sceptre à la main, avec une
fleur de lys au bout, la couronne en tête,
ornée de *trois autres,* enfin assis sur un
trône, des deux coins supérieurs duquel en
sortent encore *deux autres.* On en voit aussi
une dans Mabillon (b), au bout du sceptre
du roi Lothaire, l'an 972. Elles font constam-
916. ment l'ornement de la couronne et du sceptre
de Hugues Capet, de Robert son fils, de
Henri, et de Philippe I, de Louis VI, de
Louis VII, de Philippe Auguste, et de tous les
autres rois de la troisième race (c). Quant
aux deux aigles, tout le monde sait qu'elles
sont le symbole de l'empire Romain. L'union
de la fleur de lys, avec deux aigles, dans la
fenêtre dont nous avons parlé, signifie donc
évidemment que l'église d'Attigny, dont elle
faisoit partie, étoit effectivement, à l'époque
de sa construction, ou du moins étoit regardée, quand elle fut depuis reconstruite,

---

(a) Vide novam collect. Capitular. *de Chiniac ,* tom. 2,
pag. 1277, ubi hæc imago depicta est.
(b) De re diplom. lib. 5. pag. 419.
(c) Vide ibid. pag. 421, 425, 427, 429, 431 et seqq.

comme ayant été jadis l'église des rois et des
empereurs, dans la personne desquels avoit
existé le mariage auguste de la France, avec
l'empire Romain, c'est-à-dire des Charlemagne, des Louis le Débonnaire, des Lothaire, des Louis II, des Charles le Chauve,
et enfin des Charles le Gros, dernier empereur et roi de France, mort l'an 887. Voilà
donc des notions certaines, et sur les deux
églises de Ste.-Walburge et de Notre-Dame
d'Attigny, et sur la position du palais où elles
étoient toutes deux renfermées, soit à la ville,
soit à la campagne.

Ans
de J. C.

916.

CHAPITRE XLVI.

*Description d'un ancien palais des empereurs.
Combien celui d'Attigny devoit nécessairement renfermer d'appartemens. Lieu dit le
Jardin de Rheims, jadis jardin des archevêques de Rheims à Attigny.*

IL n'est pas hors de propos de donner ici la
description d'un ancien palais des empereurs, telle qu'elle est rapportée par le savant
Mabillon (a), d'après une vieille chartre du
monastère d'Acuce, dans le duché de Spo-
lette, afin de donner une idée des édifices
qui devoient composer le palais d'Attigny :
d'abord, *l'avant-cour,* ou *pro aulium,* c'est-

(a) Librorum de re diplomatica supplement., pag. 50 ex
Chartario Farfensi.

Ans
de J. C.

à-dire le lieu qui est devant la cour. Secondement , le *salutatorium*, c'est-à-dire le lieu destiné à recevoir les salutations ; il étoit placé auprès de l'habitation principale. Troisièmement, le *consistoire*, c'est-à-dire de grands et vastes appartemens dans le palais, où l'on entendoit les causes et où l'on discutoit les procès. *Consistoire* est tiré du mot latin *consistere*, parce que les juges, ou officiaux, devoient siéger dans ces salles, pour entendre et terminer toutes les affaires. Quatrièmement, le *trichorum*, c'est-à-dire les appartemens destinés aux festins, où se trouvoient trois rangs de tables. Il étoit ainsi appellé des trois chœurs, c'est-à-dire des trois ordres de convives. Cinquièmement,

916.

les *zetæ* d'hiver, c'est-à-dire les chambres disposées pour cette saison. Sixièmement, les *zetæ* d'été, c'est-à-dire les chambres disposées pour le temps des chaleurs. Septièmement, l'*epicaustorium*, c'est-à-dire les appartemens où l'on mettoit sur le feu de l'encens et des aromates, pour récréer, par diverses odeurs, l'odorat des grands seigneurs qui y étoient assis en trois rangs différens. Huitièmement, les *thermes*, c'est-à-dire le lieu où étoient les bains chauds. Neuvièmement, le *gymnase*, c'est-à-dire l'endroit destiné aux disputes et aux différentes sortes d'exercices. Dixièmement, la *cuisine*, c'està-dire le lieu où l'on faisoit cuire les diverses nourritures. Onzièmement, le *columbus*, c'est-à-dire le lieu où découlent les eaux. Douzièmement, l'*hippodrome*, c'est-à-dire le lieu destiné, dans le palais, à la course des chevaux. (41).

Or , si les édifices du palais des rois, dans Attigny, n'avoient consisté qu'en cette façade de bâtimens, au milieu desquels se trouvoit le dôme, comment et où auroit-on pu y trouver tous les appartemens qui viennent d'être décrits ? Comment d'ailleurs auroient-ils pu contenir cette prodigieuse multitude de personnes illustres, qui durent y être rassemblées, toutes les fois que les rois et les empereurs y convoquèrent tant d'évêques et autres grands seigneurs du royaume, soit pour la tenue des conciles, par fois généraux de toute la France, où se trouvoient même les légats du S. Siège , comme il arriva sous Louis le Débonnaire , soit pour celle des cours plénières ? On peut juger de l'énorme quantité de vassaux et de serviteurs qu'amenoient avec eux tant de grands seigneurs, soit ecclésiastiques, soit laïques, par la plainte que faisoit Hincmar, évêque de Laon , d'avoir été restreint à douze hommes, pour sa suite, au concile de *Douzy* , près *Mouzon*.

Il est vrai que la forteresse devoit elle-même renfermer de très-vastes appartemens. La ferme royale de *Dionne* pouvoit aussi offrir de grandes ressources pour les hôtes. Hincmar, archevêque de Rheims, semble en effet indiquer qu'à la suite d'une séance au concile d'Attigny, en 870, il fit quelque chemin pour s'en retourner à son logis, lorsqu'il dit, en parlant du billet que son neveu lui fit présenter à signer : Je le reçus et le mis dans » mon sein ; mais je n'en fis lecture qu'après » m'être mis en chemin pour m'en retourner » à ma demeure ». Il est bien possible d'ailleurs que les édifices attenant au dôme n'aient

Ans de J. C.

été qu'un pied à terre à portée de l'église, d'où les princes et les autres seigneurs d'Attigny pouvoient facilement et commodément assister à l'office divin, pour satisfaire leur piété bien connue.

Mais il est encore un dernier renseignement qui a rapport au palais d'Attigny. Nous nous garderons bien de l'omettre : une grande partie des terres exhaussées, qui sont à gauche *de S. Basle* (a), sont encore nommées aujourd'hui : *Le Jardin de Rheims*, ou *de Monsieur de Rheims*; preuve que cet emplacement où la vue est si belle, étoit jadis le jardin des archevêques de Rheims, successeurs partiels des rois de France, dans la Terre d'Attigny. Il est à croire qu'il tenoit à la forteresse, par la porte de Rheims, ou quelque autre voûte surbaissée, pour pouvoir s'y rendre à leur gré, sans avoir besoin de sortir de chez eux. Le moulin à vent qui étoit attenant, leur appartenoit encore en effet, presque jusques au moment de la révolution. Voilà tout ce que nous avons pu découvrir de notions relatives à l'ancien palais d'Attigny.

916.

(a) Lieu connu à Attigny, dont nous parlerons plus tard.

CHAPITRE XLVII.

Charles le Simple encore à Attigny dans la belle saison de l'an 917. Chanoines de Ste.-Vaubourg. Leur nombre, soumis à la communauté de Compiègne. Le prévôt et le trésorier établis par le prévôt et le doyen de Compiègne.

LE roi Charles le Simple étoit encore à Attigny pendant la belle saison de l'année 917. On en trouve une preuve dans l'original d'une chartre dont Mabillon donne quelques lignes (a), pour faire connoître l'écriture de ce temps-là ; elle commence ainsi : « Au nom » de la Sainte et indivisible Trinité : Charles, » par la clémence et la miséricorde divine, 917. » roi des François. Nous ne doutons aucu- » nement qu'en déployant notre protection » pour exiger, en faveur de ceux qui recou- » rent à notre grandeur, la juste restitution » de tout ce qui leur a été enlevé injuste- » ment, nous n'attirions de plus en plus sur » nous les effets de la miséricorde et de la » clémence divine...................... » Puis elle finit en ces termes :

» Signature K $\overset{\text{R}}{\underset{\text{L}}{*}}$ S du très-glorieux roi Charles.

  » Gozlin, notaire, a reconnu ceci, en

(a) De re diplomat. lib. 5, in tabell. 33, pag. 410, 411.

» place d'Hérivéc, archevêque de Rheims,
» et archichancelier.

» Donné le 5 des ides de juin, indiction
» V, la 25ᵉ. année du règne du très-glorieux
» roi Charles, la 20ᵉ. depuis qu'il a recouvré
» la totalité de ses états, et la 6ᵉ. depuis qu'il
» a acquis un plus ample héritage, c'est-à-
» dire le 7 juin 917. Fait, avec prospérité, au
» nom de Dieu, dans le palais d'Attigny.
» Amen ».

Mabillon rapporte encore l'original d'une
chartre sans date, qu'il attribue néanmoins à
la même année 917, sans en dire le motif,
par laquelle Charles le Simple renouvelle les
anciennes ordonnances, en faveur de l'église
de Compiègne, et les donations qu'elles ren-
fermoient, parce qu'elles avoient péri, en
partie, dans le double incendie qui avoit consumé cette abbaye. Elle n'est pas entièrement
étrangère à notre sujet (a). Nous y voyons
que les clercs de cette église, qui, tout chanoines qu'ils étoient, comme on le verra ci-
après, y sont pourtant nommés *Cénobites* (b),
à raison de la vie commune qu'ils observoient,
possédoient déjà de longue main, à Attigny,
la moitié d'une métairie, et un homme (un
serf).

Une autre pièce plus importante qui, sans
doute, se sera conservée manuscrite dans le
chartrier de Compiègne, jusqu'à la révolu-

(a) Vide Mabillon, lib. 6, in diplomate sub nº. 126, pag. 561,
in prima linea.

(b) *Cænobitæ Compendienses* nostram adierunt celsitudinem
deprecantes, ut quarumdam villarum ac prædiorum, quæ igne
perierant, præcepta restauraremus. (Vide etiam monumenta,
ad calcem hujus operis, sub nº. 42.)

tion,

tion, est une nouvelle chartre au sujet de Ans
de J. C.
l'église de Ste.-Walburge, dans la ferme
royale de *Dionne*, que Mabillon rapporte à
la 26e. année du règne de Charles le Simple,
et par conséquent à l'an 918, mais dont il ne
donne que la substance, par laquelle, dit-il,
ce prince ordonne que la même *chapelle*,
*dans laquelle il établit quatorze hommes de
l'ordre monastique, soit soumise à la Communauté (cœnobio) de Compiègne, ensorte
que le prévôt et le doyen de Compiègne éta-
blissent dans le lieu de la sus-dite chapelle,
un prévôt, et un trésorier d'entre les leurs*, etc.
D'après ces paroles, on pourroit croire, au
premier abord, que Charles le Simple avoit
établi de purs moines, pour desservir l'église
de Ste.-Walburge. Mais ce prince, dans une 917.
autre chartre de l'année 917, également rapportée par Mabillon, parlant des *cénobites*
de Compiègne, du nombre desquels devoient
être tirés le prévôt et le trésorier de l'église de
Ste.-Walburge, les appelle expressément :
*Nos chanoines du monastère de Compiè-
gne* (a). Il faut donc conclure que la collégiale de *Dionne* étoit desservie également par
des chanoines appelés *hommes de l'ordre monastique*, parce qu'ils devoient suivre la règle
canonique, encore en vigueur dans ce temps-
là, et vivre en commun, dans un même
cloître, comme les moines. Nous en verrons
encore plus tard des preuves incontesta-
bles. (42).

(a) Canonicis nostris. . . . . . . Compendiensis monasterii
(Caroli Simpl. Diploma, pro instauratione abbatiæ Compendiensis, apud Mabillon. De re diplom. lib. 6, pag. 561, linea
4, ad ann. dictum.)

CHAPITRE XLVIII.

*Fille visionnaire de Voncq, nommée Ozanne.
Notions intéressantes au sujet de Voncq et
de Rilly. Miracle opéré par S. Vaast, en
présence de Clovis, à l'endroit près Rilly,
nommé le grand, ou le vieux Pont.*

CE fut environ deux ans après, l'an 920, que
l'on vit passer dans la Terre d'Attigny, pour
se rendre à Rheims, une certaine fille nommée *Ozanne*, qui fit alors beaucoup de bruit.
Elle étoit du pays de Voncq (a), qui com-
920. prenoit, dans ce temps-là, une étendue assez
considérable. Il existe encore à Rilly (b) et à

(a) Le pays de Voncq est très-connu dans le moyen âge.
Il en est fait mention dans la vieille vie M. S. de S. Vaast,
évêque d'Arras, qui a été depuis retouchée par Alcuin, précepteur de Charlemagne. Nous rapporterons plus bas le texte
de ces deux vies, relativement à Voncq, quand nous parlerons
de Rilly. Un ancien itinéraire décrivant le chemin de Rheims à
Trèves, place Voncq à la XXII⁰. pierre de *Durocortorum*
(Rheims), c'est-à-dire à onze lieues. Il est appellé *Château de
Voncq*, *Castrum Vonzense*, dans l'ordonnance de Louis le
Débonnaire, en faveur de l'église de Rheims. Dans un capitulaire de Charles le Chauve, donné à Servais en 853, Hincmar,
évêque de Rheims, fut établi l'un des trois envoyés de ce prince,
dans *le pays de Voncq, in Vonziso*. Flodoard, qui fait mention
ici du même pays dans sa Chronique, au sujet de cette fille, nommée
Ozanne, en parle encore ailleurs au chap. 18 du 2ᵉ. livre de son
histoire, et appelle *Voncq, Vungum Municipium*. (Capitul.
tom. 2, Chiniac, pag. 68, 77.).
(b) Rilly existoit déjà dès l'an 399, au moment de la conversion de Clovis : « Ce prince », dit l'auteur de l'ancienne vie de
S. Vaast, évêque d'Arras (Duchesne, tom. 1, pag. 523),
» vainqueur (des Allemands), vint à Toul, ... et y prit
» le bienheureux Vaast, pour l'accompagner dans le voyage
» (de Rheims). Comme ils étoient en chemin, ils arrivèrent
» dans le pays de Voncq, en un endroit qu'on appelle *le grand*

Attigny des familles très-connues, qui portent Ans de J. C.
absolument le même nom. Quand elle arriva
à l'ancien monastère de S. Pierre *à Porte-
Basée*, ou Basilicaire, déjà depuis très-long-
temps détruit, et sur les ruines duquel a été
bâtie la chapelle de S. Patrice, il y avoit
déjà deux ans qu'elle ne pouvoit manger ni
viande ni pain. Cette fille qui, au rapport de
Flodoard, avoit beaucoup de visions, resta
une semaine entière couchée à terre, sans
aucun mouvement, après son arrivée à 920.
Rheims. On fut tout stupéfait de lui voir suer
du sang, au point que son front et sa figure
en étoient tout couverts, jusqu'au col. Dans
cet état, elle n'avoit qu'un reste de vie et de
chaleur; et à peine pouvoit-on s'appercevoir
encore chez elle d'un très-léger souffle. Elle
déclara depuis, qu'elle avoit eu alors une

» *Pont* (aujourd'hui *le vieux Pont*), auprès du village de
» Rilly, sur la rivière d'Aisne ». Alcuin, précepteur de Charlemagne, confirme cette narration en ces termes : « Comme ils
» étoient en chemin, ils arrivèrent dans un pays appellé com-
» munément, par les habitans, *le pays de Voncq*, près du
» village de Rilly, situé sur les bords fleuris de la rivière
» d'Aisne. Le roi, suivi d'une grande multitude de peuple,
» passoit sur le pont de cette rivière, lorsqu'il se présenta à
» lui un aveugle. . . . . . qui s'écria : S. Vaast, ayez pitié
» de moi. . . . . . . je ne demande ni or ni argent, mais que
» vous me rendiez l'usage de la vue par vos prières. . . . . .
» S. Vaast mettant la main droite sur les yeux de l'aveugle,
» fit sur eux le signe de la croix, en disant : Seigneur Jésus,
» qui êtes la vraie lumière, et qui avez ouvert les yeux de
» l'aveugle, qui crioit vers vous, ouvrez aussi les yeux de celui-ci,
» afin que le peuple ici présent comprenne que vous êtes le seul
» Dieu. A l'instant l'aveugle ayant recouvré la vue, continua
» de marcher plein de joie. On bâtit par la suite, en ce lieu, une
» église, pour attester ce prodige ». (Telle est l'origine de l'église
de Rilly, dédiée sous l'invocation de S. Vaast.). Apud Surium
die 3 januarii.

grande quantité de visions. Elle en raconta quelques-unes ; mais elle fit profession de n'oser en mettre au jour la plus grande partie (a). (43).

~~~~~~~~~~~~~~~~~~~~~~~~~~~~~~~

CHAPITRE XLIX.

Charles le Simple à Attigny en 921 et 923. Raoul y vient en 924, après avoir été sacré à Soissons. Pays de Voncq dévasté par les nouveaux Huns. Reliques de Ste.-Walburge transportées alors à Rheims, dans l'intérieur de la cité, reportées depuis à l'abbaye de S.-Remi. La Terre d'Attigny rendue par Arnould à Charles le Simple, en 928. Raoul à Attigny une seconde fois l'an 931. Othon, roi de Germanie, y vient aussi en 940. Méprise de Dom le Long, au sujet d'Attigny. Profond silence des historiens sur cette Terre, pendant 112 ans.

Charles le Simple, toujours charmé du séjour d'Attigny, y avoit, en 921, signé une ordonnance, par laquelle il avoit accordé au monastère d'Elnone la ferme de *Scalpons*, pour subvenir aux besoins des frères (b). Il fut obligé d'y revenir en 923, pour une affaire plus importante. Ce prince avoit choisi, pour son premier ministre, un homme d'une famille médiocre, nommé *Haganon*, qui avoit su gagner sa confiance, et jouissoit de la

<div style="margin-left:2em">921.</div>

<div style="margin-left:2em">923.</div>

(a) Flodoard. Chron. ad ann. 920.
(b) Apud Martenne, ad ann. 921.
~~~~~~~~~~~~~~~~~~~~~~~~~~~~~~~

plus grande autorité. Les grands du royaume Ans de J. C.
en furent jaloux, et finirent par lui tourner
le dos, en reconnoissant pour roi, et en faisant
sacrer, à Rheims, Robert, frère du roi Eudes.
Il rassembla donc une armée en Lorraine,
au-delà de la Meuse, et passa par Attigny,
avec ses troupes, pour venir attaquer Robert,
sous les murs de Soissons. Le choc fut terrible. Le nouveau roi (a) tomba mort, percé
de lances. Cependant les partisans de ce
prince demeurèrent en possession de la vic-
toire, et forcèrent Charles de prendre la
fuite.

Raoul, duc de Bourgogne, proclamé roi,
et sacré à Soissons, après sa retraite, vint à
Attigny l'année suivante 924, et y tint une **924.**
diète, ou cour plénière, dont on ignore le
résultat.

Deux ans après, les Hongrois, ou les nouveaux Huns, ayant passé le Rhin en 926, **926.**
s'avancèrent jusques dans le pays de Voncq,
portant par-tout avec eux la dévastation et
l'incendie. Au milieu de la terreur qu'inspi-
roient ces barbares, on avoit transféré le corps
de S. Remi de l'abbaye, où il reposoit alors,
hors des murs de Rheims, dans l'intérieur
de la cité. On y transporta aussi les reliques
de Ste.-Walburge, que Charles le Simple
avoit déposées, dix ans auparavant, dans
son palais d'Attigny, *et en l'honneur desquelles il s'opéroit souvent des guérisons mi-*

(a) Chron. Flodoard, ad ann. 923, et Fragm. hist. Franc. à
Ludov. pio ad Robert. reg. Duch., tom. 3, pag. 339.

Ans de J. C.

raculeuses (a). Jean Lespagnol, grand-prieur de S.-Remi de Rheims, qui a écrit en françois la vie et les miracles de Ste.-Walburge (b), vers l'an 1609 ou 1611, atteste que ces reliques étoient, de son temps, en partie à l'abbaye de S.-Remi, dans la châsse de Ste.-Cilinie, au dessus du grand autel. Sans doute elles auront péri, comme tant d'autres, pendant les horreurs de la révolution.

Au milieu de cette inondation de nouveaux barbares, le malheureux Charles le Simple, déjà détrôné, avoit été, par surcroit, jetté par Herbert, comte de Vermandois, dans une prison, où il gémissoit depuis près de cinq ans (c). Le pape Jean X avoit menacé celui-ci d'excommunication, s'il ne rendoit la liberté à ce prince, et ne travailloit à le rétablir sur le trône. Ce scélérat feignit en effet d'obéir, pour un instant, et

928. faisant sortir Charles de prison, écrivit au Souverain Pontife une lettre fort soumise ; mais son but secret étoit d'intimider, par cette conduite, le roi Raoul, dont il étoit alors mécontent. Aussi s'étant bientôt après réconcilié avec ce prince, il remit en prison l'infortuné monarque. Il paroît néanmoins que Raoul se laissa toucher enfin, en faveur du rejetton de Charlemagne, dont il occupoit le trône. Car, d'après le témoignage de Flodoard, étant venu à Rheims en 928, il lui rendit *la*

(a) Chron. Flodoard, ad ann. 924, 926, et Frag. cit. hist. Franc.

(b) Vide pag. 58, 59, 361.

(c) Vide chron. Flodoard, ab anno 923 ad ann. 931, et alios scriptores.

Terre d'Attigny, qui avoit toujours fait ses Ans
délices, et y ajouta des présens dignes d'un de J. C.
roi. Mais il est fort incertain s'il put venir
dans cette Terre chérie. Il mourut en effet
de chagrin très-peu de temps après, le 7
octobre 929, dans sa prison de Péronne.

Cependant Herbert se brouilla de nouveau
avec Raoul. Ce prince, pour le punir de ses
infidélités, voulut faire élire un archévêque
de Rheims, à la place de Hugues, fils de ce
comte, encore enfant, à qui le clergé de
Rheims avoit été contraint, quelques années
auparavant, de donner son suffrage, pour
éviter de plus grands maux. Mais Herbert se
rendit auprès de Henri, roi de Germanie,
pour implorer son secours. Ce fut alors que 931.
le roi *Raoul* étant venu, pour la seconde
fois, à Attigny, l'an 931, envoya lui-même
à Henri un député, qui lui donna toute
satisfaction, et l'engagea à s'en retourner au-
delà du Rhin.

Mais l'an 940 (a), Hugues, fils du roi
Robert, et Herbert, comte de Vermandois,
ennemis du roi Louis d'Outremer, ayant
appris que ce prince avoit passé l'Aisne, pour
venir au secours de Laon, dont ils faisoient
le siège, se hâtèrent de le quitter, pour aller 940.
à la rencontre d'Othon, roi de Germanie,
fils du même Henry, dont ils attendoient un
puissant renfort. Ils se réunirent en effet à
lui, et l'amenèrent à Attigny. C'est là que,
de concert avec le comte Rotgaire, ils lui firent
hommage, comme à leur souverain. (44).

(a) Vide Flodoardi chron. ad ann. 940.

Ans
de J. C.

Nous voici enfin arrivés au moment où Attigny va commencer à perdre de son ancien éclat. Les derniers rois de la race Carlovingienne, continuellement aux prises avec les grands seigneurs de leur royaume, au point de ne posséder presque plus que Laon et quelques maisons royales en toute souveraineté, ne pensèrent guères à s'y rendre. Dans le courant d'un siècle et plus, depuis cette dernière époque de 940, nous n'en trouvons plus aucune mention, à moins de prendre pour Attigny, comme l'a fait Dom le Long (a), la Terre appellée *Fiscum Atoniacam*, que Louis d'Outremer, au rapport de Flodoard, dans sa chronique (b), soumit à son domaine l'an 951. Mais d'abord le texte ne porte pas *Altiniacum*, ou *Atiniacum*, comme l'écrit constamment cet auteur, toutes les fois qu'il parle ailleurs d'Attigny, mais *Fiscum Atoniacam*. Ensuite nous ne voyons nulle part que la Terre d'Attigny,

1059. depuis l'échange de Clovis II , avec l'abbé Léodebod, ait jamais été distraite du domaine de nos rois. Il n'est donc pas probable que ce soit elle qui y fut alors *soumise*, selon l'expression de Flodoard. Ce n'est qu'en 1059, qu'il en est de nouveau question, mais de loin, et d'une manière indirecte, à la fin d'un vieux manuscrit de l'abbaye de S.-Thierry, près de Rheims (c), et voici à quelle occasion : Le roi Henri, le 23 mai de

------

(a) Histoire ecclés. et civile du diocèse de Laon, etc., pag. 160.
(b) Rex Ludovicus...... Fiscum Atoniacam suo dominio subdidit (ad ann. 951.).
(c) Il est intitulé : *de Ratione Temporum.*

cette année, ayant fait sacrer, de son vivant, son fils Philippe I, dans l'église métropolitaine de Rheims, l'archevêque *Gervais*, dans cette circonstance, lui adressa un discours, pour prouver qu'il devoit être archichancelier du royaume, comme ses prédécesseurs l'avoient été ; ce qu'il obtint en effet de ce prince, pour lui-même et pour son église. Or, y est-il dit : *Une preuve qu'il en fut ainsi, d'ancienne date, c'est l'ordonnance du roi Charles* (le Simple), *au sujet des donations faites à Ste.-Walburge, où on lit : Goslin, chancelier, a écrit et souscrit ceci, à la place d'Hérivée, archevêque et archichancelier.* C'est en effet aussi ce qui se trouve, sinon mot à mot, du moins équivalemment, dans l'original rapporté par Mabillon, en ces termes : *Goslin, notaire de la dignité royale, a revu ceci à la place d'Hérivée, archevêque et archichancelier.* (45). Voilà le seul souvenir, avec quelque trait au palais d'Attigny, qu'a manifesté, et comme laissé échapper le long espace de cent dix-neuf ans.

SECONDE PARTIE.

Terre d'Attigny sous Hugues, comte de Champagne, et les archevéques de Rheims.

CHAPITRE I.

Chartre de Hugues, comte de Champagne, en faveur des moines de Molesme, diocèse de Langres. Investi de la Terre d'Attigny, par son mariage avec Constance, fille de Philippe I, roi de France, il leur donne, de son consentement, la chapelle de Ste.-Walburge, avec ses dépendances, l'an 1102. Chanoines de Ste. - Walburge se démettent de leurs canonicats, entre les mains de Manassès, archevéque de Rheims. Le Casuet, bois célèbre, près du manoir seigneurial à Ste.-Vaubourg. Donation aux moines de Molesme de toute la rivière d'Aisne, avec la pêche, depuis le pont d'Attigny, jusqu'à Rilly. Ratification de la même donation, par Louis, fils de Philippe I.

1102. **M**ais le commencement du douzième siècle nous fournit, en récompense, à son sujet, des notions très-intéressantes, comme on peut le voir par les chartres suivantes (46) :

« La manière d'agir des anciens, et la

» règle même de la raison nous indique, Ans de J. C.
» que si nous voulons, nous autres hommes,
» donner à quelque établissement de la sta-
» bilité et de la consistance, pour l'avenir, il
» le faut transmettre à la postérité, par le
» moyen des écritures. Notre dessein, par
» ces présentes, est donc de faire savoir à
» ceux qui viendront après nous, que Moi
» Hugues , comte de Champagne, désirant
» pourvoir au salut de mon ame, je cède,
» par forme de testament, et j'abandonne à
» perpétuité à Ste.-Marie de Molesme (*), et
» aux frères (**) qui servent Dieu dans le
» même endroit, la chapelle de Ste.-Wal-
» burge , avec toutes ses dépendances , de
» l'aveu et du consentement de ma vénérable
» épouse, Constance, fille de Philippe, roi de 1102.
» France, par le moyen de laquelle, comme
» de ses propres, je suis investi de la Terre
» d'Attigny. Je veux en outre faire savoir, que
» les chanoines qui desservoient ladite cha-
» pelle, se sont démis de leurs canonicats,
» entre les mains du seigneur Manassès,
» archevêque de Rheims, et que les sus-dits
» moines, craignant de s'approprier le droit
» d'autrui, en ont été investis, en ma pré-
» sence, par le même archevêque. Je donne
» aussi aux moines déjà nommés, tout ce
» que je possède dans le village qui s'appelle
» *Dionne*, savoir : le manoir seigneurial et
» toute la justice qui en dépend, sans que
» moi, ni tout autre, puisse s'en rien appro-

(*) Diocèse de Langres.
(**) Autre leçon : *aux moines.*

Ans
de J.C.

» prier à l'avenir, soit à l'égard des serviteurs
» et servantes, des terres cultivées, ou en
» friche, des terrages et droits de cham-
» part, des prés et pâturages en commun;
» et, pour faire court, je leur abandonne
» généralement tout ce qui dépend dudit
» manoir, sans exception, ni rétractation
» quelconque. Je donne pareillement aux
» moines que j'ai déjà souvent nommés, le
» bois appellé *Casuet*, qui est tout près dudit
» manoir, et la dîme de S.-Martin, avec une
» autre de Chufilly. Je leur accorde en outre
» toute la rivière d'Aisne, pour y construire
» des moulins, avec tous les rivages, terres
» et isles qui y sont, et tout ce qui sera né-
» cessaire pour la construction et réparation
» desdits moulins, et pour faire faire, ou ré-
» parer les écluses, toutes les fois qu'il en

1102.

» sera besoin, et toute la pêche de ladite ri-
» vière, depuis le pont d'Attigny, jusqu'à la
» pêcherie de Rilly ; le pêcheur d'Attigny
» demeurant exempt de toute redevance. Et
» de peur qu'il n'arrive en conséquence quel-
» que débat par la suite, entre les moines et
» les ministres (*) d'Attigny, d'après le sage
» avis des plus hauts et grands de ma maison,
» et me rendant à leur conseil, je déclare,
» en toute justice, que la Terre doit être di-
» visée, de manière que les dépendances de
» Ste.-Vaubourg n'aient point d'autres bornes
» que les bornes de la paroisse de Ste.-Marie
» (d'Attigny). Or, il est constant que cette

(*). Les administrateurs, procureurs, custodes, ou fabriciens
de l'église d'Attigny, sont encore appellés *Ministres*, dans des
papiers de la Cure, postérieurs à l'an 1560.

» présente donation, de ma part, faite de
» l'aveu de ma femme Constance, et du con-
» sentement dudit archevêque, a été confir-
» mée et sanctionnée par la faveur du sus-dit
» roi, et de Louis, son fils, pour valoir à
» perpétuité. Mais dans la crainte que quel-
» ques malveillans ne s'avisent d'élever la voix
» contre cette donation légitime, nous la
» confirmons par l'apposition de notre seing
» et de celui de personnes de probité, pour
» lui servir de témoignage.

   » Seing de l'archevêque MANASSÈS.
   » Seing de GERVAIS, archidiacre.
   » Seing de MANASSÈS, archidiacre.
   » Seing de RAOUL, prévôt.
   » Seing de GEOFFROI, doyen.
   » Seing de RICHER, chantre.
   » Seings d'ELBERT, d'ODALRIC et de LAM-
» BERT, prêtres.
   » Seings de FOULQUES, RAYNALD, et de
» GIRARD, diacres.
   » Seings d'ISAMBERT, BARTHELEMY, et de
» MILON, sous-diacres.
   » Seings de LOUIS, fils du roi;
   » De HUGUES, comte;
   » De CONSTANCE, son épouse;
   » De HUGUES, maître d'hôtel du comte;
» de BEAUFROY, fils d'Atrannus; et d'Aymon,
» châtelain.

   » Fait à Rheims, l'an de l'incarnation du
» Verbe, 1102, indiction X, la 44e. année
» du règne de Philippe, roi de France, la
» 7e. de l'épiscopat du seigneur Manassès,
» archevêque. Ecrit et souscrit par moi,
» FOULQUES, chancelier. » (46).

Indépendamment de la signature apposée par Louis le Gros, fils de Philippe, roi de France, à la donation du village de Ste.-Vaubourg, aux moines de Molesme, avec celle de tant d'autres témoins, comme on l'a vu ci-dessus, on trouve encore, de sa part, une autre confirmation particulière donnée à cet acte ; la voici :

« Moi Louis, fils de Philippe, roi de
» France, et, par la grace de Dieu, dé-
» signé pour être roi, Je veux qu'il soit
» notoire à tous présens et à venir, que je
» ratifie et confirme, par l'apposition de
» mon sceau, la donation que ma sœur
» Constance a faite à l'église de Ste.-Marie
» de Molesme, c'est-à-dire de l'église de
» Ste. — Walburge, près *d'Attigny*, et de
» tout ce qu'elle y a ajouté depuis. De cette

» confirmation sont témoins Simon de
» Milfto, Paguin de Gisors, Flogerin de
» Châlons, Etienne de Galanne, Herluin,
» précepteur du prince Louis, et Simon,
» son chapelain ». (47).

CHAPITRE II.

*Mention de la même chartre, dans le con-
cile de Troyes, l'an 1104. Confirmation
de la même donation par Raoul, archevêque de Rheims, en 1114. Chanoines de
Ste.-Vaubourg, depuis 916 jusqu'en 1102.
Leur démission donne lieu à l'établissement du prieuré. Eglise d'Attigny, dès
1102, sous l'invocation de la Ste. Vierge.
Raoul, archevêque de Rheims, premier
seigneur d'Attigny.*

IL est encore fait mention de cette donation
dans le privilège de l'abbaye de Molesme,
approuvé dans le concile de Troyes, l'an
1104. Voici ce qu'on y lit :

« Moi Hugues, comte de Champagne, 1104.
» fils du comte Thibault, veux faire savoir
» à tous les fidèles de la sainte église, que
» d'après les plus excellens conseils, j'ai ré-
» solu de doter plus amplement, et d'hono-
» rer, de mes propres dépendances, l'église
» de Molesme, fondée en l'honneur de la
» bienheureuse Marie, toujours Vierge, sa-
» chant et tenant pour très-certain, que ma
» part dans le ciel sera d'autant meilleure,
» que j'aurai eu plus de soin de recourir, par
« mes dons, à la prééminente intercession de
» la même bienheureuse Marie.
» Je donne donc........................
» ....
» à la même église de Molesme sus-dite,

Ans de J. C.

» pour en jouir à perpétuité, la Terre de
» Ste. - Vaubourg , autrement nommée
» *Dionne* , dans le territoire de Rheims ,
» et la justice de ce lieu , avec ses dépen-
» dances, comme il est écrit dans d'autres
» chartres , et ce également de l'aveu de ma
» femme Constance , du côté de laquelle
» cette Terre m'est échue en propriété, et
» avec l'approbation de son frère Louis ,
» qui a confirmé cette donation , en y ap-
» posant son sceau. Monseigneur Manassès ,
» archevêque de Rheims , se rendant à mes
» supplications, a aussi donné son consen-
» tement à cette concession de ma part, avec
» son clergé , en ce qui le concernoit.

» Fait à Troyes, le 5e. jour avant les nones
» d'avril, l'an de l'incarnation du Seigneur

1104.

» 1104, indiction XII, épacte XXII, con-
» curremment avec la 5e. année du ponti-
» ficat du pape Paschal II, Richard, évêque
» d'Albano, légat du S. Siège, traitant les
» matières ecclésiastiques, dans le concile
» de Troyes, Philippe étant assis sur le siège
» de la même église, sous le règne de Philippe
» et de Louis son fils, le comte Hugues,
» fils de Thibault, occupant en paix, par la
» grace de Dieu, le comté de Champagne,
» la donation des choses sus-dites, effet de
» ses largesses, et confirmée de son autorité,
» a été, d'après la demande qui en a été
» faite dans l'église de Troyes, en présence
» de tout le concile, approuvée par le sus-dit
» cardinal Richard, louée de concert par
» tous les archevêques, évêques et abbés,
» en séance ; en outre ratifiée par le juge-
» ment général, tant du clergé que des
laïques.

» laïques. Nous avons jugé devoir en nommer
» et inscrire ici quelques-uns, pour donner
» force à cette chartre.

» DAIMBERT, archevêque de Sens ; RAOUL,
» de Tours ; IVES, évêque de Chartres ;
» HOMBAUD, d'Auxerre ; HERVÉ, de Nevers ;
» MARBODE, de Rennes ; ROBERT, de Lan-
» gres ; NORGAND, d'Autun ; HUGUES, de
» Châlons ; PHILIPPE, de Troyes ; RENAUD,
» prévôt ; GIRARD, GOSCELIN, et DROGON,
» archidiacres, et tous les autres chanoines
» de la même église.

Noms des abbés intervenans :

» ILGONDE, abbé du grand monastère ;
» LAMBERT, de Poultière ; RAOUL, de S.-
» Pierre de l'isle Germanique ; OTTON,
» d'Arrémar ».

Enfin Raoul, archevêque de Rheims, con-
firma de nouveau cette donation, comme
on peut le voir par la chartre suivante :

» Moi Raoul (*), par la grace de Dieu,
» pasteur, quoiqu'indigne, de l'église de
» Rheims, à tous ceux qui, après nous,
» viendront aspirer et tendre heureusement
» à l'éternelle patrie : Nous avons voulu
» faire savoir que la divine bonté ayant ins-
» piré au vénérable comte de Champagne,
» Hugues, de donner à l'église de Rheims et
» à Nous, la terre d'Attigny, le jour même
» qui suivit la donation, dont le sus-dit

____

(*) Raoul a donné à l'église de S.-Denis de Rheims, partie
des dîmes et quelques droits à Attigny, pour son anniversaire.
(Voyez les papiers de la Cure.)

Ans
de J.C.

» prince a placé l'acte sur l'autel de Ste.-
» Marie, Nous, qui avions acquis la dis-
» position entière de la sus-dite terre, avons
» accordé au monastère de Ste.-Marie de
» Molesme, tout ce que le même comte et
» son épouse, Constance, fille du roi Philippe,
» ont déjà notoirement conféré, dans cette
» terre, au sus-dit monastère, du consen-
» tement et de l'aveu du même Philippe,
» père de Constance, et de Louis, son frère,
» savoir : le village nommé *Dionne*, que l'on
» appelle communément *Ste.-Vaubourg*,
» avec le manoir seigneurial qui s'y trouve,
» le bois qui y est adjacent, toute la pêche,
» depuis le pont d'Attigny jusqu'à la pêche-
» rie de Rilly ; les moulins, dont la quatrième
» partie est affermée à vie à Ervald, sans pré-
1114. » judice de la part du meûnier. Toutes les
» choses sus-dites, et autres contenues dans
» les chartres, que les rois et les comtes ont
» expédiées à ce sujet, sont cédées par Nous
» au monastère de Molesme, avec le consen-
» tement de tout notre chapitre ; et afin que
» cette concession subsiste à perpétuité,
» nous l'avons confirmée par la présente
» chartre, qui atteste notre volonté, et à
» laquelle nous avons fait apposer notre
» sceau. En outre, pour que ce décret,
» fondé sur notre autorité, demeure iné-
» branlable, nous avons appellé des té-
» moins irréprochables, qui ont signé avec
» Nous :
» Seings de Geoffroi, abbé de S.-Thiery ;
» de Joran, abbé de S.-Nicaise ; d'Hugues,
» abbé de S.-Denys ; de Geoffroi, doyen ;
» de Lambert, chantre ; d'Otri, doyen ;

» de GILBERT , doyen. Et parmi les laïques, Ans
de J. C.
» de BAUDOUIN, maître d'hôtel ; d'HUGUES,
» de ROGER , fils de Gualon.

» Fait et passé â Rheims, l'an de l'in-
» carnation du Verbe, 1114, indiction VI,
» la 7e. année du règne de Louis, vénérable
» roi de France, et la 7e. de l'épiscopat du
» seigneur Raoul, archevêque de Rheims.
» Reconnu, écrit, et soussigné par FOUCAULT,
» chancelier. » (47 *bis*.).

Ces chartres (a), qui ont été copiées sur
l'original, par le R. P. Dom Simon Briot,
sous-cellérier de l'abbaye royale de Molesme,
l'an 1679, montrent que la Terre d'Attigny
passa des rois de France à Hugues, comte 1114.
de Champagne, dans les dernières années
du onzième siècle (b), par son mariage avec
Constance, fille du roi Philippe (c), à qui

(a) On les trouve aussi en grande partie, soit dans Marlot,
tom. 2, pag. 229, 230, soit dans le 10e. vol. de la collect. des
conciles de Labbe, pag. 740. Nous avons retrouvé cette copie
de la propre main de Dom Briot, chez M. Jacquemart, père , qui
occupe maintenant la maison du prieuré, à Sté.-Vaubourg.

(b) Le roi Philippe, sacré à l'âge de 7 ans, l'an 1059, n'a
guères pu se marier avant l'âge de 18 ans, c'est-à-dire l'an
1070. En supposant qu'il ait eu de Berthe, son épouse légitime, Louis le Gros, son fils, et *Constance*, sa fille, dans
les deux années 1071 et 1072, qui auroient suivi son mariage ;
cette princesse n'auroit guères pu se marier avec Hugues que
vers 1090. C'est donc vers cette année que la Terre d'Attigny
passa des rois de France aux comtes de Champagne.

(c) Rex (Philippus) postquam ad juveniles annos pervenit,
. . . . . filiam Florencii, Ducis Frisonum, Bertam in uxorem
duxit, ex quâ Ludovicum et filiam nomine *Constantiam* genuit.
Quæ cùm adulta esset usque ad nubiles annos, nupsit Hugoni,
Trecassino Comiti. A quo postea (anno 1106) disjuncta , propter
consanguinitatem, nupsit Boamundo, principi Barriensi (His-
toriæ Franc. Fragmentum à Roberto ad mortem Philippi I
regis, apud Duchesne, tom. 4, pag. 98.).

Sategimus. . . . . cum rege Francorum, et filio ejus, (Ludovico Grosso), Rege designato, ut jam displiceat eis incestum

Ans
de J. C.

elle avoit été donnée en dot; que ce comte ne la garda pas long-temps, et que, dès l'an 1102, il en céda une portion aux moines bénédictins de Molesme, en leur donnant l'église de Ste. - Walburge, et le village de *Dionne*, ou *Ste.-Vaubourg*, avec tous les accessoires exprimés dans sa chartre, et celle de l'archevêque Raoul; qu'un peu plus tard, mais nécessairement avant son divorce, avec Constance, pour cause de parenté, en 1106, il fit à l'église de Rheims et à Raoul, à peine alors élu archevêque de Rheims, en contestation avec Gervais, fils de Hugues, comte de *Retest* (a), la donation de toute la Terre d'Attigny, dont on n'a pu jusqu'à présent retrouver la chartre primitive,

1114. sous la réserve de ce qui en avoit déjà été distrait, en faveur de l'abbaye de Molesme, réservé reconnue et avouée, comme on l'a vu, en 1114, par le même archevêque, alors en pleine et entière possession; que les clercs établis pour desservir l'église de Ste.-Walburge, étoient, à n'en pas douter, comme on l'a déjà fait remarquer ci-dessus, de véritables chanoines, qui s'y perpétuèrent l'espace de 186 ans, depuis 916, jusqu'en

---

conjugium, quod est inter Constantiam, filiam prædicti regis et Comitem Trecassinum. . . . . . Cupiunt hujus conjugii maturare divortium (Ivo Carnot. episc. epist. 182 ad Archiepisc. Lugdun.).

Anno ab incarn. Domini, 1106, in fine februarii. . . . . . Boamundus dux, post captam Antiochiam, in Gallias venit (ex Apulia), et Constantiam, regis Francorum Philippi filiam, uxorem duxit, et nuptias apud Carnotum. . . . . . celebravit (apud Ordericum, lib 5, pag. 589.).

(a) Aujourd'hui on dit *Rethel*, par corruption de son nom primitif, *Reiteste* ou *Regiteste*.

1102; que leur démission, forcée ou volon- Ans
taire, entre les mains de l'archevêque Ma- de J. C.
nassès II, donna lieu à l'établissement du
prieuré de Ste.-Vaubourg; que le bois, ou
le breuil du palais d'Attigny, si connu, dès
le temps de Charlemagne, et mentionné dans
la chartre de Charles le Simple, se nommoit
le *Casuet*, et qu'à l'époque de 1102 et 1114,
il subsistoit encore (*), tout près du manoir
seigneurial ; qu'il y avoit déjà, à la même
époque, un pont sur la rivière d'Aisne à
Attigny ; enfin que l'église d'Attigny étoit,
dès ce temps-là, sous l'invocation de la Ste.-
Vierge, puisque la paroisse d'Attigny est
appelée, dans la chartre de Hugues, la
Paroisse de Ste.-Marie. 1124

L'archevêque Raoul, premier seigneur
d'Attigny, après les rois de France, et Hugues,
comte de Champagne, mourut le 23 juillet
1124. Le Nécrologe de l'église de Rheims
en fait mention, avec ce court éloge à sa
louange (a) : *Le dix, avant les Kalendes
du mois d'Aoust, mourut le seigneur Raoul,
archevêque de grande sainteté, qui acquit à
cette église la Terre d'Attigny, et gouverna
pour l'honneur de Dieu, cette église et toute
la province (de Rheims), en grande hon-
nêteté.* (48).

(*) Il en est encore fait mention dans une *déclaration des
héritages assis en la ville et terroir d'Attigny, appartenans
aux religieux, prieur et couvent de S.-Paul-du-Val-des-Ecoliers
de Rheims*, de l'an 1537, en ces termes : *Devant le bois de Ste.-
Vaubourg, cinq jours, ou environ. . . . . . aboutissant au
chemin de Roches d'une part, et au prieur de Ste.-Vaubourg,
de l'autre.*

(a) Marlot, tom. 2, pag. 282.

CHAPITRE III.

Chartre de Henri de France, archevêque de Rheims, seigneur d'Attigny, pour céder aux moines d'Ellant, la ferme, ou la grange de Forest, en 1168. Confirmation de cette donation par le roi Louis le jeune. La tour, ou forte maison de la Motte, tout près d'Attigny, construite par ordre de l'archevêque Henri. Guillaume aux blanches mains, archevêque de Rheims, y vient, presque aussitôt son intronisation. Manassès II, comte de Rethel, y fonde la collégiale de Mézières, et remet la fondation entre ses mains. Eglise d'Attigny, probablement reconstruite, sous les deux archevêques, Henri et Guillaume.

1124. LES archevêques de Rheims, successeurs de Raoul, ne tardèrent guères, comme seigneurs d'Attigny, à imiter la pieuse générosité de Hugues, comte de Champagne. Les moines d'Ellant, diocèse de Rheims, étoient fort pauvres. On va voir, par les chartres suivantes, les sacrifices que fit, en leur faveur, Henri de France, frère de Louis le jeune, qui, après avoir embrassé l'état monastique, à Clairvaux, sous S. Bernard, occupoit le siège de Rheims, vers le déclin du douzième siècle.

» Au nom de la sainte et indivisible Tri-
» nité. Henri, archevêque de Rheims, à tous
» ceux qui existent à présent, ou qui vien-

» dront après Nous, par la suite des temps. Ans
» Pour ôter toute occasion à la méchanceté de J. C.
» des hommes, et prévenir l'incrédulité mal
» intentionnée, Nous voulons que tous,
» tant présens qu'à venir, sachent que nous
» avons donné à l'église de Ste.-Marie d'El-
» lant, une terre de cinq charrues, appellée
» *Forest* (*), près d'Attigny, sous l'obli-
» gation de nous donner la neuvième partie
» des fruits. Mais maintenant, compatissant
» à la pauvreté de cette église, Nous donnons
» à la même église la sus-dite terre en entier,
» sans aucun cens et redevance, et nous vou-
» lons qu'elle en jouisse librement et tran-
» quillement à perpétuité, par forme d'au-
» mône, à la charge qu'on y fasse mémoire
» de Nous, de notre père, de notre mère, 1168.
» et des archevêques, nos prédécesseurs. Et
» afin que cette concession demeure ferme et
» inébranlable à perpétuité, nous avons voulu
» qu'elle fût confirmée par l'impression de
» notre sceau, et par le témoignage de per-
» sonnes dignes de foi.

» Seing de Guy, abbé de Mouzon ; seing
» de Henri, abbé de S.-Quentin de Beauvais;
» seing de Boson, archidiacre ; seings de
» Roger, d'Etienne et de Mathieu, diacres.

» Fait à Rheims, l'an de l'incarnation du
» Verbe, 1168, indiction Ire., épacte IX,
» sous le règne de Louis, roi de France, la
» 7e. année de notre archiépiscopat ».

« Au nom de la sainte et indivisible
» Trinité. Amen. Louis, par la grace de

<hr>

(*) La ferme de Forest appartient à la commune et à la paroisse d'Attigny.

» Dieu, roi de France, à tous présens et
» à venir par la suite des siècles : Pour
» ôter toute occasion à la malveillance,
» Nous voulons que tous ceux de notre
» temps, et qui viendront après nous,
» sachent que notre frère Henri, arche-
» vêque de Rheims, a donné à l'église de
» Sainte-Marie d'Eslant une terre de cinq
» charrues de bœufs, appellée *Forest*, près
» d'Attigny, sous l'obligation de lui don-
» ner la neuvième partie des fruits. Mais
» ensuite, compatissant à la pauvreté de
» cette église, il a donné à la même église
» la sus-dite terre, en entier, pour en jouir
» paisiblement par forme d'aumône, à la
» charge d'y faire mémoire de lui-même,

» de notre père, de notre mère, et des
» archevêques, ses prédécesseurs. Or, nous
» avons confirmé cette donation, qu'il avoit
» faite de notre consentement royal ; et pour
» qu'elle demeure ferme à perpétuité, nous
» y avons fait imprimer notre sceau, avec
» les caractères de notre nom.

» Fait à Paris publiquement, et en pré-
» sence des témoins soussignés, qui se
» trouvoient présens, dans notre palais,
» l'an de l'incarnation du Seigneur, 1169.

» Seing du comte THIBAULT, notre maître-
» d'hôtel ; seing de GUY, officier de notre
» chambre ; seing de MATTHIEU, notre ca-
» mérier ; seing de RAOUL, notre conné-
» table. Donné de la main de HUGUES,
» chancelier (*) ». (49).

(*) Ces deux chartres ont été fournies par le R. P. Pierquin,

C'est le même archevêque de Rheims, Henri de France, qui fit construire la tour, ou forte maison *de la Motte*, tout près d'Attigny, dont on a retrouvé les fondemens, en 1807. Il établit à Rheims, en 1170, la célèbre foire de Pâques, pour y amener l'abondance, en y attirant les marchands étrangers. Mais la correspondance de cette ville, avec les villes voisines, étoit alors interrompue par des bandes de voleurs, qui couroient les grands chemins, et maltraitoient les voyageurs. Il fit donc bâtir à Porte-Mars, à Rheims, à Cormici, à Attigny, à Bethniville, à Chaumusi, à Courville, ou Courcelle, et à Sept-Saux, des tours, où il entretint, à ses frais, avec un châtelain à la tête, des garnisons, qui rétablirent bientôt la sûreté des chemins (a). Ainsi Attigny fut compté au nombre des sept châtellenies, attachées au duché de Rheims. (50). Quelques manuscrits ajoutent Nogent-la-Montagne et la Neuvillette.

Guillaume, dit *aux blanches mains*, quatrième fils de Thibault III, comte de Champagne, et successeur immédiat de Henri de France, dans l'archevêché de Rheims, se rendit à Attigny, presque aussitôt après son intronisation. Il devoit naturellement prendre un intérêt spécial à une terre, que les archevêques de Rheims tenoient tout récemment des bienfaits de sa famille. Manassès II,

Ans de J. C.

1170.

1176.

---

prieur d'Eslan, qui a attesté leur copie conforme à l'original qu'il avoit sous les yeux.

(a) Voyez l'histoire de Rheims par Anquetil, chanoine ré-

Ans de J. C. 1176. comte de Rethel, vint l'y trouver, et y remit entre ses mains la chapelle de S.-Pierre de Mézières (*), jadis bâtie sur l'endroit le plus

---

gulier de la congrégation de France, pag. 3o6, liv. 2, où il parle de la foire de Pâques, et pag. 3i6, où il fait l'énumération des *châtellenies*.

Voyez aussi Marlot, tom. 2, pag. 4oi et 495, ex vet. Chron. à Sirmond, cit.

(*) Les notions que nous avons pu acquérir sur Mézières, ne remontent pas au-delà de l'an 920, où l'on voit Hérivée, archevêque de Rheims, se porter sur la Meuse, pour recouvrer le château de Mézières, situé dans le territoire de son archevêché, parce qu'Erlebaud, comte du pays, alors appellé le Castrois, *Castricensis pagus*, et depuis le Rethelois, infestoit de-là toutes les terres de l'église de Rheims. Il en fit donc le siège pendant l'espace d'environ un mois, avec ses vassaux, et Erlebaud fut contraint de le lui remettre entre les mains : *Profectus est archiepiscopus Heriveus. super Mosam, propter quoddam castellum, in terra episcopii sui situm, quod nominant Macerias (alias Macherias) recipiendum, quod tenebat Erlebaldus comes pagi castricensis, contra illum, quem tunc etiam habebat excommunicatum. propter illa, quæ ipsius episcopatús familiæ frequentia ingerebat mala : archiepiscopus autem, postquam præfatum castrum Macerias, cum suis fidelibus, per quatuor fere hebdomadas obsedisset, deserente tandem illud Erlebaldo, recepit.* (Flodoard, chr. ad ann. 920). Quarante ans après, on voit la même forteresse rendue à Artaud, archevêque de Rheims, en présence de Frédéric, duc de Lorraine, par un certain Lambert, qui avoit défense de la retenir : *Munilio, quam vocant Macerias, sita super Mosam, . . Artaldo archiepiscopo redditur, coram Frederico Lothariensium duce, à Lamberto, qui eam tenere prohibebatur.* (Ibid ad ann. 960.). Gerbert, depuis archevêque de Rheims, et enfin pape, au moment où, sous le règne du roi Lothaire, la fureur des guerres s'étoit rallumée de toutes parts, recommande à Adalberon, alors sur le siège de Rheims, de mettre une bonne garnison à Mouzon et à Mézières : *Mosomum et Macerias multitudine militum communite.* (Epist. 94.). Comment donc les comtes de Rethel en devinrent-ils possesseurs par la suite, puisque Manassès II, l'an 1176, y fonda la collégiale, dont il est ici fait mention? Une bulle, où Innocent III fait, l'an 1205, l'énumération de tous les droits et domaines appartenant à l'église de Rheims, et en confirme la possession à Guy-Paré, qui en étoit alors archevêque, porte : « Que le » comte de Champagne tient *en fief* de la même église, entre » autres villes, Retest et le comté de Château-Porcien, avec » leurs châtellenies, de même que d'autres possessions et châ- » teaux, que le même comte tient en personne, ou que d'autres

exhaussé de la ville, et détruite à la révolu- **Ans**
de J. C.
tion, avec l'entière liberté d'y établir treize
chanoines séculiers, auxquels il attribua certains revenus. La chartre de fondation de
cette collégiale est datée d'Attigny,, le 16
septembre 1176 (a). (51).

Il est fort probable que c'est sous son
pontificat que l'église d'Attigny fut rétablie,
au moins en partie. Peut-être Henri de 1176.
France, son prédécesseur, a-t-il eu lui-même
une grande part à son rétablissement. Ils
vivoient l'un et l'autre dans un siècle, où il
existoit à Rheims une école excellente d'ar—

» tiennent de lui. » On y voit en conséquence, « que *ce comte*
» *étoit, sauf la fidélité due au roi, obligé pour cela de faire*
» *hommage lige à l'archevêque de Rheims.* » Cependant, à
l'époque de 1205, il y avoit déjà long-temps que Retest avoit
des comtes particuliers, notoirement depuis Manassès I, qui vivoit en 1065. Ils réunissoient même la seigneurie de Mézières avec
leur comté de Retest, comme sa dépendance. De-là vient que
Manassès III, comte de Retest, qui mourut l'an 1271, est aussi
appellé dans Marlot (tom. 2, p. 191) : *seigneur de Mézières et*
de Château-Regnauld. Les comtes de Retest avoient donc, avec
la ville de ce nom, reçu aussi la seigneurie de Mézières, des comtes
de Champagne, comme arrière-*fief* de l'église de Rheims. Aussi,
quand Hugues VI, comte de Retest, eut, pour la succession de ce
comté, un procès avec Marie sa sœur, après la mort de Manassès III,
son père, ce fut Thibaut, comte de Champagne, qui, en 1272,
termina ce différent, en assignant à Marie, pour sa part, la terre
de Machault avec ses dépendances. De-là vient encore que Hugues III,
comte de Rethel, dans l'accord qu'il fit avec Albéric, archevêque
de Rheims, au sujet de la forteresse de Charbogne, en 1215,
l'appelle *son seigneur.* Mais toutes ces souverainetés subordon-
nées les unes aux autres, finirent, par la suite, par se fondre
dans la grande souveraineté de nos rois, auxquels Mézières,
comme Retest, appartinrent enfin exclusivement. Tout le monde
connoît la belle et généreuse résistance que les habitans de
Mézières opposèrent, en 1521, à l'armée de l'empereur Charles-
Quint, dans un temps où la citadelle actuelle n'étoit pas encore
construite, tandis que Stenay, Mouzon, Donchery et Rocroi
avoient cédé à la fureur des ennemis de la France.

(a) Marlot, tom. 2, pag. 408.

chitecture gothique, d'où sont sortis Robert de Coucy et Hugues Libergier, ces deux fameux architectes, dont le premier a donné le plan de la cathédrale commencée en 1211, et qui tous deux ont successivement bâti cette charmante église de S.-Nicaise, détruite de nos jours par les barbares du dix-huitième siècle. Si l'ignorance n'avoit point aussi abattu les armoiries, qui se trouvoient autrefois sur les murs extérieurs de l'église d'Attigny, il eût été très-facile de fixer, avec certitude, l'époque précise où elle fut rétablie.

CHAPITRE IV.

Mention d'Attigny, dans la confirmation des biens attachés à l'église de Rheims, par Alexandre III, l'an 1179, et par Innocent III, en 1205, et par Grégoire X, en 1274. Messe et procession à Ste.-Vaubourg, le premier mai, fête de Ste.-Walburge, par les curés du doyenné de Montmarin, dans la chapelle de cette Sainte. Rétribution qui leur étoit due par le prieur de Ste.-Vaubourg, d'après la convention de 1294. Doyenné de Montmarin transféré à Attigny, par le concile de Senlis, l'an 1326. Montmarin ruiné par les guerres peu auparavant. Rang du prieur de Ste.-Vaubourg, dans les conciles de la province de Rheims.

GUILLAUME *aux blanches mains* (*), l'an 1179.

(*) On a trouvé, il y a quelques années à Attigny, en creusant la terre dans une maison, une monnoie en argent, de Guillaume aux blanches mains, très-bien conservée. Elle présente, d'un côté, une espèce de croix, formée de quatre demi-cercles qui se réunissent. Chaque demi-cercle renferme un lion, qui relève la queue très-haut par derrière. Ces quatre lions ont le dos tourné vers une espèce de monogramme placé exactement au milieu de la pièce, et composé, ce semble, de deux I I que traversent deux V opposés l'un à l'autre. Sous le cordonnet, qui règne tout autour de cette monnoie, se trouve cette inscription : VVILLEMVS COMES ET REM. DVX. Ce fut en effet, en sa faveur, que la ville de Rheims fut décorée du titre de duché, par le roi Philippe Auguste, son neveu.

De l'autre côté, elle présente également une croix un peu arrondie,

Ans de J. C. 1179 , avoit fait confirmer par le pape Alexandre III , tous les droits et tous les biens attachés à son église de Rheims. Guy-Paré, son successeur immédiat, obtint, pour la même fin, du pape Innocent III, un privilège absolument semblable, où il est fait une mention expresse d'Attigny et de ses dépendances : « Nous rendant, dit le pape (a),
» à vos justes supplications, et prenant, à
» l'exemple du pape Alexandre, de pieuse
» mémoire , notre prédécesseur , l'église
» de Rheims, à laquelle vous présidez par
» l'ordre de Dieu, sous notre protection et
» celle de S. Pierre, nous vous accordons,
» pour plus grande force, le présent privilège
» par écrit, et ordonnons, que tous les biens,
1179. » que la même église possède justement et
» canoniquement, vous soient, ainsi qu'à
» vos successeurs, fermement et inviolable-
» ment conservés, entre autres, ceux que
» nous croyons devoir exprimer ici nom-
» mément, savoir..........................
....

à l'endroit où se réunissent les quatre branches, c'est-à-dire au milieu. En haut, dans les quatre espaces que laissent les quatre branches de cette croix, sont très-lisiblement les noms des quatre évangélistes, en cet ordre : MATT. IOHA. LVCA. MARC. Au-dessous, sous un autre cordonnet plus étroit, on lit : MON.T. NOVA VAL· ⊖| ⊓⊖K·S Je ne puis dire ce que signifient ces derniers caractères gothiques. Elle est exactement de la largeur d'un écu de trois livres, mais une bonne fois plus mince. Guillaume étant monté sur le siège de Rheims, en 1176, et étant mort l'an 1202, cette monnoie appartient à l'une des vingt-six années de son pontificat, qui se sont écoulées dans cet intervalle, et par conséquent ne peut pas avoir moins de 618 ans d'antiquité. Elle m'a été donnée en présent par M. Cuif, huissier royal à Attigny. Je lui en témoigne ici ma reconnoissance.

(a) Integrum refertur apud Marlot, tom. 2, p. 461, 463.

» Le château de Mouzon , Attigny , Bethni-
» ville , Sept-Saux , Cormicy , Courville ,
» Chaumuzy , et Estonne , avec leurs dépen-
» dances ». Ce privilège est daté de Rome ,
le 15 mai 1205. (52).

L'archevêque Louis Barbet , l'an 1274 ,
obtint aussi du pape Grégoire X , dans le
concile général de Lyon , la confirmation
de tous les droits et de tous les biens de son
église , par un privilège semblable en tout à
ceux d'Alexandre III , et d'Innocent III ,
avec mention expresse et particulière d'Attigny et de ses dépendances (a).

Quant à la chapelle de Ste.-Walburge ,
construite jadis par ordre du Roi Charles le
Simple , dans son palais d'Attigny , elle étoit
encore au loin révérée , sur la fin du treizième
siècle. En effet , le jour de la fête de cette
Sainte , le premier jour du mois de mai , tous les curés , alors du doyenné de Mont-
marin , et depuis d'Attigny , au nombre de
quarante et plus , devoient , tous les ans , s'y
rendre , pour y chanter , en son honneur ,
une messe , à la fin de laquelle se faisoit une
procession. Le prieur de Ste.-Vaubourg étoit
obligé de leur donner , en commun , soixante
sous Parisis , c'est-à-dire environ trois livres
quinze sous de notre monnoie , pourvu qu'ils
fussent au moins vingt présens , autrement il
étoit en droit de leur diminuer , par chacun
absent , qui manquoit , pour compléter ce
dernier nombre , la somme de trois sous
Parisis. Ceci est constaté , par un accord

Ans
de J. C.

1174

____

(a) Apud Marlot, tom. 2 , pag. 568.

Ans
de J. C.

fait, entre le prieur et les curés, l'an 1294,
le jour de la Magdelaine, sous le pontifical de
Louis Barbet, archevêque de Rheims. Voici
le commencement de cette pièce, tel qu'il
est rapporté par Jean Lespagnol, docteur en
théologie, et grand-prieur de S.-Remi de
Rheims, dans sa vie déjà très-surannée,
mais très-savante, de Ste.-Walburge, dont
nous avons déjà fait mention, et qui fut im-
primée, vers 1611, avec l'approbation de
Guillaume Gifford, docteur en théologie de
la faculté de Rheims, et depuis archevêque
de la même ville; de Jean Lebesgue, docteur de la même faculté, chancelier de l'université, et grand pénitencier de la cathédrale;
et enfin de Mathieu Kellison, professeur de
théologie, en l'université de Rheims, et en
cette qualité, mon prédécesseur.

1294.

« Guillaume de Noys, et Denis de Senones
» (ou de Sens), officiaux du diocèse de
» Rheims, à tous ceux, qui verront la pré-
» sente lettre, Salut. Que tous sachent que
» s'étant élevé un différent, ou matière de
» contestation, entre les prêtres-curés des
» églises paroissiales du doyenné de Mont-
» marin, diocèse de Rheims d'une part, et
» le religieux prieur du prieuré de Ste.-Vau-
» bourg, etc. ». Le reste manque, et peut-
être seroit-il très-difficile de le retrouver aujourd'hui (a). (53).

On voit qu'à cette époque, le doyenné
étoit encore attaché à Montmarin. Il fut

(a) In vita S. Valburgis, à Joanne Lespagnol Gallice scripta,
pag. 61.

transféré

transféré et fixé à Attigny, trente-deux ans
après, par réglement de Guillaume de Trie,
archevêque de Rheims, immédiatement après
le concile provincial, qu'il tint à Senlis,
l'an 1326. C'est par conséquent dans cet intervalle de tems, que la paroisse de Mont-
marin fut dévastée par les guerres, et réduite
à rien ; ce qui probablement arriva l'an 1297,
lorsque Henri, comte de Bar, gendre
d'Edouard, roi d'Angleterre, se joignit à
ce Prince, contre la France, et brûla plusieurs villages en Champagne. Le doyenné
d'Attigny (*), en vertu du réglement de
Guillaume de Trie, occupe le quinzième
rang parmi les dix-huit doyennés du diocèse
de Rheims. Celui qui en portoit le titre, avoit
alors, comme tous les autres doyens, un
propre sceau, sur lequel étoit gravé le nom
de son décanat (a). On y voit aussi, que le
prieur de Ste.-Vaubourg, dans les conciles
provinciaux, devoit être placé à gauche, le
dernier de tous ceux du petit archidiaconé
de Champagne, après le prieur de Senuc.
Cependant il se trouve nommé, avant celui-
ci, dans les actes du concile de Rheims,
l'an 1564, sous le cardinal Charles de
Lorraine (b).

Marginal note: An de J. C.

Marginal note: 1326.

(*) L'ancien doyenné d'Attigny renfermóit 38 cures, en 1615.
(Vieux Pouillé de ce tems.)
(a) Voyez Marlot, tom. 2, pag. 614 et 615.
(b) Apud Labbe, tom. 15, pag. 111 et 112.

CHAPITRE V.

Lettre de convocation du concile de Noyon, l'an 1344, donnée à Attigny par Guillaume de Trie, archevêque de Rheims. Habitans d'Attigny et de Saulces - Champenoises se mettent sous la sauve-garde de Louis III, dit de Marle, comte de Rethel et de Nevers, l'an 1350. Attigny saccagé et presqu'entièrement détruit par les Anglois, en 1359. Déclaration faite au roi, l'an 1385, par Richard Pique, archevêque de Rheims, avec mention de la terre d'Attigny. Forte maison à Coulommes-les-Attigny et à Roches. Chapelle de Roches, dédiée à S.-Christophe. Ville, ban et justice de Chuffilly, tenus en fief par la veuve Jean Dorthaise, écuyer. Maison forte appelée la Motte aux alleux de Marcellau. Halle d'Attigny non encore bâtie en 1385.

L'ÉTABLISSEMENT du doyenné d'Attigny montre assez qu'il n'avoit point alors partagé les malheurs de Montmarin. Il falloit même qu'il eût encore conservé quelque splendeur, avec un château agréable, dix-huit ans après le concile de Senlis de 1326, puisque Jean de Vienne, successeur de Guillaume de Trie, dans le siège de l'église de Rheims, vint y séjourner quelque tems, en 1344, et y donna, la même année, la lettre de convocation du concile de Noyon.

1344.

Elle est datée d'Attigny, le 11 juin, l'an du Seigneur 1344 (a). (54).

C'est une preuve évidente que le séjour d'Attigny, dans le quatorzième siècle, n'étoit pas encore indifférent aux archevêques de Rheims, pendant la belle saison. Mais on va voir le commencement de ses malheurs.

D'abord il paroît qu'il souffrit beaucoup, en 1350, par les incursions de Gilles de Rodenack, seigneur de Chassepierre, qui ravagea pour lors tous les confins du Remois, après s'être joint à une troupe fanatique de flagellans, avec laquelle on le vit se fustiger, jusques au sang, à Montfaucon. Ce fut apparemment dans ces malheureuses circonstances que Louis III, dit de Marle, comte de Rethel et de Nevers, reçut sous sa sauvegarde, les habitans d'Attigny et de Saulces-Champenoises (b).

Peu de tems après, au sortir de l'hiver 1359, les Anglois se répandirent, comme un torrent, dans toute la Champagne, et y mirent tout à feu et à sang (c). Attigny, comme tous les environs de Rheims, fut lui-même pris, saccagé, brûlé, et presqu'entièrement détruit.

On voit, vingt-six ans après, une déclaration faite au roi Charles VI, en 1385 (d), par

Ans de J. C.

1350.

(a) Marlot, hist. lib. 4, tom. 2, pag. 625.

(b) Voyez le recueil manuscrit d'histoires, concernant Château-Porcien, Rethel et Ste.-Manehould, par Jean-François Masset, de Château-Porcien, tiré du recueil de Nicolas Baudet, aussi de Château-Porcien, qui se trouve entre les mains de M. Taté, Md. à Attigny, et dont Château-Porcien devroit bien tâcher de faire l'acquisition.

(c) Marlot, tom. 2, pag. 642.

(d) Cette déclaration se trouve à la Mairie d'Attigny et dans les papiers de la Cure.

 Richard Pique , archevêque de Rheims , du
temporel de son archevêché, où il dit, « que
» la justice des villes d'Attigny et de Cou-
» lommes , lez ladite ville d'Attigny (qui lui
» appartient) , puet (peut) valoir en tous
» prouffis , rentes et émolumens , les charges
» et débets, en quoi ladite Terre est chargée,
» déduites et rabattues , sept vingts francs ,
» ou environ; mais que chacun an le rece-
» veur , gouvernant ladite Terre, a douze
» livres pour ses gages et pensions ».

Ailleurs , et plus bas , faisant l'énumération des fiefs et arrière-fiefs tenus de lui, « à
» cause de sa terre et prévôté d'Attigny; il
» parle d'une forte maison à Coulommes-les-
» Attigny, tenue de lui en fief, par Jean
1385. » le Moynne de Maret, escuyer, sire de
» Vaulx-en-Champagne ».

Il parle aussi « des molins d'Attigny ,
» comme lui appartenans; de la forte maison
» de Roches (a), séant seur la Motte, tenue
» de lui par Étienne de Vouzières, chevalier
» sire de Forty ; de la ville , ban et justice de
» Chuffilly, qui, en tous prouffis, puet valoir
» vingt livres de terre, que tenoit alors en
» fief de lui Damoiselle Agnes, femme de feu
» Jehan Dorthaise , escuyer; d'une maison
» appelée *la Motte*, avec des appartenances,
» aussi à lui, séant en lieu dit ès Alueux de
» Marcellau ; enfin de quelques rentes et
» prouffis tenus de lui en fiez, en la ville et

(a) Il y avoit autrefois, dans cette forte maison , une chapelle
sous l'invocation de S. Christophe. Il n'y a pas long-tems qu'on
y a trouvé en cuivre le portrait bien conservé d'un évêque dont
on ignore le nom.

» terroir de Vaux et Attigny, par Jean de
» Vaux, escuyer (*) ».

Il est à remarquer que dans cette déclaration il n'est pas encore fait mention du droit de hallage et étalage, qui sans doute venoit de ce que la halle d'Attigny avoit été construite aux frais des archevêques de Rheims, ce qui prouve qu'elle n'étoit pas encore bâtie sous le pontificat de Richard Pique; ni de plusieurs autres endroits, rappelés dans un procès-verbal (a) des assises tenues à Attigny, en 1757, sous le prince de Rohan, archevêque, duc de Rheims.

Ans
de J. C.

1385.

(a) Ce procès-verbal se trouve dans les papiers de la Cure.

(*) Dans le procès-verbal fait par ordre de Guillaume-Gerard Pique, lorsqu'une portion de l'os du fémur de S. Nicaise fut coupée, pour être envoyée, par ordre de Charles V, roi de France, à l'empereur Charles, son oncle, on voit parmi les témoins : *Simon de Attigniaco, curato S. Timothei, Remensis.* Ce procès-verbal est de l'an 1377, et a été rendu à M. l'archevêque De Coucy. C'est moi qui l'ai déchiffré, et j'en ai fait une nouvelle copie ce 13 juin 1822, HULOT, Vic. gén.

CHAPITRE VI.

*Jean d'Attigny , député au concile de
Basle. Châtellenie d'Attigny visitée par
l'archevêque Jacques Juvenal des Ursins.
Procès entre Jean Juvenal des Ursins,
seigneur de Mareuil , et les héritiers de
Guy-de-Roie, au sujet de quelque redevance sur la terre d'Attigny. Contestation
avec l'archevêque Guillaume Briçonnet.
Détachement de l'armée de Charles-Quint
au siège de Mézières, battu près d'Attigny.*

L'AN 1435 , sous le pontificat de Regnaud
de Chartres, on voit par les actes du chapitre de Rheims, pendant le mois de mars ,
que deux chanoines de la cathédrale furent
députés de la part de l'église de Rheims, au
concile de Basle, l'un d'Attigny, sous le
nom de Jean d'Attigny (a), et l'autre de
Vitry, sous le nom de Jean de Vitry. C'étoit
l'usage de ce tems-là de prendre le nom du
pays où l'on étoit né. Jean d'Attigny étoit
docteur en droit canon et civil, et mourut
trois ans après, l'an 1438. Il étoit inhumé
au fond du préau, à côté du chapitre. Son
épitaphe en vers doublement rimés, selon
le goût de ce siècle, s'appeloit l'épitaphe
d'or. Je me souviens de m'être amusé quel-

(a) Marlot, tom. 2, pag. 716.

quefois à la lire, étant jeune ecclésiastique. Quelques années après sa mort, Jacques Juvenal des Ursins, archevêque de Rheims, fit la visite de ses châtellenies (a), et se rendit en particulier à Attigny, l'an 1444. On voit par le testament de Jean Juvenal des Ursins, son frère aîné et son successeur, en date du 18 septembre 1472, qu'il soutint, à ses propres frais, un procès au sujet de quelque redevance sur la terre d'Attigny (b), soit contre le seigneur de Mareuil, près d'Epernay, soit contre les héritiers de Guy-de-Roie, archevêque de Rheims, mort l'an 1409 (62). Il paroît aussi qu'il s'éleva quelque contestation entre les habitans d'Attigny et l'archevêque Guillaume Briçonnet, au commencement du seizième siècle, au sujet du droit *d'afforage*. Le procès-verbal des assises de l'an 1757, déjà cité, rapporte en effet que les archevêques de Rheims furent maintenus dans ce droit, par sentence du baillage ducal, le 18 septembre 1502.

La suite du seizième siècle fournit des évènemens plus intéressans. Charles-Quint assiégeant la ville de Mézières au mois de septembre 1521, le comte de Nassau qui commandoit l'armée de l'empereur, envoya trois cents hommes pour surprendre et piller les magasins de vivres qui se trouvoient à Attigny (c); mais ils furent défaits par des

Ans de J. C.

1444.

1472.

1502.

1521.

(a) Marlot, tom. 2, pag. 728.
(b) Ibid, pag. 744, 745.
(c) Voyez l'histoire ecclésiastique et civile du diocèse de Laon, par Dom Lelong, pag. 396, et le recueil manuscrit de Jean-François Masset ... —Porcien, déjà cité.

 gens d'armes sortis de Rethel, et le comte de Rifourket, commandant du détachement, fut fait prisonnier.

On a trouvé récemment à Attigny une monnoie d'argent, qui porte l'empreinte de Charles-Quint, avec cette inscription : CAROLVS V. IMPERATOR. De l'autre côté sont les armoiries, avec ces chiffres au-dessus : 1544, le reste est effacé. C'est M. Gentil, l'horloger, qui m'en a fait don, et je l'en remercie.

On voit accolée à un pilier de la nef, vers le midi, une épitaphe en vers latins, de l'an 1514. Sans doute elle fut composée pour conserver la mémoire de trois personnes de distinction, unies par les liens du sang, qui avoient habité Attigny, vers ce tems-là. En voici le sens.

Virgo Joanna prius juvenili ætate cruentam. Quam Maria invenit, pertulit ipsa necem Post obitum Mariæ, lapsis sex mensibus, annis Binis, Albricus mortis adivit iter. Mobilis à Christo hinc jam sol transegerat annos Mille ac quingentos, quatuor atque decem, Luce Rochi celebri, radios aurora per orbem Sparserat auri comos, vix abeunte, suos.	La Demoiselle Jeanne a supporté la première la cruelle mort dans sa jeunesse, avant Marie. Deux ans et six mois, après la mort de Marie, Albric a aussi pris la route du trépas. Ce fut au moment où le soleil avoit déjà dans sa course parcouru mille cinq cent quatorze ans, depuis J. C., et où la fête de S. Roch à peine passée, l'aurore aux cheveux dorés commençoit à répandre ses rayons dans l'univers.

CHAPITRE VII.

Date de la plus ancienne chartre manuscrite de l'église d'Attigny. Patronage d'Attigny réuni à d'autres bénéfices, pour la subsistance du collège des Bons Enfans de Rheims. Ambon, ou jubé de l'église d'Attigny, démoli en 1747, probablement construit aux frais du cardinal Charles de Lorraine, archevêque de Rheims. Description exacte de sa forme. Comment la Visitation de la Ste. Vierge a pu devenir la fête patronale d'Attigny.

C'EST de dix-huit ans après cet évènement que datent les chartres manuscrites qui nous restent dans les archives de notre église. La plus ancienne, qui remonte à 1539, n'est pas sans quelque sorte d'intérêt. Marlot (a) observe, avec raison, que les archidiacres de Rheims avoient autrefois une cour, avec un official et un sceau particulier ; mais il assure qu'elle fut supprimée et réunie à celle des archevêques, sous Guy-de-Roie, du consentement du pape, appelé, dans son obédience, Clement VII, c'est-à-dire vers l'an 1393. Cependant cette chartre porte qu'en 1539 *Jean Daudet, prêtre-curé de Fresne, résidoit à Attigny, comme notaire*

1539.

____

(a) Tom. 1, page 462.

 *juré de la Cour de monseigneur l'archi-
diacre de Champagne, en l'église de Rheims;*
ce qui prouve que la Cour de cet archidiacre
subsistoit encore à cette époque, peut-être
parce que la suppression n'étoit pas pour
lors regardée, comme ayant été faite par
un souverain pontife légitime.

Il y avoit déjà près de douze ans que
Charles de Lorraine avoit pris possession
du siège de Rheims, lorsque ce grand prélat,
 l'an 1550, après avoir établi l'université de
cette ville, fit réparer, à grand frais, le collège *des Bons Enfans*, où furent alors trans-
férées les écoles. Mais ce n'étoit pas assez :
il falloit, pour donner de la subsistance à
ce sage établissement, fonder des bourses,
et pourvoir au sort des maîtres. Il commença
donc à réunir quelques bénéfices, pour l'entretien du grand-maître, de quatre boursiers,
et du clerc de la chapelle de S. Patrice, et le
patronage d'*Attigny* fut de ce nombre (a).
Il est fait mention de ce patronage dans un
vieux pouillé de 1615 en ces termes : *Patro-
nagium de Attigniacó : Dominus Rhemensis
confert :* c'est-à-dire, *M. l'archevêque de
Rheims en est le collateur.*

Nous avons déjà dit que le dôme et les
édifices attenants, sembloient avoir été rétablis, en dernier lieu, par ordre des archevêques de Rheims de la maison de Lorraine,
et nous en avons apporté les raisons. On ne
peut guère douter que l'ambon, ou jubé de
l'église d'Attigny, qui fut démoli en 1747,

(a) Marlot, tom. 2, pag. 799.

n'eut été construit aux frais du fameux Ans de J. C.
cardinal, Charles de Lorraine.

Les ambons ne se trouvoient que dans les églises les plus insignes, et surtout dans les basiliques, pour y chanter avec plus de pompe, l'épître, et spécialement l'évangile, les jours de fêtes solemnelles. Ainsi le jubé étoit une décoration très-honorable pour l'église d'Attigny. D'ailleurs à en juger par la peinture qu'en font ceux qui l'ont vu, et ceux qui ont signé (a) le marché pour sa démolition, il étoit d'une structure très-intéressante. Sa face étoit ornée du côté et en dedans du chœur, de deux colonnes noires unies, et du côté de la nef de quatre colonnes de jaspe noir cannelées, et plus petites que les premières. On y montoit, du côté du midi, **1560.** par un escalier en pierres : un peu au-dessous de l'appui, qui, au haut du jubé regardoit le chœur, il y avoit quantité de statues de saints, et notamment au milieu de toutes, se trouvoit la représentation de la Visitation de la Ste. Vierge. L'autre appui du haut, qui regardóit la nef, supportoit, selon toute apparence, un grand christ et deux autres figures à côté. L'ambon en dessous étoit soutenu par une voûte à trois arcades, et par quatre pilastres, dont deux étoient garnis de lames de marbre, et autres ornemens en sculpture. La voûte du milieu avoit quatre branches d'ogives, avec des sous-branches entre ces quatre ; quatre figures étoient attachées et

---

(a) Voyez pag. 107 du registre des délibérations de la fabrique d'Attigny, l'an 1747.

comme suspendues à cette voûte, au milieu
de laquelle se trouvoit un cul-de-lampe, dans
la clef, où se rejoignoient les quatre principales branches. Les clefs des deux autres
voûtes, plus petites, étoient aussi ornées de
figures en sculpture. Enfin il y avoit en bas
deux retours, l'un du côté du midi, et l'autre
du côté du nord; et dans l'intérieur, au-dessous des arcades, il y avoit deux petits autels,
l'un à droite, et l'autre à gauche, adossés
aux deux gros piliers, qui sont à l'entrée du
chœur. Telle étoit exactement la forme de
l'ambon.

On sait que pendant l'épiscopat du cardinal de Lorraine, l'hérésie de Calvin faisoit
de grands ravages par toute la France. Un
 des moyens qu'il employa pour prémunir
son peuple contre la contagion, et découvrir
ceux qui en étoient déjà infectés, fut de faire
placer, presqu'à tous les coins de rues, des
statues de la Ste. Vierge et autres images des
saints, qui ne pouvoient manquer d'être,
d'une part, révérées par les catholiques, et
insultées, ou traitées avec mépris par les hé-
rétiques de l'autre. Mais c'étoit surtout la
Visitation de la Ste. Vierge, qui étoit alors
en honneur. Nous avons encore vu de notre
tems chanter à Rheims, et bien ailleurs,
dans le diocèse, pendant toute l'octave de
cette fête, des saluts le soir, dans les rues,
devant les images de la Ste. Vierge, par
une multitude de personnes rassemblées. Il
est donc très-probable que ce fut le cardinal
de Lorraine, qui, pour préserver de l'hérésie
Attigny, dont il étoit seigneur, fit faire
l'ambon, avec cette foule de statues de saints

dont il étoit décoré, et spécialement avec Ans
l'effigie de la Visitation, qui se trouvoit au de J. C.
milieu. Il n'est pas même possible d'en
douter, d'après le témoignage de quelques
personnes encore subsistantes, qui l'ont vu,
avant le transport qu'on en fit depuis au bas
de l'église, et qui, sans pouvoir se souvenir
de l'année précise, nous ont assuré qu'il
présentoit en chiffres, en dedans du chœur,
aux environs de l'an 1560.

Nous ajouterons à cette occasion une réflexion, qui n'est pas déplacée : la fête de la
Visitation est assez nouvelle dans l'église, et
ne remonte pas au-delà de l'an 1390, où elle
fut établie par le pape, appelé dans son obé- 1560.
dience Boniface IX (a), conformément aux
pieuses intentions qu'avoit manifesté, à cet
égard, son prédécesseur Urbain VI, deux
ans auparavant. La fête patronale de l'église
d'Attigny, déjà sous l'invocation de la Ste.
Vierge (b), l'an 1102, ne pouvoit donc
être anciennement la Visitation ; mais probablement c'étoit l'Assomption, comme à
Ste.-Vaubourg et à Montmarin. Peut-être
est-ce encore le cardinal de Lorraine, qui,
à la sollicitation des habitans d'Attigny, aura
établi la nouvelle fête patronale, à raison du
concours de l'ancienne avec les moissons ;
peut-être même l'érection du jubé ne se fit-
elle, avec représentation de la Visitation de
la Ste. Vierge sur sa face, que pour perpétuer
la mémoire de ce changement.

(a). Vide Raynaldi ad ann. 1389. No. 3.
(b). Voyez ci-dessus la chartre de Hugues, comte de Champagne.

CHAPITRE VIII.

Processions blanches par toute la France.
Combien de personnes d'Attigny se ren-
dirent à Rheims, pour cette fin. Forte-
resse d'Attigny. Les Remois, grands li-
gueurs, y envoient 1200 hommes de
troupes. Prieuré de Ste.-Vaubourg donné
aux jésuites en 1615, depuis permuté par
eux. Vers latins sur l'église de Ste.-Wal-
burge et le château d'Attigny.

Sous Louis de Guise, successeur immédiat
du cardinal de Lorraine, l'hérésie devenant
de plus en plus audacieuse, on commença,
1583. en 1583, à faire par toute la France les
Processions blanches, ainsi appelées, parce
qu'une foule innombrable de personnes de
tout âge, de tout sexe et de toute condition
y marchoient, à pieds nuds, vêtues d'habits
blancs, en chantant les Litanies, et autres
prières, pour appaiser la colère de Dieu, et
obtenir la conservation de la foi catholique.
Les processions de la Champagne se rendoient à Rheims, à Notre-Dame de l'Epine,
près de Chaalons, à Corbeny, à Laon, à
Hautvillers, et surtout à Notre-Dame de
Liesse (a). On compte jusqu'à soixante-dix

(a) Voyez les trois sermons prêchés à cette occasion par
Meurier, théologal de Rheims, imprimés à Rheims chez Jean
de Foigny, en 1584 ; Marlot, tom. 2, pag. 843; et le manuscrit
de Masset, de Château-Porcien, déjà cité.

mille personnes, qui se rendirent en diffé-
rens tems à Rheims, à cette occasion, et en Ans de J. C.
particulier quatre cents d'Attigny, à qui les
Remois accordèrent les devoirs de l'hospi-
talité.

Ces mouvemens extraordinaires annon-
çoient une convulsion prochaine dans l'état.
En effet, la mort du duc d'Anjou, frère
unique du roi Henri III, ouvrit bientôt
après le chemin vers le trône au prince Henri
de Bourbon, malheureusement alors attaché
à la secte des calvinistes, et donna par-là oc-
casion à l'établissement de la ligue. La guerre
civile jeta tout le royaume dans la plus af-
freuse désolation. Le duc de Guise ayant été 1583.
tué au château de Blois, par ordre du roi
Henri III, avec le cardinal archevêque de
Rheims, son frère, le jeune duc de Guise,
son fils, s'échappa de la prison, et vint cher-
cher une retraite à Rheims, où dominoit le parti
de la ligue. Les Rhemois qu'il flatta de la pro-
messe de faire tenir dans leur ville les états
généraux du royaume, disposèrent tout avec
le plus grand empressement. Ils prirent
pour Rheims une garnison de quatre cents
hommes, en envoyèrent douze cents à
Attigny (a), autant à Château-Porcien, et
en placèrent un pareil nombre dans les
faubourgs, pour assurer la liberté de cette
assemblée. Les châteaux de Givry et d'Attigny
furent abondamment fournis de vivres. Mais
Henri IV vint camper devant le château
d'Omont, assiégé par le duc de Nevers, et

(a) Voyez Anquetil, tom. 3, liv. 4, pag. 189.

Ans
deJ.C.

1584.

pointa si bien lui-même une pièce de la batterie, qu'elle emporta à-la-fois le commandant, le lieutenant et un enseigne; ainsi la garnison saisie de frayeur, demanda à capituler, et les ligueurs furent contraints bientôt après d'abandonner les châteaux de Givry (*) et d'Attigny (a). Nous ignorons si ce dernier étoit, à cette époque, placé *aux Budes*, ou sur *la Motte*. Ce qu'il y a de certain, c'est qu'un Remois, qui, vers 1609 ou 1611, a trouvé beau de mettre, dans la bouche de Ste.-Walburge, une prosopopée en vers, pour célébrer l'histoire de cette sainte, écrite vers le même tems par Jean

---

(*) Givry acquit quelque célébrité au commencement du quinzième siècle, par la naissance d'Etienne de Givry, qui, pour son érudition et sa piété fut placé sur le siège de Troies. Camuzat fait mention de son testament, où il laisse à l'Aumône de S. Denys de Rheims (c'étoit une chapelle dédiée en l'honneur de Ste. Catherine, avec une maison située à côté de l'ancienne église de S. Denys, à droite en entrant dans la rue, qui fait face au grand portail de l'église métropolitaine, où l'on accordoit l'hospitalité pour deux ou trois jours, à de pauvres femmes ou filles en voyage-) la somme de 40 livres, en faveur de Jacques de Givry, son parent, pour acheter du linge ou des habits à l'usage des pauvres, l'an 1426. Voici une des clauses du testament de cet évêque : « Item, je veux que les » os de mon père, de ma mère, de mes sœurs et de mon » frère, qui sont dans le cimetière de Givry, soient rassemblés, » et qu'on fasse, dans l'endroit le plus beau et le plus élevé, une » fosse maçonnée en pierres dures avec de la chaux et du sable, » et qu'on les y dépose, et que ladite fosse soit couverte d'une » tombe de pierre de la carrière de Ste. Marie-des-Champs, » près de Paris, en langue vulgaire *Lyays*, ou autre; qu'elle » soit placée sur la surface de la terre, et que par-dessus » cette tombe on en place encore une autre, etc. » Ce Jacques de Givry, en faveur de qui il dit léguer cette somme sus-dite, étoit en effet aumônier du monastère de S. Denys, et se trouve rappelé dans l'ordonnance de Simon de Cramaud, archevêque de Rheims, pour la réunion de l'abbaye *de Aureomonte*, à quatre lieues de Rheims, au monastère de S. Denys, l'an 1412.

(a) Voyez hist. du diocèse de Laon, par Dom Lelong, pag. 452.

Lespagnol, grand prieur de S. Remi de Rheims, et prieur de Ste.-Vaubourg (a), lui fait dire, en parlant du château d'Attigny, comme encore alors subsistant, que Charles le Chauve (par erreur au lieu de Charles le Simple) lui a aussi bâti une église dans ces lieux, où l'Aisne à féconds circuits vient baigner de ses flots l'emplacement du château d'Attigny (b).

Ans de J.C.

1611.

CHAPITRE IX.

Commencement des désastres d'Attigny. Excès horribles commis par les troupes huguenottes du colonel Silhair, par les cavaliers du régiment de Bussy, et par la compagnie de Richtonne. M. de Valençay, archevêque de Rheims, à Attigny. Nouveaux excès encore plus grands, par les régimens d'Hunning et de Florestin. Église pillée. Sacriléges commis. M. Legrand, curé d'Attigny, volé de mille manières, grièvement blessé, réfugié à Saint-Lambert. Presbytère ruiné.

Nous ne pouvons assigner précisément l'instant de l'entière destruction du château

---

(a) Dom Jean Lespagnol donna, en 1615, aux Jésuites nouvellement introduits à Rheims, le prieuré de Ste.-Vaubourg, dont il étoit titulaire. Mais ils le permutèrent depuis avec celui de S.-Maurice de Rheims, plus à leur bienséance. (Anquetil, tom. 3, pag. 240).

(b) Carolus antiquis Calvus cognomine dictus (Simplex)
In Belgis templum condidit indè mihi ;
Hàc ubi fœcundos ducens Axona meatus
Castelli sedem lambit Atiniaci.

N. Bergier.

(In fronte operis Johannis Lespagnol).

Ans ou de la forteresse d'Attigny; mais le 17.^e
de J.C. siècle ayant été pour lui une suite de malheurs presque continuels, il est impossible
qu'ils aient encore subsisté long-temps après
l'époque des derniers renseignemens ci-dessus donnés. En effet Louis XIII ayant diverses armées sur pied, plusieurs régimens,
et notamment trois compagnies de chevau-
légers du régiment du colonel Silhair, demeurèrent deux mois et demi, à discrétion,
1638. à Attigny, l'an 1638, depuis le 17 janvier
jusqu'au 22 mars, et y commirent des excès
horribles (a). Indépendamment de plusieurs
hommes cruellement battus, pour leur extorquer de l'argent, d'une femme tuée, et
d'une fille indignement violée, ces troupes
saccagèrent et brûlèrent (b) plus de cent
maisons, et causèrent un dommage de plus
de cent cinquante mille livres (c). C'est,

(a) Il paroît que ces troupes étoient huguenottes : car, dans
l'état de la dépense de chaque habitant d'Attigny, qui se
trouve dans les papiers de la fabrique, on voit qu'elles avoient
un ministre, logé chez Gérard Carrez.

(b) Il existe encore à Attigny une rue appelée *la rue des
Brûleries.*

(c) Voyez, dans les papiers de la cure, les pièces justifica-
tives de ces excès, et spécialement une Remontrance des
pauvres habitans d'Attigny à M. de Bezançon, commissaire-
général dans les armées du roi.

Il y eut beaucoup d'autres désordres à Attigny, vers le même temps. On lit dans une procuration, en date du 25 mai
1639, pour aliéner une portion des usages, que les habitans
d'Attigny se sont déterminés à autoriser cette aliénation ,
*considérant les oppressions et ruines, qui leur arrivent journelle-
ment, à cause des gens de guerre qui règnent en ces quartiers, et
notamment d'une compagnie de cavaliers du régiment du sieur
de Bussy, qui est à présent logé audit Attigny, et qui prennent et
ruinent entièrement, du moins la plus grande partie des... grains
qui sont restés audit lieu, pillent les empouilles du terroir; et afin
d'y apporter quelque remède et éviter leur ruine totale.* (Dans
l'étude de défunt Me Pierret, notaire à Attigny.)

sans doute, dans ces circonstances doulou-
reuses, que les meubles et les ornemens de
l'église furent transportés à Rheims, pour y
être mis en sûreté. On voit en effet, dans le
compte rendu, par Jean Brustot et Pierre
Chamoraud, custodes ou marguilliers de
l'église d'Attigny, l'an 1643, qu'ils en furent
ramenés pendant leur gestion, et qu'ils y
avoient été portés *pour en prévenir la perte.*

L'an 1649, l'église et les maisons d'Attigny furent livrées au pillage, soit des troupes
qui y logèrent alors, soit de celles qui y
passèrent continuellement. Ce fut le régiment
allemand de Hunning qui commença le désastre. Après lui arriva le régiment de Florestin, qui séjourna dix-huit jours à Attigny,
et s'y livra à des excès encore plus grands.
L'église, pendant quinze jours entiers, à dater du 9 avril, jour de l'arrivée de ce régiment, fut abandonnée à tous les sacriléges

Ans
de J.C.

1643.

1649.

Le 24 mars 1640, une partie de la compagnie de cavaliers
du sieur Richtonne étoit en garnison à Attigny. Les habitans,
dans un acte de vente de portion de leurs usages, disent encore qu'ils s'y déterminent, considérant *les oppressions qui leur
arrivent journellement, de la part des garnisons des gens de guerre,
notamment de la partie de la compagnie susdite, en garnison à
Attigny.* (Chez le même notaire.)

Par délibération du 28 avril 1640, les habitans, pour subvenir à la subsistance des troupes des mêmes cavaliers, font
un emprunt sur les revenus de l'église d'Attigny, et pour être
moins préjudiciables à cette église, ils mettent en adjudica-
tion la dixme d'un triage du terroir dudit Attigny, communément appelé *le Dixmage,* appartenant à la même église. (Chez
le même notaire.)

Il existe, dans l'étude du même notaire, trois baux de
plusieurs fauchées de prés (faisant autrefois partie des usages
de la communauté, mais depuis aliénées par elle, dans ces
temps de détresse, et acquis par les archevêques de Rheims),
qui furent passés à Attigny le 19 juin 1645, par M.gr Léonore
d'Estampes de Valençay, archevêque duc de Rheims, en
personne, et sont signés de sa propre main.

On ne voit pas, ni où il logeoit, ni combien de temps il
resta à Attigny.

 dont est capable une soldatesque effrénée. Tous les meubles qui s'y trouvoient furent pillés, les saintes huiles jetées à terre, et leurs vaisseaux rompus, les fonts baptismaux renversés, la sainte Eucharistie elle-même enlevée, avec la boîte d'argent où elle étoit renfermée.

M. Ponce Legrand, alors curé d'Attigny, eut à souffrir plus que personne, dans ces circonstances. Il avoit caché, au-dessus de la sacristie, tous ses meubles, avec une grande quantité de froment provenant, soit des dixmes, qui appartenoient à M. l'abbé de Saint-Basle, soit du dixième de la grosse dixme attaché au revenu de sa cure. Tout cela fut pillé le 9 et 10 d'avril. Les portes de sa maison curiale furent brisées et enlevées. Il fut lui-même indignement traité, dans sa personne, par des cavaliers du régiment de Turenne (a), qui voulurent le tuer, et le blessèrent de plusieurs coups d'épée, spécialement au-dessous de l'œil, avec grande effusion de sang. Des soldats allemands du régiment de Bonnaire lui enlevèrent aussi les habits et les linges qu'il avoit réfugiés chez Gérard Geoffroi, marchand, alors habitant d'Attigny, et pillèrent les meubles et les grains de ce Geoffroi lui-même, quoiqu'il eût chez lui une sauve-garde allemande.

Tous les habitans d'Attigny, à l'exception d'un petit nombre, s'étoient d'abord enfuis dans les villages circonvoisins. M. Legrand,

---

(a) Tous ces désordres arrivèrent pendant les troubles de la Fronde, dans le parti de laquelle étoit alors M. de Turenne.

de son côté, se sauva à Saint-Lambert, et
eut encore la douleur d'y voir enlever, par
le régiment de Brissac, quelques grains qu'il
y avoit fait transporter le soir, chez une
femme nommée *la Cadatte*. Il revint plusieurs fois à Attigny, au péril de sa vie, pour
porter les secours spirituels à quelques pauvres malades, qui n'avoient pu fuir ; mais
il fut contraint de rester à Saint-Lambert
jusqu'au 1.ᵉʳ mai. Encore des coureurs allemands pillèrent-ils de nouveau sa maison ce
jour-là, et lui enlevèrent-ils la somme de
soixante livres (a).

Ans
de J.C.

(a) Tous ces détails se trouvent consignés dans un procès-
verbal rédigé, le 9 juillet 1649, à la requête de M. Ponce
Legrand, et signé de trois témoins oculaires, Gérard Geoffroi,
marchand, Jean Albault, maréchal, et Nicolas Gaillard,
maître en chirurgie, tous habitans d'Attigny. L'original de ce
procès-verbal nous a été fourni par M. Pierret, notaire au
même lieu, dans l'étude duquel il s'est conservé, et il s'en
trouve aussi une copie dans les papiers de la cure ; elle a été
transcrite par mon neveu, Jean-Victor-Basile Hulot, alors
acolyte, maintenant curé titulaire d'Attigny, et mon successeur.

CHAPITRE X.

*Armées de France, de Lorraine et d'Espagne
passent et repassent à Attigny. Interruption
des foires et marchés. Pont rompu. Dévastation des grains, par le maréchal de la Ferté.
Saint-Lambert et le château de Charbogne,
refuge des habitans d'Attigny. Moissons
presque nulles à Attigny, en 1652. Dégâts
pendant et après le siège de Rethel. Le prince
de Condé, avec son armée, à Attigny. Les
troupes brûlent jusqu'aux meubles des particuliers pour se chauffer.*

1652. Les choses ne firent qu'empirer par la
suite, pendant les brouilleries de la Fronde.
Les armées de France, de Lorraine et d'Espagne, durant les années 1652 et 1653,
séjournèrent à diverses reprises, en Champagne; passèrent et repassèrent successivement à Attigny, et y causèrent les plus grands
dégâts. La cavalerie, commandée par M. le
comte de Grand-Pré, pour le roi Louis XIV,
vint loger à Givry et autres lieux circonvoisins,
vers la fin de l'hiver 1652, et dans le même
temps l'armée de Charles IV, duc de Lorraine,
contre le roi, se posta, en partie à Allandhuy,
et presqu'entièrement à Attigny. Ces troupes
occupoient les chemins, commettoient des
meurtres, pilloient et emportoient les marchandises de ceux qui se rendoient aux foires
et marchés d'Attigny. Deux marchands de

Rheims, en route pour venir à la foire de S. Matthias de la même année, furent volés, battus, et poursuivis jusque dans Attigny par des voltigeurs. Le fermier du droit de hallage (a) se vit enlever et brûler une grande quantité de planches et de tréteaux, qu'il avoit achetés pour l'étalage des marchandises sous la halle. L'interruption des foires et marchés, causée par la terreur où étoient les marchands, le priva d'ailleurs presqu'entièrement de son droit. Il en fut de même des fermiers (b) du *droit de passage*, sur la rivière d'Aisne, qu'il falloit alors passer en bateau, ou en nacelle, depuis l'an 1608. Le froid avoit été excessif cette année, et le dégel étant venu tout à coup, les rivières avoient tellement grossi, par la fonte des neiges, que les ponts d'Attigny, Givry, Rethel, Château-Portien et Balham, avoient été entièrement emportés (c).

À la fin du mois de mai 1652, quand l'armée de Lorraine se fut acheminée vers Paris, on vit arriver à sa poursuite une grande multitude de troupes de l'armée commandée par le maréchal de la Ferté, pour le roi. Elles empêchèrent la tenue de la foire de S. Jean, et dévorèrent ou dévastèrent tous les grains, pendant les trois semaines, et plus, que dura leur séjour à Attigny.

Après leur départ, les habitans, qui, pour la plupart, étoient depuis long-temps réfu-

Ans de J.C.

____

(a) Jean Adam.
(b) Gilles Marniquez et Poncin Jaillot.
(c) Recueil d'histoires, par François Masset, de Château-Portien, déjà ci-dessus cité.

giés à Saint-Lambert et au château de Charbogne (a), revinrent dans leurs foyers, à la sollicitation de leurs amis, avec assurance d'y vivre désormais en repos, et en particulier les fermiers de la terre et seigneurie d'Attigny (b). Mais le duc de Lorraine ayant consenti de se retirer des environs de Paris, moyennant une somme d'argent qu'on lui donna, on le vit bientôt reparoître, avec son armée, vers le commencement de juillet. Alors les habitans d'Attigny furent obligés de nouveau de retourner aux lieux de leur refuge ordinaire, et l'un (c) des deux fermiers de la seigneurie étant occupé à verser une

----

(a) On trouve, en 1215, au sujet de la forteresse de Charbogne, un accord, entre Hugues III, comte de Retest, et Alberic, archevêque de Rheims, qu'il appelle son seigneur. Pierre, abbé de Saint-Remi, intervint aussi dans cet accord, au sujet des logemens, charrois, et autres droits, qu'il soutenoit lui être dûs, dans la terre d'Allendhuys, et au sujet des bois que le comte avoit obtenus en fief et hommage, de l'église de Saint-Remi, en 1203.

La comtesse Isabelle, veuve de Manassès III, comte de Rethel et seigneur de Mézières et de Château-Régnault, épousa en secondes noces Nicolas de Charbogne, seigneur d'Autry. De ce mariage provint Gaucher de Charbogne, dont l'image, très-bien sculptée en pierre, est parfaitement conservée jusqu'à nos jours, dans l'intérieur de la sacristie du même lieu. Il est enterré à Saint-Remi de Rheims, avec cette épitaphe, qu'on y voyoit, avant la révolution, en langue vulgaire : « Ci » gist Gaulcher de Charbogne, moine de Saint-Remi, frère » de la comtesse de Rethel, oncle du comte de Flandre, et » cousin germain au comte de Grand-pré, qui trépassa l'an de grâce 1319. » Quant à Isabelle, elle fut inhumée à Ellant ; il étoit écrit sur sa tombe :

« Isabelle la comtesse gist sous cette lame ;
» Volontiers oyoit messe ; Dieux ait mercy de l'âme ;
» Des Cieux de cry fut née ; mou étoit bonne dame ;
» Jésus-Christ couronné l'âme aît en son royaume. »

Nicolas de Charbogne vivoit encore en 1295 et 1305, comme on le voyoit par le chartulaire de Saint-Denis de Rheims, où il est appelé simplement seigneur de Charbogne et d'Autry.

(b) Lorin et Carrez.   (c) Lorin.

partie des terres dépendantes de sa ferme, devant les remparts de la *Motte*, six chevaux lui furent enlevés par un parti de cavaliers, embusqués, dès la nuit précédente, dans l'oseraie qui se trouve entre Attigny et Givry. Toutes les protections qu'il employa auprès du duc de Lorraine, pour recouvrer ses chevaux, devinrent absolument inutiles. Ceci se passa à la veille des moissons, et l'on peut bien penser à quoi elles se réduisirent cette année. 1652.

On ne souffrit pas moins à Attigny, pendant tout l'automne. Les gens de guerre, logés dans la vallée de Bourg et autres lieux du voisinage, pillèrent les marchands déjà en chemin pour se rendre à la foire de Ste. Croix, dans le mois de septembre, en sorte qu'elle fut totalement empêchée. Pendant le siége de Rethel, qui fut pris par l'armée des Espagnols, le 30 octobre 1652, quantité de voltigeurs vinrent à Attigny et aux environs, et y enlevèrent de force les grains, pour les transporter dans leurs quartiers.

Les dégâts augmentèrent encore, après la prise de Rethel. Le prince de Condé, ennemi du roi et de l'état, qui s'étoit jeté dans le parti des Espagnols, passa et séjourna à Attigny, avec son armée, pour se rendre au siége de Sainte-Ménehould, qu'il prit en effet le 14 novembre de la même année. Le froid se faisoit déjà sentir, en ce moment, avec rigueur; ses troupes enlevèrent, pour se chauffer, tout le bois qu'elles purent trouver, et même jusqu'aux meubles des particuliers. La garnison qu'il avoit établie à Rethel, fit aussi des courses, jusque dans les faubourgs d'Attigny, et y brûla quantité de planches propres à construire des bateaux et des nacelles.

CHAPITRE XI.

M. de Turenne à Attigny. Tout le plat pays ravagé. Grand bateau d'Attigny conduit à Rethel, et depuis à Semuy. Embuscade d'un parti d'Espagnols dans les Masures. Désastre à Attigny, la veille de l'ascension 1653. Femme tuée. Commerce anéanti. Attigny à peu près désert, pendant plusieurs années. Coulommes réduit à trois ou quatre habitans.

Dans le mois de décembre suivant, on vit arriver l'armée du roi, commandée par les maréchaux de la Ferté et de Turenne, dans l'intention de reprendre Château-Portien. M. de Turenne, invité par une lettre du roi, avoit quitté le service des Espagnols, et étoit revenu à la cour, l'année précédente. Il vint s'établir à Attigny, avec la plus grande partie de ses troupes, ce qui causa une telle pénurie de pailles, que les habitans ne purent s'en procurer qu'à très-grand prix, pour leurs bestiaux.

L'armée du roi s'étant ensuite rétirée, la garnison de Rethel se mit à courir, et à ravager tout le plat pays. Un peu avant le 1653. carême, vers la purification de l'an 1653, une partie de ceux qui la composoient, se rendirent, pendant la nuit, vers Attigny, et s'étant mis en embuscade, saisirent et firent

conduire à Rethel le grand bateau dont se Ans de J.C.
servoient les fermiers du droit de passage,
pour transporter les chariots d'un bord à
l'autre de la rivière d'Aisne. Ce bateau fut
attaché près de Rethel, et demeura enfoncé
dans l'eau, sous le pont de cette ville. Toutes
les démarches que firent ceux à qui il appartenoit, pour le recouvrer, se réduisirent à
rien, dans la crainte où l'on étoit à Rethel,
que ceux du parti ennemi ne pussent en
tirer avantage. Ce ne fut que vers le commencement de l'année 1654 qu'on leur permit
de le ramener à Attigny, après avoir payé,
avec le secours de leurs amis, les grosses sommes qui furent exigées d'eux par les gens de
Rethel. Encore, à cette époque, ne purent-ils
pas aussitôt s'en servir à leur profit. Car, à
peine revenus de Rethel, ils reçurent, de
la part du chevalier de Brigny, général d'une
troupe de cavalerie arrivée des villages de
Vaux, Voncq, Coulommes, Saulces et autres
lieux, dans la vallée de Bourg, l'ordre de faire
monter ce bateau jusqu'à Semuid, pour fa-
ciliter le passage de ses gens au-delà de
l'Aisne; ce qui dura jusqu'au mois de mars
de la même année.

Vers le printemps de l'année 1653, on 1653.
crut un moment à Attigny pouvoir se flatter
de jouir de quelque tranquillité. La garnison
de Rethel, moyennant une contribution,
qu'on lui avoit payée, avoit promis aux
habitans de les laisser, sans aucun empêche-
ment, cultiver leurs terres. En conséquence
plusieurs personnes et spécialement l'un (a)

(a) Lorin.

des deux fermiers de la seigneurie, quittant le lieu de son refuge, revint à Attigny, avec sa femme et toute sa famille, le lundi des rogations. Mais, dès le mercredi suivant, veille de l'ascension, un parti d'Espagnols de la garnison de Rethel, s'étant mis en embuscade, pendant la nuit, dans *les Masures* (a),

(a) Lieu connu à Attigny, où l'on aperçoit des marques sensibles d'ancienne habitation. Voici ce qu'il y a de plus probable à son égard. La terre des *Masures* appartenoit, avant la révolution, aux dames de Saint-Étienne de Rheims, qui permutèrent le monastère qu'elles habitoient originairement, près de Soissons, avec le prieuré des religieux du Val des Écoliers de Rheims, où elles vinrent résider en 1617. Ces religieux, qui, depuis plusieurs siècles, s'étoient livrés à la prédication avec beaucoup de succès, avoient pris naissance près de Chaumont en Bassigny, et avoient obtenu, en 1215, de Guillaume de Joinville, alors évêque de Langres et ensuite archevêque de Rheims en 1219, la confirmation de leurs statuts. Ce prélat devoit naturellement être porté à appeler quelques-uns d'eux dans son nouveau diocèse, et néanmoins leur prieuré ne fut établi à Rheims, dans l'ancienne maison des Frères prêcheurs, rue Neuve, qu'en 1240, quatorze ans après sa mort, arrivée en 1226. Tout nous porte à croire que, de son vivant, il en appela une colonie à Attigny dont il étoit seigneur temporel. Aussi y possédoient-ils, de très-ancienne date, une maison, de laquelle dépendoient beaucoup de terres et de prés. D'après les titres que nous avons eus en main, elle étoit située en *licudit* le *Val des écoliers*, entre la rue qui conduisoit jadis aux grands moulins, maintenant détruits, des archevêques de Rheims, vers l'orient, d'une part, et la rue qui conduit à celle des Tanneries, vers l'occident, de l'autre. Elle appartient aujourd'hui à M. Moranville, adjoint au maire, et ne fut aliénée, par le prieuré du Val-des-écoliers, que le 24 juillet 1614. Dans une déclaration des biens des religieux, prieur et couvent de Saint-Paul du même Val-des-écoliers de Rheims à Attigny, de l'an 1557, que nous avons vue, cette maison est mentionnée en ces termes, art. I. : *Une maison séant en la ville d'Attigny... au chemin du moulin, de laquelle dépendent les terres et prés qui s'ensuivent.* Nous pensons qu'à l'époque où Attigny étoit bien fortifié, elle servoit, dans son intérieur, où elle étoit placée, de *refuge*, en cas de guerre, aux religieux du Val-des-écoliers, auxquels Guillaume de Joinville auroit fait bâtir un monastère ou une habitation principale, sur la montagne, *dans la terre des Masures,* au-dessus d'Attigny. Ce monastère détruit depuis par suite des guerres, ses religieux auroient été, sous les ar-

en sortit tout à coup, entre neuf et dix heures Ans de J.C.
du matin, et fondit avec impétuosité sur la
place où se tenoit en ce moment le marché,
pour piller à l'ordinaire le peu de marchandises qui pouvoient s'y trouver. Le peuple,
en les voyant accourir armés de fusils, se
sauva de toutes parts dans les maisons. La
femme de Lorin, accompagnée de celle de
Carréz, autre fermier de la seigneurie, étoit
alors occupée à la recherche des droits de
hallage dûs par quelques boulangers et
merciers, qui composoient à peu près tout
le marché, où l'on n'avoit amené aucuns
grains. Elle voulut s'enfuir comme les autres,
mais les Espagnols ayant fait une décharge
de plusieurs coups de fusils, elle fut atteinte
d'une balle, et tomba morte sur la place,
avec la jument d'un homme d'Amagne, qui
eut le bonheur d'échapper. Ils ne laissèrent
pas pour cela, de fouiller ensuite Lorin lui-

---

chevêques subséquens, transférés au Val-des-écoliers de
Rheims, et la terre des Masures, au moment de la permuta-
tion faite avec les dames de Saint-Étienne, seroit passée, avec
beaucoup d'autres, entre leurs mains. Une découverte récente
vient à l'appui de ce que nous avons dit. Quand dernièrement
on a redressé le chemin herbu qui sépare la terre des Masures
de la Couture, on a trouvé, en creusant à peu de profondeur,
non seulement une foule de pierres et de tuiles brisées, mais,
ce qu'il y a de bien remarquable, une manivelle de fer, en
forme exacte de croix, au haut de laquelle avoit été apparemment attachée la chaîne de fer qui servoit à sonner la cloche
destinée à appeler le portier de la maison jadis ruinée, en ce
lieu, à peu près comme on en voyoit à l'entrée des maisons de
capucins jusqu'à nos jours. Des fouilles faites aux Masures
donneroient peut-être de nouveaux renseignemens sur ceux
qui ont occupé les anciens édifices qui s'y trouvoient. Il est au
moins certain que leurs ruines, en 1653, étoient encore extrêmement éminentes, puisqu'un parti d'Espagnols put s'y cacher
et s'y mettre en embuscade, sans avoir été aperçu, surtout un
jour de marché.

Ans
de J.C.même, et de lui enlever, comme à beaucoup d'autres, tout ce qu'il avoit d'argent dans sa maison. Ils emmenèrent aussi prisonniers à Rethel plusieurs personnes, tant d'Attigny que de Mézières, qui, dans ce moment, passoient, soit à pied soit à cheval, au gué de la rivière.

Le commerce languissoit déjà considérablement à Attigny, depuis que les malheureux fermiers du passage, privés de leur bateau, n'avoient plus qu'une petite barque, capable à peine de contenir cinq ou six personnes. Mais dès lors il fut entièrement anéanti, par la terreur et l'épouvante que ce dernier évènement avoit répandues partout. Les marchés ne furent plus, pendant long-temps, composés qne d'un petit nombre de pauvres gens, qui étoient contraints de s'y rendre, au péril de leur vie, avec quelques misérables marchandises, pour se procurer du pain.

Enfin Attigny demeura à peu près désert pendant plusieurs années, au point que les registres des baptêmes, de 68 qu'ils offrent en en 1634, n'en présentent plus que 15 en 1650, 2 en 1651, 4 en 1652, 1 en 1653, 1 en 1654, (encore étoit-ce le baptême de la fille d'un quartier-maître de l'armée), 6 en 1655, 4 en 1656, 10 en 1657, 3 en 1658. Ce n'est qu'après cette dernière année, qu'on voit la population reprendre progressivement de nouveaux accroissemens. Il en fut de même de Coulommes, où, pendant deux ans, il ne resta que trois ou quatre habitans au plus.

CHAPITRE XII.

*Armée du Roi dévore tous les foins à Attigny,
en 1653. Vitraux et portes de l'église brisés.
Habitans pillés et en fuite. Camps volans
dévastateurs. Macraux de Bouffler ; leurs
excès. Pillages à Attigny, après la prise
de Sainte-Ménehould. Désordres de la part
de diverses compagnies. Services rendus aux
habitans, par le cardinal Barberin, archevêque de Rheims.*

Dans le mois de juin 1653 , Attigny
éprouva encore de nouveaux désastres. L'armée du roi, composée de plus de dix mille
chevaux, et commandée par le maréchal de
la Ferté, vint y camper, et dévora tous les
foins qu'elle fit faucher. Elle vouloit reprendre Rethel, qui se rendit effectivement, pour
le roi, au maréchal de Turenne, le 9 juillet
1653, et demeura dans le pays jusqu'au
commencement du mois d'août suivant.
Elle se porta alors vers Guise, et pendant
environ trois semaines qu'elle se retira, on
eut la liberté de recueillir le peu de grains
qu'elle avoit laissés et de les renfermer dans
les lieux de refuge.

Elle revint sur ses pas, au commencement
de septembre, pour aller reprendre Mouzon,
qui tomba en effet au pouvoir du roi, le 28
du même mois. Pendant qu'elle étoit campée
à Coucy, un gros parti de cent chevaux
vint pour piller Attigny. Les soldats qui le

Ans de J.C. composoient, après avoir brisé les vitraux et les portes de l'église, y prirent cinq chevaux, que Lorin, l'un des deux fermiers de la seigneurie, y avoit cachés, avec tous leurs harnois, l'obligèrent lui-même de se sauver, prirent les meubles qu'ils trouvèrent en sa maison, et trouèrent à coups de fusil deux tonneaux de vin, dont ils ne laissèrent pas une goutte. Enfin pendant tout le temps que dura le siège de Mouzon, ce ne furent que pillages à Attigny, et les habitans réfugiés en différens lieux n'osèrent y reparoître, jusques environ la saint Martin d'hiver. Car, après la reprise même de Mouzon, se formèrent dans les environs d'Attigny, à St.-Lambert, à Suzannes, à Ecordal, à Sainte-Vaubourg, à Coulommes, à Charbogne, à Givry, à Saulces et à Mairy, des camps volans, qui empêchèrent le retour des habitans. Les six régimens de cavalerie, campés à Sainte-Vaubourg, se rendirent en grande partie à Attigny, et pendant cinq jours, battirent et enlevèrent presque entièrement les grains de Lorin, fermier de la terre et seigneurie (a).

Dans le même temps, un parti de cent à cent vingt fantassins vinrent encore, par surcroît, piller de nouveau la maison de Lorin. On les appeloit *Macraux de Bouffler*. Le malheureux en pleurs, avec ses enfans, eut beau pousser des cris, pour essayer d'exciter leur compassion, ils le dépouillèrent jusqu'à la chemise, avec quelques autres personnes, qui se trouvoient chez lui.

(a) Pendant toutes ces guerres, les vitraux de la nef de l'église d'Attigny furent tous bouchés et murés, et ne furent rouverts et vitrés de nouveau que vers l'an 1680.

Un peu plus tard, un parti de cavalerie et Ans
de J.C. d'infanterie, logé à Saint-Lambert, Coucy, Ecordal et Suzanne, lui enlevèrent encore ses chevaux, de manière qu'il ne put nullement ensemencer ses terres.

Enfin, pour compléter les ravages de cette année, Sainte-Ménehould s'étant rendu au roi le 26 novembre, la garnison ennemie de cette place, composée de deux mille hommes et plus, tant françois qu'étrangers, avec deux mille cinq cents chevaux, vint loger à Attigny, se dirigeant sur Rocroi, et y pilla tous les vivres qui restoient pour la nourriture des animaux (a).

Le 23 juin 1666, la compagnie du mar- 1666. quis de Bligny, commandée par le sieur de Chavan, vint en garnison à Attigny, avec ordre de lui fournir la subsistance, quoique les fourrages fussent fort rares cette année. On fit d'inutiles démarches pour obtenir que les villages voisins contribueroient aussi. Cette compagnie délogea le 8 novembre suivant, d'après les ordres envoyés à M. Tiercelet, prévôt d'Attigny, demeurant à Rethel.

Au commencement de l'été 1667, les offi- 1667. ciers et cavaliers de la compagnie du sieur de Château-gai, en garnison à Attigny, y commirent beaucoup de désordres. On envoya vers M. l'intendant de Châlons, pour s'en plaindre, et lui présenter le procès-verbal fait à ce sujet. Il donna des ordres pour

---

(a) Tous ces faits sont attestés par plusieurs procès-verbaux dressés en 1652, 1653 et 1654, à la requête de différens habitans d'Attigny. Les originaux étoient déposés dans l'étude de défunt M. Pierret, notaire ; et il s'en trouve maintenant une copie plus lisible dans les papiers de la cure.

16

Ans
e J.C.
y apporter remède. Mais le commandant de
cette compagnie refusa d'obéir. Cependant
les officiers firent quelques propositions d'ac-
commodement. Elles tendoient à engager les
habitans à continuer de fournir à la compagnie la subsistance, sous la simple promesse
verbale de payer des premiers deniers qu'ils
recevroient du roi, sans vouloir la signer,
par écrit. Les habitans au contraire, remon-
trant leur pauvreté, offroient de continuer
à leur fournir la subsistance pour dix jours,
pourvu qu'ils payassent le passé. Les officiers ne voulant pas se départir, on fit som-
mer le sieur de Château-Gai de payer le
passé, sous les offres susdites. Il s'y refusa.
Les choses empirèrent. Les cavaliers battirent un de leurs hôtes. On dressa procès-
verbal. M. l'intendant fit défense à la compagnie de rien exiger davantage qu'en payant,
et fit mettre en prison à Rethel, les nommés
St-Remi et la Cosme, qui avoient maltraité
leurs hôtes. Tout cela se passa sur la fin de
juillet 1667. Mais vers le milieu de janvier

1668. 1668, le cardinal Barberin, archevêque de
Rheims, accorda aux habitans d'Attigny,
des lettres de recommandation auprès de
M. l'intendant, pour obtenir que les villages
voisins contribueroient, concurremment
avec eux, à fournir l'étape aux troupes nom-
breuses qui alloient passer à Attigny; ce qui
fut exécuté (a).

____

(a) Vieux compte de communauté chez M. Pierret, notaire
à Attigny, où l'on voit en outre que la compagnie du baron
d'Almany y étoit en garnison en mars 1668.

CHAPITRE XIII.

*Débats de la communauté d'Attigny avec les
archevêques de Rheims. Billets de santé,
délivrés par le conseil de Rheims aux habitans. Corps-de-garde brûlé par les enfans.
Hôtel - Dieu d'Attigny. Sa situation. Sa
chapelle, dédiée à la sainte Vierge. Sa destruction. Incorporation de ses biens à l'hôpital de Rethel.*

Il paroît que les grands débats de la communauté d'Attigny, avec les archevêques de
Rheims, au sujet de la reprise de la portion
de ses usages, acquis par ceux-ci, lors de
l'aliénation qu'elle en avoit faite, commencèrent en 1665. Ce fut en effet cette année 1665.
qu'elle fit assigner l'économe de l'archevêché
de Rheims, et son fermier, dans la châtellenie d'Attigny, pour avoir, le premier, à se
désister des usages par lui possédés, et à re-
présenter les titres des aliénations, afin de
procéder à la liquidation du prix de ces mêmes aliénations ; et l'autre, pour être tenu
en défense de plus s'entremettre à disposer
des usages. Mais peu après, l'économe fit
évoquer la cause au grand conseil. M. l'abbé
de Saint-Mesloire étant arrivé à Rheims,
avec pouvoir de M. le cardinal Antoine
Barberin, archevêque de Rheims, d'administrer les biens de l'archevêché, les habitans
députèrent Jean Lorin et Gérard Pideux vers
lui, pour le prier de trouver bon que, conformément à la déclaration de Louis XIV,

Ans
de J.C.
ils rentrassent dans leurs usages. Après avoir salué ledit abbé et fait entendre le sujet de leur députation, les envoyés firent afficher aux portes du palais, que, nonobstant l'instance indécise au grand conseil, les habitans d'Attigny rentroient en possession du reste de leurs usages. Le cardinal Barberin étant arrivé à Rheims, vers la fin de l'année 1667, deux habitans furent députés, pour le saluer, de la part de leurs commettans ; mais ils ne purent obtenir audience, qu'au préalable ils n'eussent proposé de traiter, au sujet des usages retirés sur lui. Après plusieurs pourparlers, avec le bailli de Rheims et l'écolâtre, auxquels ils avoient été envoyés pour cette affaire, on tomba d'accord que la communauté d'Attigny abandonneroit la moitié de ses usages retirés sur le cardinal archevêque, sans être tenue de faire aucun remboursement, ou qu'elle jouiroit de la totalité, en payant l'intérêt au denier vingt-quatre, sans être obligée de faire le remboursement du principal des aliénations. La décision fut remise à la quinzaine. Alors les députés furent admis à saluer le cardinal, et revinrent à Attigny, au bout de sept jours, le 24 décembre 1667. Ce traité, avec le conseil de l'archevêque, fut agréé par la communauté assemblée le 8 janvier 1668. Le 19 du même mois, les députés repartirent de nouveau pour Rheims, munis de pouvoirs pour terminer. Le conseil du cardinal jugea à propos de laisser l'entière possession de leurs usages aux habitans, et jugement intervint pour les y maintenir (a).

____

(a) Extrait d'un vieux compte rendu à la communauté par

On lit encore (a), en date du 3 juillet 1668,
qu'Attigny fit porter, par Pierre Misset, une
lettre à MM. du conseil de Rheims, pour apprendre l'état de la santé de cette ville, et
leur offrir les vivres et deniers qu'ils ont coutume de tirer de ce lieu, en tel endroit qu'il
leur plairoit de désigner, en cas que le mal
empêchât la communication ordinaire; et
300 billets de santé furent délivrés aux habitans d'Attigny allant en voyage.

Il y arriva aussi un peu plus tard, en
1677, un évènement qui auroit pu avoir
des suites fâcheuses, si on n'avoit pas eu la
prudence de les prévenir. Les registres de
baptême prouvent qu'à la suite des malheurs
précédens, différentes brigades de gens de
guerre logèrent long-temps à Attigny. Leur
grand corps-de-garde, qui n'étoit construit
qu'en bois, étoit posté sur le gué de la rivière
d'Aisne. Le 7 novembre de cette année, qui
étoit un dimanche, dans le moment où ce
corps-de-garde étoit abandonné, plusieurs
petits enfans ayant amassé des morceaux de
bois, quelques poignées de paille et autres
matières combustibles, dans une hutte de
paille et de joncs, qui en étoit voisine, y
mirent le feu et la réduisirent en cendres.
Mais comme il faisoit alors un grand vent, le

Jean Lorin et Gérard Pideux, chez M. Pierret, notaire à Attigny.

Il paroît par une cédule, concernant les mêmes usages, en
date du 30 mai 1689, que la somme à payer à M. l'Archevêque,
pour les intérêts du prix des aliénations des usages par lui acquis, et depuis retirés, étoit de 390 liv. (Chez le même notaire,
vieux compte).

(a) Ibid.

corps-de-garde lui-même fut bientôt embra-
sé et entièrement consumé, malgré tous les
efforts des habitans, pour éteindre le feu.
On sent qu'un pareil accident auroit pu être
pris de très-mauvaise part. Mais Gérard Delapierre, syndic de la communauté d'Attigny,
et plusieurs autres personnes du même
lieu (a), s'étant rendus à Rethel, exposèrent
à Jean Mauclerc, seigneur de Boullai, conseiller du roi et prévôt des maréchaux de
France, qui y résidoit, le fait comme il s'é-
toit passé, et affirmèrent la vérité de leur
déclaration. Ainsi cette affaire n'eut aucune
suite (b).

Mais Attigny, après tant de malheurs, en
éprouva un autre d'un autre genre. C'est la
suppression et l'anéantissement de son hôpital. On n'a pas pu découvrir par qui il avoit
été fondé; et voici ce qu'il y a de certain à
son égard : Il étoit situé près le pont appelé
encore aujourd'hui *le Pont de l'Hôpital :* Il
étoit chargé de faire dire et célébrer, tous
les ans, quarante-huit messes, et avoit une
chapelle dédiée en l'honneur de la sainte
Vierge, appelée dans un vieux pouillé de
1612, *Capellania B. Mariæ domûs Dei de
Attiniaco*, c'est-à-dire : *Chapelle dédiée en
l'honneur de la Bienheureuse Vierge Marie
de la Maison-Dieu d'Attigny.* Les plus anciens du lieu attestent, comme l'ayant appris

––––––––––––––

(a) Jean Lardin, marchand, Renaudin, boucher, Jean
Taillart, laboureur, et Barthélemi Drouet, notaire royal à
Attigny.

(b) Voyez, dans les papiers de la cure, le procès-verbal du
2 décembre 1677, intitulé : *Corps-de-garde brûlé à Attigny.*

de leurs pères, qu'elle étoit située près du
pont de l'hôpital, à droite en allant à Givry,
dans une terre qui appartient encore en
effet aujourd'hui à l'hôpital de Rethel, et
qui aboutissoit alors à la rivière, ce qui
offroit mille avantages. Poncelet Jaillot
étoit procureur de l'hôpital d'Attigny en
1601 (a). De temps immémorial, ses administrateurs avoient été nommés par le
bureau de la fabrique d'Attigny, et avoient
rendu leurs comptes par-devant lui. Tout
récemment encore, Didier Corvizart et Louis
Salmon, administrateurs de ses biens tempo-
rels, depuis le 27 octobre 1659, jusqu'au
1.er janvier 1661, avoient mis les comptes
de leur gestion, sous les yeux de M. Legrand,
curé d'Attigny, et autres membres du bureau
de fabrique, lorsque tout-à-coup, vers 1664
ou 1665, les revenus de la Maison-Dieu
furent saisis, soit à la requête des receveurs
des décimes, pour de prétendus arrérages,
qu'ils disoient leur être dûs, soit par le sieur
de Saint-Quentin, écuyer demeurant à
Bierme, pourvu par le grand aumônier de
France de l'administration du temporel de
cette Maison-Dieu. En vain M. Letanneur (b),

Ans
de J.C.

1696.

(a) Voyez, dans les papiers de la fabrique, la donation
d'Aubry-Beauvarlet, l'an 1601, en faveur de l'Hôtel-Dieu
d'Attigny ; le compte rendu en 1661, par Didier Corvizart et
Louis Salmon, dont il ne reste qu'un fragment, et le compte
rendu en 1666, par M. Letanneur.

(b) On lit, dans un vieux compte rendu à la communauté
d'Attigny, par Jean Lorin et Gérard Pideux, que M. Letanneur fit, le 2 mai 1666, un voyage à Rheims, pour tirer de
M. Puignens, *chanoine, certain arrêt, qu'il a en main, par lequel les habitans* (d'Attigny), *auroient été maintenus en l'administration de l'hôpital dudit lieu, dont il auroit envoyé copie,
la semaine suivante, pour servir contre le sieur de Saint-Quentin,*

Ans marchand demeurant à Attigny, et tout
de J.C. récemment encore custode ou marguillier
de l'église, engagea le bureau à se pourvoir
au grand conseil, pour faire déclarer nulle
la prise de possession du sieur de St.-Quen-
tin, et se faire maintenir dans le droit de
nommer les administrateurs de l'Hôtel-Dieu;
celui-ci fit signifier, de la part du roi, aux
fermiers des biens de l'hôpital, établis par
les marguilliers, d'avoir à se désister de toute
jouissance à cet égard, et à lui en laisser la
libre et paisible administration (a). Enfin,
par lettres patentes données à Versailles,
au mois d'avril 1696, le roi, en exécution
des édits et déclarations des mois de mars,
avril et août 1693, joignit, unit et incor-
pora à l'Hôtel-Dieu de Rethel les biens de
l'hôpital, ou Maison-Dieu d'Attigny, *pour
être le revenu desdits biens employé à la nourriture et entretien des pauvres malades, qui
seroient remis audit Hôtel-Dieu de Rethel, et
à la charge de recevoir les pauvres malades
d'Attigny, à proportion des revenus de l'hôpital et Maison-Dieu dudit Attigny;* lesdites
patentes registrées au parlement, et vérifiées,
par arrêt du 5 juillet 1696 (b). Tel fut, en

---

administrateur nommé au préjudice du droit desdits habitans.
Ce qui prouve que les habitans d'Attigny prétendoient avoir,
concurremment avec le bureau de frabrique et le curé, l'administration des biens et revenus de l'hôpital. (Ce vieux compte
se trouvoit mutilé, dans l'étude de M. Pierret, notaire à
Attigny).

(a) Voyez dans les papiers de la fabrique quelques feuilles
d'écriture intitulées: *Pièces concernant l'hôpital d'Attigny.*

(b) Voyez, dans les papiers de la cure, la copie exacte des
lettres patentes, telle qu'elle vient d'être rapportée, concernant l'Hôtel-Dieu d'Attigny et celui de Rethel.

Voyez plus bas, dans la vie de M. Coustier, curé d'Attigny,
ce qui s'est passé de son temps, pour faire recevoir à l'hôpital
de Rethel un habitant infirme de sa paroisse, nommé *Guignot.*

dernier résultat , le sort de l'Hôtel-Dieu A^{ns} d'Attigny , qui ne pouvoit manquer d'entraî-^{de J.C.} ner aussi , après lui , la destruction totale de la chapelle,

CHAPITRE XIV.

Chapelle du prieuré de Sainte-Vaubourg. Le doyen d'Attigny y distribuoit encore les SS. Huiles vers 1581. Procession à cette chapelle, la seconde fête de Pâques. Paire de gants donnée par le curé de Sainte-Vaubourg au premier arrivant des curés du voisinage,

L_A chapelle du prieuré de Ste Vaubourg , jadis située dans le palais des rois de France, ^{1700.} fut plus heureuse et se soutint mieux. Jean Lespagnol, qui écrivoit la vie de sainte Valburge vers 1609 ou 1611 , nous atteste que, trente ans avant cette époque, et par conséquent vers l'an 1581 , le doyen d'Attigny venoit encore tous les ans dans cette chapelle, le premier jour de mai , pour distribuer les saintes huiles aux curés des paroisses de son doyenné. Ainsi on peut dire que, sur la fin du seizième siècle, elle étoit encore très-honorée. Il est d'ailleurs bien manifeste que , si elle n'eût encore été révérée, au commencement du dix-septième, Jean Lespagnol , aussi distingué qu'il l'étoit, et par sa science et par le poste alors très-éminent de grand prieur du fameux monastère de Saint-Remi de Rheims, n'auroit point , à son occasion ,

Ans entrepris d'écrire et de mettre au jour *la vie*
de J.C. *de sainte Valburge*. Enfin une preuve qu'elle
étoit en grand honneur, même au commencement du dix-huitième siècle, c'est le
témoignage d'un habitant d'Attigny, dont
nous ignorons le nom, mais qui vivoit encore
vers l'an 1741, et qui s'exprime ainsi dans
un manuscrit déposé à Sainte-Vaubourg,
dans la maison de l'ancien prieuré : *Je me*

1700. *souviens d'avoir été depuis 1700 en procession*
à l'église de la paroisse de sainte Vaubourg
et ensuite à celle du prieuré, seconde fête de
Pâques, comme habitant d'Attigny. Les curés
du voisinage s'y rendoient en procession, à
peu près à la même heure, pour y chanter la
grand'messe, suivis des plus dévots ou des plus

1741. *curieux de leurs paroissiens. Le curé de la pa-*
roisse (de sainte Vaubourg) donnoit au
premier arrivant desdits curés, qu'il alloit at-
tendre, à quelque distance de l'église, avec les
chantres, précédé de la croix et des bannières,
une paire de gants. On présentoit aussi, dans
la sacristie, quelques rafraîchissemens, dont
usoient ceux qui en avoient besoin ; mais trop
d'intérêt, de la part du curé encore existant,
et quelques brouilleries survenues, entre lui et
le curé d'Attigny, ont mis fin à cette cérémo-
nie, il y a environ vingt ans.

CHAPITRE XV.

*Contestations avec les archevêques de Rheims,
au sujet des droits de bourgeoisie et de tirage. Rente affectée sur la totalité des usages
à payer aux archevêques et son origine.
Rétablissement du pont aux frais de la
commune. Assises et plaids généraux sous
M. de Rohan, archevêque de Rheims, pour
constater les droits seigneuriaux. Exemption
singulière des habitans de Rilly. Révolution
françoise. Anéantissement de la terre d'Attigny. Chapelle de sainte Vaubourg, jadis
si révérée, devenue l'atelier d'un charron,
et enfin détruite. Vers à inscrire au pied de la
croix des Budes.*

Il paroît qu'il s'éleva aussi à Attigny, depuis
1724, jusqu'en 1735, des difficultés au
sujet des droits seigneuriaux. On voit en
effet, dans les papiers de la mairie, une sup-
plique adressée à la chambre des comptes,
par les syndic, échevins et communauté
d'Attigny, où ils disent que, *pour leur
servir de titre, ils ont besoin d'avoir la déclaration du temporel de l'archevêché de Rheims,
rendue au roi par Richard* (Picque), *archevêque dudit lieu, en date du mois de juin* 1385,
(a) *pour se rédimer des servitudes contre eux
prétendues par M. l'archevêque de Rheims,* ce
qui leur fut accordé.

(a) Nous avons rapporté plus haut la substance de ce qui,
dans cette déclaration, a rapport à la terre et prévôté d'Attigny.

Ans
de J.C. La contestation rouloit alors sur les droits
de bourgeoisie et du tirage (a), dans lesquels
les archevêques furent conservés par sentence
du bailliage ducal de Rheims, du 30 mars
1724, et arrêt contradictoire confirmatif du
28 juillet 1730. Mais ce qui gênoit le plus la
communauté, c'étoit une rente de 390 livres
affectée sur la totalité de ses usages, qu'elle
devoit payer par chacun an, aux archevêques, à la saint Martin, à raison d'une somme de 9369 livres, qu'un ancien archevêque
de Rheims avoit donnée au profit de la communauté d'Attigny, pour retirer certaines
portions de ces usages aliénés. Elle fut
condamnée à continuer le paiement de ladite
rente, par sentence du 30 juillet 1734,
confirmée par arrêt du 30 mars 1735. Elle
prit une voie plus sûre, pour se libérer d'un
autre droit, qui lui paroissoit aussi très-
onéreux. Il y avoit déjà très-long-temps qu'il
n'y avoit plus de pont, sur la rivière d'Aisne
à Attigny. Dès l'an 1652, les archevêques
de Rheims, en qualité de seigneurs, entretenoient à leurs frais un bateau et des barques
pour passer, non seulement les gens de pied,
mais encore les hommes à cheval, même les
chars et autres voitures, et en conséquence
ils exigoient un droit de passage (b). Mais
1749. en 1749, la commune s'étant adressée au roi,
en obtint la permission de construire un

(a) Voyez en quoi consistoient ces deux droits dans le
procès-verbal des assises tenues à Attigny, en 1755, parmi les
papiers de la cure.

(b) Ce droit étoit de huit sous par chariot, de quatre par
voiture, de quinze deniers pour un homme à cheval et de six
pour un homme à pied. (Voyez le procès-verbal des assises
tenues à Attigny en 1757).

pont, à ses dépens ; ce qui fut exécuté. **Ans** Ainsi le droit seigneurial de passage, sur la **de J.C.** dite rivière d'Aisne, fut dès lors annullé. Ce fut M. l'évêque de Joppé, suffragant de M. l'archevêque de Rheims, qui, la même année, étant venu confirmer à Attigny, bénit solemnellement la croix de ce pont.

Ce fut apparemment pour prévenir des contestations ultérieures, en faisant constater ses droits seigneuriaux, que S. A. M.gr Armand - Jules de Rohan, archevêque duc de Rheims, fit tenir, le 11 juillet 1757, dans sa châtellenie d'Attigny, des assises et plaids **1757.** généraux, par M. Bergeat, bailli, lieutenant général de police, en la ville et faubourgs de Rheims, et autres officiers du bailliage ducal de cette ville, auxquels comparurent les habitans d'Attigny, de Coulommes, de Chuffilly, de Mery, de Roches et de Marcellau. Il en fut dressé un procès-verbal, auquel souscrivirent une foule de personnes, et en particulier MM. Coustier, curé d'Attigny, Jean-Baptiste Mageat, curé de Coulommes, et Ponce Taton, curé de Chuffilly. Il y est fait une énumération de tous les droits seigneuriaux des archevêques de Rheims, comme seigneurs de la terre d'Attigny, et il y est en particulier fait mention de l'exemption singulière, dont jouissoient à cet égard, *sui-* **1757.** *vant l'ancienne coutume,* les habitans de Rilly-aux-Oies, ou Oseroies. Il falloit, pour la conserver, qu'*il fût fait, par les filles et garçons de ce lieu, chaque année, le jour de saint Jean-Baptiste, trois tours de danse*(*)*, autour*

(*) Cette danse étoit accompagnée des paroles suivantes :
Nous sons d'Rilly, nous sons d'Rilly, nous sons d'Rilly-aux-Oies ; nous en d'venons, nous en d'venons, nous y rirons encore.

Ans de J.C de la halle d'*Attigny*, avant dix heures du matin ; en sorte que, si elles eussent sonné sans qu'ils l'eussent fait, ils auroient été déchus pour toujours de la même exemption. Le fermier de l'archevêque, à *Attigny*, étoit tenu de leur fournir, le même jour, deux douzaines d'échaudés, quatre bouteilles de vin, du pain et des cerises (a). Dom Lelong, dans son histoire ecclésiastique et civile du diocèse de Laon, dit (b) que les habitans de Rilly jouissoient de ces exemptions de tous droits, pour avoir reçu avec honneur et distinction le seigneur d'Attigny ; mais il ne cite aucune autorité pour appuyer cette assertion.

Toutes les précautions de M. de Rohan, en faisant tenir à Attigny ces assises, sont devenues bien inutiles. Les mécontentemens qui s'y étoient manifestés, surtout de son temps, étoient les avant-coureurs d'une révolution qui, trente-cinq ans après, devoit renverser le trône et l'autel, anéantir la terre d'Attigny, avec ses dépendances, et faire de l'église de Sainte-Valburge, jadis située dans le palais des rois, et révérée au loin, pendant le laps de plus de huit cents ans, l'atelier et la boutique d'un charron. Elle a enfin été démolie, dans le mois d'octobre 1816, et ce **1816.** fut alors qu'un charpentier d'Attigny, nommé Beuvart, tomba du haut d'une poutre, et mourut peu de jours après.

___

(a) Ces paroles sont tirées très-exactement du procès-verbal des assises tenues à Attigny l'an 1757, et ne peuvent conséquemment laisser aucun doute.

(b) Page 134.

VERS (*) à inscrire au pied de la croix qui s'élève au-dessus et à côté des Budes, où étoit jadis la forteresse d'Attigny.

Hìc ubi disjectas moles, disjectaque cernis
Rudera, Francorum famosa palatia regum
Assurrexerunt... O quantum in rebus inane
Terrenis! perimit consumens omnia tempus.
Solus heri, solus nunc atque in sæcula Christus.

(*) Nous connoissons tous les défauts de ces vers, et nous n'avons point la prétention ridicule de les faire admirer. Nous prions de ne faire attention qu'au fond de la pensée qu'ils renferment.

NOTICE CHRONOLOGIQUE

DE

TOUS LES SEIGNEURS D'ATTIGNY.

Les ancêtres de Léodebode, abbé de Saint-Agnan, près les murs d'Orléans.

1. Léodebode lui-même, jusqu'à l'échange de la terre d'Attigny, l'an 638.

ROIS DE FRANCE.

Première race des Mérovingiens.

2. Clovis II, jusqu'en 656.

3. Clotaire III, fils de Clovis II, jusqu'en 669.

4. Thierry III, frère de Clotaire III, quelques mois.

5. Childeric II, frère du précédent, jusqu'en 673.

Thierry III, de nouveau après la mort de son frère Childéric II, jusque vers 691.

6. Clovis III, fils de Thierry III, jusqu'en 695.

7. Childebert III, frère de Clovis III, jusqu'en 711.

8. Dagobert III, fils de Childebert III, jusqu'en 715.

9. Chilpéric II, surnommé *Daniel*, fils de Childeric II, jusqu'en 721; cependant meurt à Attigny l'an 727.

10. THIERRY IV, fils de Dagobert III, surnommé *Cala*, jusqu'en 737.

Interrègne.

11. CHILDÉRIC III, fils de Chilpéric II, jusqu'en 752.

Deuxième race des Carlovingiens.

12. PÉPIN, fils de Charles Martel, jusqu'en 768.

13. CARLOMAN, fils de Pépin, jusqu'en 771.

14. CHARLEMAGNE, devenu roi de toute la France, et empereur des Romains, jusqu'en 814.

15. LOUIS LE DÉBONNAIRE, roi de France et empereur des Romains, jusqu'en 840.

16. CHARLES LE CHAUVE, roi de France, et ensuite empereur des Romains, jusqu'en 877.

17. LOUIS LE BÈGUE, roi de France, fils de Charles le Chauve, jusqu'en 879.

18. LOUIS III, fils de Louis le Bègue, roi de Neustrie, jusqu'en 882.

19. CARLOMAN, devenu roi de toute la France, jusqu'en 884.

20. CHARLES LE GROS, fils de Louis, roi de Germanie, empereur des Romains et ensuite roi de France, jusqu'en 887.

21. EUDES, roi de France, jusqu'en 892.

22. CHARLES LE SIMPLE, roi de France, fils de Louis le Bègue, jusqu'en 922.

23. ROBERT, frère du roi Eudes, devenu roi de France, jusqu'en 925.

17

24.   RAOUL , fils de Richard , duc de Bourgogne , roi de France , jusqu'en 928 , où il rendit la terre d'Attigny à

CHARLES LE SIMPLE , jusqu'en 929.

RAOUL de nouveau , jusqu'en 936.

25.   LOUIS D'OUTREMER , fils de Charles le Simple , jusqu'en 954.

26.   LOTHAIRE , roi de France , fils du précédent , jusqu'en 986.

27.   LOUIS V , dit *le Fainéant* , fils de Lothaire , jusqu'en 987.

Troisième race des Capétiens.

28.   HUGUES CAPET , jusqu'en 992.

29.   ROBERT , fils de Hugues , jusqu'en 1033.

30.   HENRI I.ᵉʳ , son fils , jusqu'en 1059.

31.   PHILIPPE I.ᵉʳ , jusqu'au mariage de sa fille Constance , avec Hugues , comte de Champagne , en 1090.

32.   HUGUES , comte de Champagne , acquiert la terre d'Attigny par sa femme Constance , à qui elle est donnée en douaire , et la garde jusqu'en 1102 , où il la donne en partie aux moines de l'abbaye de Molesme , et presqu'en totalité aux archevêques de Rheims.

ARCHEVÊQUES DE RHEIMS, SEIGNEURS D'ATTIGNY.

33.   RAOUL , jusqu'en 1124.

34.   RENAUD DE MARTIGNÉ , jusqu'en 1138.

35.   SAMSON , jusqu'en 1171.

36.   HENRI DE FRANCE , fils de Louis le Gros , et frère de Louis le jeune , jusqu'en 1175.

37.   GUILLAUME , 4.ᵉ fils de Thibault , comte de Champagne , jusqu'en 1202.

38. GUY PARÉ, jusqu'en 1206.

39. ALBERIC, jusqu'en 1218.

40. GUILLAUME, de Joinville, jusqu'en 1226.

41. HENRI DE BRAINE, jusqu'en 1240.

42. IVELLE, jusqu'en 1249.

43. THOMAS DE BEAUMETS, jusqu'en 1262.

44. JEAN DE COURTENAI, jusqu'en 1270.

45. PIERRE BARBET, jusqu'en 1298.

46. ROBERT DE COURTENAI, jusqu'en 1323.

47. GUILLAUME DE TRIE, jusqu'en 1331.

48. JEAN DE VIENNE, jusqu'en 1351.

49. HUGUES D'ARCY, mort aussi en 1351.

50. HUMBERT, Dauphin de Viennois,
jusqu'en 1355.

51. JEAN DE CRAON, jusqu'en 1373.

52. LOUIS THÉSART, jusqu'en 1375.

53. RICHARD PICQUE, jusqu'en 1388.

54. FERRIC CASSINEL, jusqu'en 1390.

55. GUY DE ROYE, jusqu'en 1409.

56. SIMON DE CRAMAUD, jusqu'en 1413.

57. PIERRE TROUSSEAU, jusqu'en décembre de 1413, pendant quelques mois.

58. RENAUD DE CHARTRES, jusqu'en 1444.

59. JACQUES - JUVÉNAL DES URSINS, jusqu'en 1449.

60. JEAN-JUVÉNAL DES URSINS, frère du
précédent, jusqu'en 1473.

61. PIERRE DE LAVAL, jusqu'en 1493.

62. ROBERT BRIÇONNET, jusqu'en 1497.

63. GUILLAUME BRIÇONNET, frère du précédent, jusqu'en 1507.

64. CHARLES DE CARECT, jusqu'en 1509.

65. ROBERT DE LÉNONCOURT, jusqu'en 1532.

66. JEAN DE LORRAINE, jusqu'en 1538.

67. CHARLES DE LORRAINE, jusqu'en 1574.
68. LOUIS DE GUISE, jusqu'en 1588.
69. NICOLAS PELLEVÉ, jusqu'en 1594.
70. PHILIPPE DU BEC, jusqu'en 1605.
71. LOUIS DE LORRAINE, jusqu'en 1621.
72. GUILLAUME GIFFORD, jusqu'en 1629.
73. HENRI DE LORRAINE, jusqu'en 1641.
74. ELÉONORE D'ETAMPES DE VALENÇAY, jusqu'en 1651.
75. HENRI DE SAVOIE, duc d'Aumale, jusqu'en 1653.
76. ANTOINE BARBERIN, jusqu'en 1671.
77. CHARLES-MAURICE LE TELLIER, jusqu'en 1710.
78. FRANÇOIS DE MAILLY, jusqu'au 13 septembre 1721.
79. ARMAND-JULES DE ROHAN, jusqu'en 1762.
80. CHARLES-ANTOINE DE LA ROCHE AYMON, jusqu'en 1777.
81. ALEXANDRE-ANGÉLIQUE DE TALLEYRAND PÉRIGORD, depuis 1777 jusqu'au 15 août 1801.

SUCCESSION

DES CURÉS CONNUS D'ATTIGNY.

Ans de J.C. ÉTIENNE MAIGRET est le plus ancien curé connu d'Attigny. On n'a d'autre notion, à son égard, sinon, dans les papiers de la fabrique, un testament signé de sa propre main, de la part d'une personne en faveur de son église, le 14 octobre 1571. Un acte

1571. de ratification de ce testament, passé en

1573, parle aussi de lui, comme déjà mort à cette époque.

Ans
de J.C.

Pierre Lapostolle, prêtre, curé d'Attigny dès l'an 1577, l'étoit encore en 1590. Il laissa quelques biens à son église, en lieu dit *la haie des battis*, sous l'obligation de faire célébrer, tous les ans, le 14 janvier, avec la plus grande solemnité, l'office du saint nom de Jésus, et de faire acquitter, pour le repos de son âme, un obit le 4 novembre.

1577.

Nicolas Hurtault, prêtre, curé et doyen d'Attigny, est le premier auquel les chartres subsistantes de la fabrique donnent cette dernière qualité, qui, d'ancienne date, étoit attachée à Mont-Marin. Il étoit en outre bâchelier en théologie. La fondation, qu'il fit dans son église, d'une messe, en l'honneur des cinq plaies de Jésus-Christ, tous les premiers vendredis de chaque mois, fait voir qu'il joignoit à la science une tendre piété. Il avoit laissé, pour l'acquit de ces messes, un arpent de terre, en lieudit *la petite Cotière*, et en outre deux fauchées de près. Il est fait mention de lui, comme vivant, dans différens titres, sous les années 1601, 1604, 1605, 1606, 1608 et 1610, parmi lesquels il en est trois signés de sa main.

1610.

Ponce Chesneau, prêtre, curé et doyen d'Attigny, a signé de sa propre main la fondation d'un obit, et de l'office de la Présentation de la sainte Vierge, sous les années 1614 et 1617. C'est tout ce que l'on sait de lui.

1617.

François Corvizart étoit curé d'Attigny en 1622, au moment où fut achevée la chapelle de Sainte-Véronique, où se trouvent

1622.

Ans aujourd'hui les fonts baptismaux, vers le
de J.C midi, et sur les dehors de laquelle on voit
les restes mutilés de trois armoiries différentes, avec ces lettres inscrites sur la première à gauche : S. P. Q., dont nous ignorons la signification; et ces paroles : *J. Godart*
1622. *Cantor Remensis M D C X X I I.* Ce Jean
Godart, grand chantre de l'église de Rheims,
étoit d'Attigny, comme il est constant d'a-
près l'inventaire des chartres de l'église de
Rheims (Layette 14, liasse 22, *Testamens et
fondations,* pag. 204, tom. 1.er in-folio). Il y
est fait mention d'une fondation qu'il fit le
23 juillet 1533; et à la page suivante, on
parle de lui, comme déjà mort en 1540. Il
est évident qu'il avoit, de concert avec deux
autres personnes constituées en dignité, qu'on
ne peut aujourd'hui deviner, laissé des fonds
pour bâtir la chapelle susdite, qui ne fut
finie qu'en 1622. Il étoit plein de dévotion
pour la croix; aussi cette chapelle porte-t-
elle encore quelques attributs de la passion,
et étoit-elle appelée la chapelle de sainte
Véronique. Il a laissé en mourant un savant
manuscrit touchant les cérémonies du sacre
et couronnement du roi François Ier, le jeudi
25 janvier 1514, dont j'ai vu de grands
extraits, dans un recueil en deux volumes,
qui se trouvent à Rheims, dans la bibliothèque de M. Dessain de Chevrières. C'est à la
reconnoissance des barbares qui ont abattu
les armoiries des deux autres bienfaiteurs de
l'église, que nous sommes redevables de ne
pouvoir donner des notions plus claires à
leur égard. On voit, par la position de cette
porte antique et enjolivée, qui se trouve

maintenant presque masquée dans le coin à droite, que cette chapelle est, dans l'ancienne construction de l'église, un hors-d'œuvre, qui y a été surajouté récemment.

Les épitaphes qui se trouvent inscrites sur la chapelle de Saint-Méen, au nord, ne remontent guère plus haut que l'année où fut bâtie celle de Sainte-Véronique. Elle est aussi, visiblement, un hors-d'œuvre, et il est à croire qu'elle est à peu près du même temps. Il est probable que François Corvizart devint par la suite chanoine de Saint-Diez en Lorraine, et qu'il est le même que *François Corvizart*, chanoine de cette église, qui laissa par son testament, à la fabrique d'Attigny, une somme, pour faire acquitter tous les ans, le 12 septembre, une messe haute, avec recommandise (*).

Ponce Legrand fils de Jean Legrand et de Rosette Morlet, de Sainte-Vaubourg, prit possession le 13 décembre 1628. Les plus anciens registres de baptême, qui nous restent, datent de ce moment. Ce fut lui qui, en 1640, bénit la cloche qui a été récemment remplacée par deux autres. On y lisoit cette inscription : « Je fus bénite et consacrée à » Dieu, par les mains de Maître Ponce Le- » grand, prêtre et curé d'Attigny, et nommée » par noble homme, Didier Corvizart, con- » seiller du roi, élu et contrôleur en l'élec- » tion de Rethelois, et prévôt en la châtelny

____

(*) C'est de son temps que furent fondues les deux cloches, ou timbres de l'horloge placés au haut du dôme d'Attigny. L'un, au levant, porte ces mots inscrits : *Vive le roi Louis XIII du nom 1623.* L'autre, avec la même année, porte : M. C. H. M.ᶜ IRREFFE. G. HANNOTEAU, COLARD.

Ans de J.C. » d'Attigny, et demoiselle Élizabeth Geof-
» frois, sa femme, Jean Deloury, Gobert-
» Verzeau, custode, Charles Harmel, Michel
» Frioul, Loupin Hardis, G. Pideux.

1640. « Le 12 novembre 1640, Maître Charles
» Harmel, sculpteur, m'a conduit.»

On a vu ci-dessus, dans nos recherches sur Attigny, combien Ponce Legrand eut à souffrir pendant les guerres en 1649. Il fut curé pendant près de trente-cinq ans, et

1663. mourut le 22 novembre 1663. Il fit un legs en faveur de son église, et fonda un obit pour le jour anniversaire de sa mort. Il est inhumé aux pieds de la statue de sainte Élizabeth, au bas du dernier degré du sanctuaire, à droite, en regardant le sanctuaire.

HONORÉ BOURON entra en possession de la cure d'Attigny le 10 décembre 1663. C'est sous lui qu'on commence à apercevoir les symptômes de ces funestes divisions qui éclatèrent entre les curés d'Attigny et les membres du bureau de fabrique, et durèrent, depuis la fin du dix-septième siècle, jusque bien avant dans le dix-huitième (a). Le mécontentement perce et se montre d'un bout à l'autre dans un mémoire rédigé en

1672. 1672, et destiné à être présenté à M. le vicaire général de Rheims, afin d'obtenir un règlement sur son contenu. Les députés de la communauté d'Attigny y exposent qu'avant les dernières guerres, c'est-à-dire

---

(a) On voit par les papiers de la fabrique qu'il y avoit en 1666 dans l'église d'Attigny, dans la chapelle collatérale du côté de l'évangile, un autel érigé en l'honneur de Notre-Dame du Mont-Carmel.

les guerres de la Fronde, il y avoit dans
l'église d'Attigny, pour la décoration du
service divin, plusieurs prêtres habitués qui
servoient de diacre, et de sous-diacre,
et faisoient les fonctions de chantre. Ils
ajoutent que l'un de ces prêtres célébroit
tous les jours la messe, dès la pointe du
jour , pour la commodité publique. Ils
accusent leur curé d'avoir par des *voies indi-*
rectes obligé de se retirer plusieurs prêtres
habitués qu'ils avoient attirés dans la paroisse
pour rendre au service divin son ancien
lustre, et notamment un nommé *Davoust* ,
ci-devant vicaire d'Olizy, et pour lors établi
à Attigny, du consentement, disent-ils , de
M. Bouron (a). On ne voit pas quelle fut la décision de l'archevêché. Ce qu'il y a de certain,
c'est qu'à dater depuis 1679, jusqu'en 1683,
Jean Davoust demeura à Attigny, non seulement comme prêtre habitué, mais même
en qualité de vicaire, et que, par la suite
des temps, jusqu'à la révolution, il y eut
constamment des vicaires dans la paroisse.
On trouve en l'an 1684, un traité entre M.
Bouron et M. de la Foye, commandeur de
Mouzon, pour les rétributions des fondations
de la maladrerie (b) , en l'église d'Attigny.

Ans
de J.C.

1683.

1684.

(a) Voyez dans les papiers de la cure Mémoire instructif, etc.,
et le traité fait avec Jean Davoust, prêtre.

(b) Le 3 août 1671, Antoine Bodiot, natif de Joinville,
diocèse de Langres, nommé par monseigneur l'évêque de
Coutances, alors vicaire général de son éminence monseigneur
le cardinal Antoine Barberin, évêque de Palestrine, archevêque de Rheims, camerlingue de la sainte église romaine, et
grand aumônier de France, se présenta avec des lettres de
nomination, signées *Claude, évêque de Coutances, vicaire général,*

Ans de J.C. Apparemment cette léproserie, jadis placée à peu de distance de Rilly-aux-Oseroies, étoit dès-lors déjà détruite. L'an 1687, Anne-Catherine Bernard, fille ou femme calviniste, fit son abjuration dans l'église d'Attigny, et embrassa la foi catholique. Ce fut Jean Chopin, curé de Saulces-Champenoise, et doyen d'Attigny, qui la réconcilia à l'église. Honoré Bouron, sur la fin de sa vie, prit pour son vicaire, Honoré Daudet, son neveu, fils d'une de ses sœurs, mariée, ce semble, à Attigny, qui devint son successeur immédiat.

1692. Il tomba dangereusement malade en 1692, et mourut le 21 septembre de la même année.

HONORÉ DAUDET, prêtre, bachelier en théologie et curé d'Attigny, né le 16 décembre 1664, étoit déjà en possession de la cure

---

en date du 11 mai de la même année, et des lettres de provision obtenues du roi pour prendre possession de la maladrerie de saint Lazare de Semuid. Il se rendit à Semuid, accompagné d'un notaire d'Attigny et des témoins requis. Ce notaire, en présence de Jean Lévesque, alors vicaire de Semuid et de Rilly, et des principaux habitans du lieu, se plaça au-devant de l'église paroissiale, et déclara à haute voix, qu'il mettoit en possession le susdit nommé. Alors celui-ci représenta qu'il avoit appris que la chapelle de la maladrerie et tous les bâtimens qui en dépendent, sont entièrement ruinés, sans qu'il y parût aucuns vestiges d'édifice, et qu'il etoit de son intérêt que les lieux fussent visités pour en reconnoître l'état et en demander acte. Mais tous les témoins attestèrent en ce moment, *que la chapelle de ladite maladrerie, et les bâtimens qui en dépendoient, étoient assis et situés proche de la rivière d'Aisne, audit lieu de Semuid, et qu'ils avoient été ruinés et inondés par l'abondance des eaux. Je me suis donc, continue le notaire, avec eux et le sieur Baudiot, transporté sur les lieux* (*) *qui m'ont été indiqués par les susnommés, et nous n'y avons trouvé aucuns vestiges de chapelle, bâtiment ou édifice, ni même aucuns fondemens.* (Prise de possession de la chapelle de saint Lazare de Semuid par le sieur Baudiot, dans l'étude de M. Pierret, notaire à Attigny).

(*) Il paroît, par le témoignage des personnes les plus instruites, que l'emplacement de cette chapelle étoit à peu de distance du vieux pont, en deça de la rivière d'Aisne, du côté d'Attigny, à côté du chemin des Romains.

le 5 octobre 1692. Il s'éleva entre lui et les
paroissiens, de plus grandes difficultés encore
que celles qui avoient existé, sous son prédécesseur, au sujet de l'administration du
temporel de l'église. Pour prévenir les suites
fâcheuses d'un procès, dont l'instance étoit
déjà pendante à l'officialité de Rheims, les
paroissiens prièrent M. l'archevêque d'y
pourvoir par un règlement qui fut effectivement donné, en 20 articles, par M. Dey de
Serancourt, alors vicaire général du diocèse,
après avoir entendu les deux parties, le 17
décembre 1697. Il y est, entre autres, ordonné que toutes les messes de fondations
seront acquittées par le curé, dans l'église
même d'Attigny; qu'on n'acceptera plus de
nouvelles fondations sans le consentement de
l'archevêché; qu'il sera placé dans l'église,
à la vue des paroissiens, un tableau où seront
inscrites toutes les fondations; que le curé,
sous peine de suspense, et les paroissiens ou
les marguilliers, sous peine d'excommunication, seront tenus de remettre, sous deux
mois, dans un coffre à deux serrures, tous
les titres concernant la fabrique ou les con-
fréries, en sorte que l'une des deux clefs soit
entre les mains du curé, et l'autre en celles
du plus ancien marguillier, et qu'une copie
de l'inventaire de ces titres soit déposée dans
le trésor de l'archevêché; que la messe, pendant l'été, sera chantée à huit heures du
matin, les dimanches et fêtes de précepte,
et à neuf heures pendant l'hiver, depuis la
saint Remi jusqu'à Pâques; enfin que, pour
donner au peuple le temps de se préparer
et de s'assembler, on sonnera une heure

Ans
de J.C.

1698.

d'avance. Cette ordonnance fut signifiée à M. Daudet, par huissier, à la requête du promoteur de la cour spirituelle, le 19 avril 1698. Cependant toutes ces sages précautions ne suffirent pas pour apaiser les esprits et terminer les contestations. M. Le Tellier, archevêque de Rheims, fut obligé, en 1700, d'envoyer à Attigny son promoteur. Celui-ci, après avoir entendu les curé, marguilliers et paroissiens, dressa un procès-verbal contenant un état des fondations, que la fabrique étoit chargée de faire acquitter, avec plusieurs autres articles, en forme de règlement, très-utiles pour l'administration temporelle des revenus de la fabrique, et pour entretenir la bonne intelligence entre le curé et les paroissiens (a). Tout cela fut encore inutile. M. Le Tellier appela donc à Rheims M. Daudet, curé, et Lesure, procureur fiscal de la justice d'Attigny, et après les avoir entendus, en présence l'un de l'autre, et s'être assuré, par leur déclaration, qu'ils recevroient avec respect ce qu'il lui plairoit d'ordonner, l'exécuteroient, à leur égard, avec soumission, et tiendroient la main à ce que le tout fût observé ponctuellement dans la paroisse d'Attigny, il fit une nouvelle ordonnance, dans laquelle, tenant la balance parfaitement égale, au sujet des intérêts du curé et de la fabrique, il exhorte de choisir des

---

(a) Le règlement de M. Antoine Lempereur, prêtre, docteur en théologie, chantre et chanoine de l'église de Rheims, et promoteur de la cour spirituelle, se trouve transcrit dans le registre des délibérations de la fabrique d'Attigny, conclusion du 28 mai 1730, sous M. Gascard, curé.

marguilliers solvables, éclairés et affection- Ans
nés au bien de la paroisse, défend aux mar- de J.C.
guilliers d'entreprendre des procès sans l'avis
et le consentement du curé et des paroissiens
par écrit; ordonne enfin que tous les comptes
à rendre seront incessamment rendus par-
devant M. Jean Chopin, prêtre, curé de
Mont-Marin et doyen d'Attigny, en présence
de M. Daudet, et du procureur fiscal et autres paroissiens (a). Il paroît que cette dernière ordonnance produisit un bon effet. Du
moins il ne reste point de monumens postérieurs qui prouvent que la division ait con-
tinué. Cependant les comptes de fabrique
furent encore, pendant quatre années con-
sécutives, jusqu'en 1708, rendus par-devant 1708.
M. Chopin, curé de Mont-Marin, et ensuite
M. Charlier, curé de Voncq, successivement
doyens d'Attigny. Celui-ci fut même encore
depuis, on ne sait pourquoi, délégué extra-
ordinairement par M. l'archevêque, pour
entendre les comptes de 1714 et 1715. Par- 1714.
mi les différentes fondations qui furent faites, 1715.
sous M. Honoré Daudet, la plus remarqua-
ble est celle de l'office de saint Méen, abbé,
par Gilles Maillet, le 29 mai 1700. C'est aussi
sous lui que fut fait le marché pour les colonnes et le baldaquin du grand autel, tels
qu'on les voit aujourd'hui. Il mourut très-
peu de temps après, le 7 novembre 1725, 1725.
et n'eut pas le plaisir d'en voir l'exécution.
Il fut enterré dans la chapelle alors vulgai-

(a) Voyez cette dernière ordonnance, en date du 3 juin
1704, avec la propre signature de M. Le Tellier, dans les
papiers de la fabrique.

Ans rement appelée du S. Rosaire , maintenant
de J.C. de saint Chrodegand.

CLAUDE-LÉONARD COULON, de Bezançon,
prêtre, docteur en théologie, prit possession
1726. de la cure d'Attigny le 7 janvier 1726. Il ne
fit que paroître, et eut à peine le temps d'être
connu de ses paroissiens. Après avoir béni la
première pierre du grand autel, il mourut
le 16 septembre de la même année, et fut
enterré le lendemain 17, dans l'église, on ne
sait où, par M. Scribot, curé du Chesne et
doyen d'Attigny, en présence de P. Prévost,
curé de Louvergny, G. Mansuet, curé de
Sainte-Vaubourg, F. Charlier, curé de Vonoq,
Houzeau, curé de Saint-Lambert, Lefebvre,
curé de Charbogne, Delacroix, curé de Chuffilly, Regnaudin, curé de Rilly, et Médard
Robin, curé de Neuville. Quelques vieillards
racontent qu'aimant la chasse, et ayant fort
chaud, il voulut poursuivre un lièvre, qui,
dans sa détresse, avoit passé le gué de la rivière, au bas de la Motte, du côté d'Attigny,
et passa lui-même au travers de l'eau, ce qui
lui attira la maladie dont il mourut.

SÉBASTIEN GASCARD, prêtre, licencié en
droit canon, curé d'Attigny, se rendit dans
sa paroisse vers le mois d'octobre, ou de
1729. décembre 1729. Il s'occupa d'abord à rétablir, dans l'administration du temporel de
l'église, le bon ordre qui avoit été troublé,
depuis la vacance de la cure, par la mort
de M. Coulon. Il exgigea que les règlemens
de l'archevêché fussent ponctuellement observés, et ne donna qu'un mois aux marguilliers arriérés, pour rendre leurs comptes. C'est lui qui, de concert avec son bureau,

fit faire en 1732 le beau Christ et les lam- Ans
bris en marbre du sanctuaire. Cette décora-de J.C.
tion, qui donne à l'église d'Attigny une si
grande majesté, n'eut pas l'approbation de
tout le monde, causa de longues divisions
parmi les paroissiens, et lui attira à lui-même de grands désagrémens, de la part de
plusieurs personnes, et surtout d'un nommé
Dumouttier, alors procureur fiscal d'Attigny,
qui, dans une assemblée de fabrique, à la
porte de l'église, où assistoient alors tous
les habitans, oublia la décence, au point de
lui reprocher de faire de mauvais marchés ,
au détriment des deniers de la fabrique , et
lui jeta même avec fureur sa tabatière à
travers le visage, au grand scandale des gens
sensés qui étoient présens. Il s'éleva même,
au sujet des lambris, un double procès. Sous
M. Bouron et M. Daudet, on avoit encore unanimement invoqué l'autorité épiscopale dans
les différentes matières d'administration du
temporel de l'église. On avoit reçu généralement avec respect ses décisions et ses règlemens. Les frais, en conséquence, quand il s'é-
toit agi de contestations, avoient été modérés.
Sous M. Gascard, tout changea à cet égard
en 1733. Le nommé Fossez, marbrier , qui 1733.
avoit entrepris les lambris, n'ayant pas au
gré de tout le monde satisfait aux conditions
du marché, on ne se contenta pas de lui in-
tenter une affaire, par-devant le présidial de
Rheims, les mécontens y entraînèrent aussi
M. Gascard et son bureau , sous la fausse
apparence de zèle, pour réformer, disoient-
ils, les abus, et défendre les intérêts de l'église. Dans le procès-verbal d'une assemblée

<table><tr><td>

Ans
de J.C.
1733.

</td><td>

de communauté, tenue le 8 mars 1733, qui pourtant ne se trouve signée que de *huit personnes*, ils avancent que MM. du présidial de Rheims « sont seuls protecteurs et » conservateurs des biens fabriciaux......que » les *prétendus* règlemens de M. Lempereur, » pour lors promoteur de M. Le Tellier, n'ont » jamais été exécutés et portent différens arti-» cles *abusifs*...Ce qui auroit engagé, PAR UN » MOTIF DE RELIGION, un nombre suffisant » d'habitans *libres et indépendans,* et qui *con-* » *séquemment* composent *la plus saine partie* » de la communauté, à se pourvoir par-devant » MM. du présidial, pour réformer des abus » d'une conséquence importante, pour les » intérêts de l'église; que la majorité de la paroisse, qui adhéroit à M. Gascard, son curé, dans l'affaire, et avoit signé contre eux un écrit pour être produit en justice, est un composé de *membres pourris, défaillans, igno-rans, sollicités et gagnés nuitamment par le curé et son vicaire;* en un mot, que le bureau de fabrique doit être regardé *naturellement, comme un brigandage.* Tel étoit le style de ces hommes qui, depuis si long-temps, tour-mentoient les malheureux curés d'Attigny. Il suffit pour les apprécier. Ces particuliers, qui disoient représenter la communauté, insistoient particulièrement, pour que le présidial de Rheims fît, de son autorité, un règlement de fabrique. Cependant il est très-remarquable qu'on n'osa pas encore, à cette époque, s'avancer jusque-là, et qu'au mo-ment de l'accommodement, qui eut lieu par les premières avances de la part du curé, pour le bien de la paix, il fut ordonné

</td></tr></table>

que, sur le dernier chef, qui concernoit la Ans
forme de l'administration des biens de la fa- de J.C.
brique d'Attigny..., le règlement fait par
M. Lempereur et la sentence de M. Le Tellier
seroient exécutés, et qu'on se contenta pour
lors d'y mettre quelques restrictions en 1736.
1736 (a). Au reste, toute cette belle réforme,
sollicitée de la part de la justice séculière ,
n'aboutit, pour les frais énormes qui furent
faits , qu'à ruiner la fabrique, et à la mettre
hors d'état de supporter les charges même
ordinaires. M. Gascard bénit les deux autels
collatéraux de la sainte Vierge et de sainte
Elisabeth , qui furent renversés par les scé-
lérats de la révolution. Cette cérémonie eut
lieu le 11 juin 1741. Il mourut le 3 septem- 1741.
bre de la même année. Tous ceux qui l'ont
vu , s'accordent à dire qu'il étoit extrêmement gros.

Louis-Joseph Rauquil prit possession le
11 octobre 1741. Il avoit été aumônier 1741.
dans un régiment. De son temps , toutes
les têtes commençoient à fermenter et à
soupirer après la nouveauté , dans tous les
genres. La fabrique , après avoir supporté,
sous ses prédécesseurs , la dépense de huit
à dix mille livres , pour faire construire des
autels et des lambris en marbre, en outre les
frais des procès qui en avoient été la suite, se
trouvoit déjà prodigieusement obérée. On
trouva néanmoins l'ancienne sacristie , faite
sous M. Bouron en 1665, beaucoup trop
petite. Elle tomboit , disoit-on, en ruines ,

____

(a) Voyez, dans les papiers de l'église , une foule de pièces
qui ont rapport à ces débats, depuis 1732 jusqu'en 1736.

Ans de vétusté. Il fut donc décidé qu'on emprun-
de J.C. teroit deux mille livres, pour la construction
d'une nouvelle sacristie, qui, par surcroît
de bizarrerie, fut placée au nord. Elle fut
1745. achevée en 1745. Bientôt après, le 11 juin
1747. 1747, il fut arrêté qu'on mettroit à bas
l'Ambon ou le Jubé, sous prétexte qu'il
déparoit le chœur, à l'entrée duquel il se
trouvoit placé ; en outre qu'il menaçoit
ruine, et qu'on auroit plus qu'abondamment
des marbres, pour construire deux autels
dans les chapelles de saint Méen et de sainte
Véronique. Nous avons déjà donné la description exacte de cet Ambon, et nous avons
eu soin de remarquer qu'il devoit être
conservé, comme une décoration très-honorable, pour l'église d'Attigny. Mais les anciens qui l'avoient fait construire, n'avoient
point eu, disoit-on, le goût du véritable
beau, dans les églises. Ils s'étoient trop
occupés du recueillement du clergé, dans
ses fonctions, et des fidèles, dans la prière,
en séparant, par un ambon, les hommes
d'avec les femmes. On voyoit bien mieux
au dix-huitième siècle. L'ambon fut abattu
avec une joie inexprimable. Cependant,
par un reste de respect pour cet ancien
monument, on arrêta, par une autre bizarrerie, dont il n'y avoit encore eu jusque
là aucun exemple, que, mutilé le moins
possible, il seroit, après sa démolition,
reconstruit au bas de l'église, pour servir
de tribune à l'orgue, et de décoration aux
fonts baptismaux, qui, à cette époque, se
trouvoient au-dessous. Enfin, pour séparer
le chœur de la nef, on fit faire, moyennant

la somme de treize cents livres, une grille de Ans
fer, qui a disparu au moment de la révo-de J.C.
lution. M. Rauquil étoit d'un caractère fort
gai, et aimoit à se répandre parmi ses paroissiens. Certaines personnes, qu'il avoit
regardé   ng-temps comme ses meilleurs
amis   t par empoisonner ses derniers
jours, en se tournant contre lui. Il se retira
à Verdun, chez un de ses frères, et y mourut de chagrin, le 21 février 1756.   1756.

PIERRE COUSTIER, prêtre, doyen et curé
d'Attigny, prit possession le 25 juin 1756.
A peine arrivé dans sa paroisse, il s'occupa
entièrement de l'embellissement de son
église. Il s'entendit avec son bureau, pour
acheter, en 1756, les fonts baptismaux, en
marbre, qui, après avoir été vendus, pendant la révolution, ont été gratuitement
rendus, à mon arrivée et à ma sollicitation,
par M. Lambert de Sainte-Vaubourg, et
subsistent encore aujourd'hui. La même
année, il fit faire deux autels de marbre
dans les chapelles de saint Méen et de sainte
Véronique; cette dernière prit alors le nom
de saint Pierre, son patron. L'année suivante
fut placé le tombeau de marbre du grand
autel, et le chœur fut pavé en marbre, dans
toute son étendue. Bientôt après, persuadé
que la beauté extérieure des temples ne peut
plaire à Dieu, si elle n'est accompagnée de
la beauté intérieure des âmes, et de la sainteté des fidèles qui s'y assemblent, il appela en 1758, à Attigny, pour y ouvrir une 1758.
mission, les RR. PP. Serrurier, Parisot et
Gérard, de la société de Jésus, qui y demeurèrent depuis le quatrième dimanche de

Ans de J.C. Carême jusqu'au premier dimanche après Pâques. Ces ouvriers évangéliques, par leurs exhortations, leurs prédications, et encore plus par leurs exemples et la sainteté de leur vie, opérèrent un bien infini. Un nombre assez considérable de personnes, depuis long-temps, ne s'étoient point confessées, et n'auroient peut-être jamais eu la force de s'ouvrir à leur propre pasteur, ils les ramenèrent à Dieu. Ils apprirent au peuple une foule de cantiques spirituels, dont le chant et les paroles se sont conservés long-temps dans un grand nombre de familles; ils éteignirent les haines, et fermèrent les plaies profondes qu'avoient produites les longues difficultés des anciens curés avec plusieurs de leurs paroissiens; enfin ils portèrent partout la bonne odeur de J.-C., et renouvellèrent entièrement la face de la paroisse. Tel fut le service important que M. Coustier rendit alors à ses ouailles. La communauté d'Attigny ayant présenté, en 1773, à S. E. monseigneur le cardinal de la Roche-Aymon, archevêque, duc de Rheims, une requête pour faire recevoir à l'Hôtel-Dieu de Rethel, un habitant infirme et âgé, d'Attigny, nommé Gaignot, M. Coustier fit beaucoup de démarches, pour faire réussir la chose (a), à raison des suites avantageuses que devoit avoir, pour sa paroisse, l'exemple de quelqu'un d'Attigny, admis dans cet hôpital, sans être attaqué

1773.

(a) Voyez, dans les papiers de la cure, une lettre de M. Antoine-Pierre de la Condamine de Lescure, vicaire général, à M. Coustier.

d'une maladie formelle. Mais les adminis- Ans^t de J.C.
trateurs de l'hôpital de Rethel représentèrent
à M. de la Roche-Aymon, que, d'après les
lettres patentes du roi Louis XIV, en date
du mois d'avril 1696, pour incorporer audit ,
hôpital les biens de la Maison-Dieu et chapelle
d'Attigny, ils n'étoient obligés de recevoir ,
entretenir et nourrir, que *les pauvres malades
d'Attigny*, et en conséquence M. de Lescure,
vicaire général du cardinal archevêque ,
écrivit à M. Coustier, que *Son Éminence ne
voudroit certainement faire aucune démarche
en faveur du sieur Gaignot, qui, à parler
strictement, n'étoit pas dans le cas d'être reçu.*
Cependant, comme il seroit très-dangereux,
dans la plupart des maladies, de transporter
les malades d'Attigny à Rethel , les administrateurs de l'hôpital de cette ville, sentirent
apparemment que s'obstiner à ne vouloir
accepter *que des malades proprement dits* , ce
seroit à peu près jouir des biens de l'Hôtel-
Dieu d'Attigny, sans supporter aucune charge. C'est même un aveu très-judicieux de
M. Pillas, alors curé et doyen de Rethel,
dans sa lettre à M. de Lescure, vicaire général de Rheims, en date du 22 novembre
1773 (a), où il reconnoît qu'on ne peut guère 1773.
envoyer d'Attigny à Rethel que *des personnes
âgées et caduques*. Ainsi Gaignot fut enfin ac-
cepté, et depuis ce temps-là il y a toujours
eu quelque personne infirme et âgée, de la
paroisse d'Attigny, à l'hôpital de Rethel,
sans aucune opposition ou difficulté. Sous

(a) Voyez cette lettre dans les papiers de la cure.

M. Coustier, en 1783, fut supprimée l'ancienne flèche du clocher, qui avoit quatre-vingts pieds de haut, et, par son élégance, donnoit à l'église beaucoup de relief au dehors. Il est vrai qu'elle penchoit considérablement, mais on pouvoit bien la rétablir, ou du moins ne pas y substituer le triste pavillon que nous avons sous les yeux, et qui, sans la croix, n'a plus que quarante et un pieds de haut. Tous les amateurs du vrai beau regrettent encore davantage l'antique portail de l'église d'Attigny, avec sa belle rose, et son porche, qui avoit un air d'antiquité tout à fait vénérable, et qui fut détruit en 1784, sous prétexte qu'il menaçoit ruine. Il falloit donc le reconstruire, sous la même forme, et non pas associer à un édifice de goût gothique un portail à la moderne, qui ressemble beaucoup à celui d'une salle de spectacle, et fait aujourd'hui, de l'église d'Attigny, un mélange monstrueux, à peu près comme si on unissoit une tête de cheval à un corps humain. M. Coustier rendit encore un autre service, qui, en fournissant à la piété de son peuple un nouvel aliment, ne pouvoit aussi manquer de procurer à la paroisse quelques avantages pécuniaires. Depuis plusieurs siècles, la mémoire de saint Méen, abbé en Bretagne, étoit en grande vénération à Attigny. Son culte, à n'en pas douter, y avoit été introduit par les religieux de Saint-Basle. Ses reliques étoient conservées dans l'abbaye de Saint-Méen, diocèse de Saint-Malo. M.ʳ Coustier trouva moyen d'en obtenir pour son église une portion, consistant en trois ossemens. M. Antoine-Joseph des Laurents, évêque, comte de Saint-Malo, eut la bonté de les extraire, et, comme il l'attestoit lui-même dans l'authentique signé de sa propre main, de les déposer dans une petite boîte, scellée de six sceaux de ses armoiries. Il falloit une permission de M. de Talleyrand Périgord, archevêque, duc de Rheims, pour exposer publiquement ces reliques à la vénération des fidèles. M. Coustier présenta une requête, dans laquelle, en sollicitant cette grâce, il exposoit qu'à cette fin le bureau de fabrique d'Attigny avoit fait faire un reliquaire, ou châsse d'argent, pour déposer plus décemment les reliques envoyées, et augmenter par-là le respect et la vénération qui leur étoient dûs. En conséquence, MM. les vicaires généraux du diocèse de Rheims, après avoir procédé à la vérification de la boîte où étoient les reliques, sans en rompre les sceaux, la déposèrent, avec l'authentique de M. l'évêque de Saint-Malo, dans un petit coffre de bois de chêne, et y attachèrent un ruban, sur les deux bouts duquel ils apposèrent, une seule fois, le cachet des armoiries de M. l'archevêque. Ensuite ils enfermèrent le même coffre dans la châsse d'argent faite par les ordres du bureau, représentant sur deux côtés saint Méen en habits convenables à sa dignité d'abbé, et ornée, sur les deux autres, de bas-reliefs relatifs à l'histoire de sa vie. Enfin, la châsse d'argent fut scellée par l'orfèvre, en leur présence, et surmontée, comme elle l'étoit, d'une espèce de dôme à quatre pans, terminé par une croix, et posé sur un piédestal de bois argenté, elle fut, à son tour, aussi déposée, en leur

Ans de J.C.

1786.

Ans
de J.C.
1786.

présence, sous une plus grande châsse de cuivre doré, et fermée de huit fortes glaces. Tout ceci se passa le 22 juin 1786 (a). Il convenoit que la translation de ces reliques se fît avec toute la pompe et la solemnité requises. M. Coustier envoya au-devant d'elles, jusqu'à la ferme de Beaumont, son vicaire et une partie de ses chantres. C'étoit le jour de saint Jean-Baptiste, deux jours après ce qui s'étoit passé à Rheims. La châsse fut honorablement déposée dans la maison du fermier, et l'on y chanta les vêpres des saintes reliques. On se mit ensuite en procession, en s'avançant d'abord directement vers Attigny; puis tournant à droite, vers Sainte-Vaubourg, pour regagner le chemin de Vaux. Là on trouva M. le doyen, avec le reste de son clergé. La châsse étoit portée par quatre jeunes hommes décemment vêtus. Une grande foule de peuple mêloit sa voix aux chants de l'église. La procession, descendant le long de la rue de la porte de Rheims, fut un instant troublée par une pluie qui survint, et l'obligea de se réfugier sous la halle. Enfin les reliques entrèrent dans l'église au son des cloches, et furent placées dans le lieu qui leur avoit été destiné. Le lendemain, fut célébrée une messe solemnelle en l'honneur de saint Méen. Tel fut l'édifiant spectacle qu'offrit la paroisse d'Attigny en 1786, dans un siècle où l'impiété avoit déjà fait les ravages les plus épouvantables, et menaçoit ouvertement l'église

---

(a) Voyez le procès-verbal dressé à ce sujet, pour être conservé dans les archives de la fabrique, avec l'authentique de M. l'évêque de Saint-Malo.

catholique d'une persécution très-prochaine.
Le nouveau portail de l'église étoit déjà à une
grande hauteur, quand les reliques de saint
Méen arrivèrent à Attigny. On plaça, immédiatement après, ce beau buffet d'orgues,
qui fait le plus grand honneur à ceux qui
l'ont exécuté, et dont les colonnes, de l'ordre
ionique, toutes modernes qu'elles sont, ne
laissent pas de faire un bon effet, dans un
édifice de goût gothique, parce qu'elles ne
sont qu'un ornement accidentel dans l'église
d'Attigny, et n'appartiennent pas à son ensemble, comme le portail. Dans le mois de
septembre de la même année 1786, M. Coustier se rendit à Rheims, à la retraite, où
avoient été appelés les curés et autres ecclésiastiques du diocèse de Rheims, et où devoit
prêcher le célèbre P. Beauregard, ex-jésuite.
J'étois alors professeur de théologie en l'université de Rheims, et j'assistai moi-même à
cette retraite. Ce qui fait beaucoup d'honneur à M. Coustier, c'est qu'il fut choisi par
M. l'archevêque pour présider ses confrères
dans tous les exercices. Il assista aussi, deux
ans après, au synode diocésain qui fut convoqué par M. l'archevêque, et se garda bien
de prendre part à la conduite scandaleuse de
quelques curés, qui, en demandant à y avoir
voix délibérative, ne tendoient, dès-lors, à
rien moins qu'à substituer le presbytéranisme
à l'épiscopat, et à introduire dans l'église le
gouvernement républicain. Ce synode fut
ouvert le 30 septembre 1788, et fut présidé
par M. de Talleyrand en personne. Bientôt
après commencèrent les fureurs de la révolution. Le décret du trop fameux serment

Ans
de J.C.
1791.

civique arriva vers le milieu de janvier 1791. La municipalité se rendit en corps à l'église d'Attigny, avec toute la garde nationale, sous les armes, pour recevoir le serment de Mr Coustier; mais il dit la messe, sans en faire aucun. Il y eut, à ce sujet, quelques murmures et quelques menaces; cependant tout se passa d'abord sans grand trouble. Mais bientôt, les esprits s'échauffant, il se détermina à quitter le presbytère, et se retira chez M. Dejoie, son beau-frère, alors maire d'Attigny. Il fut quelques jours sans dire la messe, mais insensiblement il reprit ses fonctions, avec M. Longuet, son vicaire, encore alors insermenté. Le malheureux départ du roi fut le signal de la persécution. Sans entrer dans des détails que la prudence doit supprimer, il suffit de dire qu'au retour des gardes nationales qui avoient couru après le roi dans sa fuite, M. le doyen et son vicaire coururent les plus grands dangers, le jour de la fête du Saint-Sacrement 1791, pendant qu'ils étoient à chanter les vêpres. Cependant un détachement de la garde fut envoyé pour les reconduire chacun chez eux; ce qui se passa assez tranquillement; mais la municipalité crut devoir, sans doute par prudence, défendre à M. Coustier toutes fonctions, même de dire la messe, et il s'y soumit avec résignation. Quant à M. Longuet, son vicaire, rentré chez lui, au Dôme, il n'osa, tant il étoit saisi de terreur, y rester plus long-temps. Il erra le reste de la journée dans les fossés, se cacha dans les grains, et finit par se rendre à Sainte-Vaubourg, chez M. Liegeart, curé assermenté de cette

paroisse, qui, depuis, se maria avec sa ser- Ans
vante. Là on le détermina à faire le fatal de J.C.
serment. Il écrivit donc à M. Dejoie, maire
d'Attigny, et, à la grande satisfaction des
uns et tristesse des autres, il le prêta purement et simplement, en présence de toute
la communauté assemblée. On passa tout le
reste du jour à le fêter; mais, bourrelé par
les remords de sa conscience, il partit la
même nuit pour son pays natal, et ne revint
plus à Attigny. Quelque temps après, il se
rendit chez M. Lefebvre, curé de Bourg, et
à la suite d'une conversation qu'il y eut avec
une personne respectable, dont nous avons
reçu ces détails par écrit (a), il se rétracta
lui-même, demandant pardon du scandale
qu'il avoit donné. Par-là il encourut la haine
de toute sa famille. Son propre père ne voulut plus ni le voir, ni le recevoir dans sa
maison. Il passoit donc le jour dans les bois,
et revenoit le soir chez un oncle, qui seul
eut la charité de le réfugier. Enfin il fut
contraint, par mille mauvais traitemens, de
s'expatrier, vers le mois de septembre 1792, 1792.
et mourut saintement à Ratisbonne, à l'âge
de trente et quelques années (b). C'étoit un
homme de mœurs vraiment angéliques. Toute la paroisse d'Attigny le regrette encore
aujourd'hui. Cependant, après l'interdiction
civile de M. Coustier, le ministère, sans aucun consentement de sa part, fut déféré

(a) On les trouvera, écrits de sa main, dans les papiers de
la cure.

(b) Il laissa, par testament, deux cents livres aux pauvres
de la paroisse de Binarville, son lieu natal.

'Ans
de J.C.
d'abord au premier venu, à M. Liegeart, curé de Sainte-Vaubourg, dont nous avons déjà parlé, à M. *Villelain,* curé constitutionnel de Saint-Lambert, qui vint à Attigny, dire la première messe ; à M. *Prêtrot,* curé constitutionnel de Vaux ; enfin, en dernier lieu, à M. Lombart, vicaire de Château-Portien, en qualité de desservant constitu-

1791. tionnel d'Attigny, au mois de juillet 1791, et, sur la fin de septembre suivant, à M.ᵉ Prêtrot, comme curé constitutionnel de la paroisse, réputée vacante. M. Lombart n'avoit pas tardé à se repentir. Il resta à peine un mois à Attigny, et se rendit à Bruxelles, pour supplier M. l'archevêque de l'absoudre des censures. Je le vis, à son passage à Dinant, dans le couvent des capucins, où je m'étois d'abord réfugié, avec six ou sept autres ecclésiastiques. Et quand je fus nommé à la cure d Attigny, en 1803, il me conjura de réparer, autant qu'il seroit en moi, le mal qu'il y avoit fait, et spécialement un mariage célébré par M. Liegeart, curé de Sainte-Vaubourg, avec son consentement. Cependant M. Coustier sollicitoit, auprès du département, la permission de dire au moins la messe, dans l'église d'Attigny. Enfin il l'obtint, et, en se concertant avec M. Prêtrot, pour l'heure, il lui fut permis de la dire, les dimanches, au premier coup de la grand' messe, à raison de la peine qu'il avoit de jeûner. Ces permissions lui furent accordées,

1791. vers Noël 1791. Il demeura donc assez tranquille à Attigny jusqu'au mois de juillet 1792. Alors les clefs de la sacristie lui furent refusées ; les murmures, les menaces, les troubles recommencèrent. Enfin il fut contraint de Ans
de J.C. se retirer, le 12 juillet, d'abord dans sa famille, et ensuite à Rheims, où il arriva le 19 du même mois. Il y fut très-bien accueilli, et y jouit du repos le plus agréable, jusqu'au 14 août suivant, où la persécution commença à éclater avec la plus grande fureur. Arrivèrent bientôt les horribles massacres des premiers jours de septembre 1792, où périrent entre autres MM. Antoine-Pierre de la Condamine de Lescure, vicaire général, chanoine et grand archidiacre de Rheims; François-Xavier-Gérard de Vachères, égalcment chanoine de l'église métropolitaine; Romain, curé et doyen du Chesne, qui fut haché en mille morceaux; Alexandre, chanoine de Saint-Symphorien de Rheims, qui fut brûlé vif, sur la place de l'hôtel-de-ville; le vieux Suny, curé de Rilly-la-Montagne, pour s'être rétracté; Étienne Paquot, docteur en théologie et curé de Saint-Jean, ecclésiastique d'une sainte vie et célèbre par ses aumônes, dont la tête, après avoir été abattue, fut promenée dans toutes les rues de Rheims, et ensuite arrachée de la gueule d'un chien par un nommé Langlet. M. Coustier, pendant toutes ces scènes effrayantes, étoit avec M. Chanzy, prêtre, professeur du collége, chez un habitant de Rheims, nommé Hubignon. On les y cacha derrière un tas de bois. Assis là, genoux contre genoux, et tête contre tête, et sans oser se mouvoir, ils y restèrent vingt-quatre heures. Enfin, le calme étant un peu rétabli, M. le doyen alla comme il put, à la municipalité de Rheims, demander un certificat de déportation pour

Ans de J.C. Liége. Il partit vers la mi-septembre, et ne put rester à Liége que jusqu'à la mi-novembre, où il lui fallut se résoudre à passer en Angleterre. Il demeura quelque temps à Londres, et revint ensuite dans la Belgique, à Ath, près de Mons. On ne sait pas précisément le moment de son retour d'Angleterre, dans cette petite ville; mais il paroît

1793. que ce fut dans le courant de l'été 1793. Cependant il s'étoit passé à Attigny des évènemens bien extraordinaires et bien remarquables, depuis l'éloignement du pasteur légitime. Les marguilliers de l'église avoient été contraints, d'après la loi, de rendre leurs comptes par-devant le conseil municipal, et ensuite entièrement supprimés, dans les derniers jours de décembre 1792. Les biens de l'église déjà vendus, ses argenteries avoient en outre été portées au directoire du district de Vouziers. Le citoyen Nicolas Prêtrot, témoin de ce bouleversement, n'avoit pas beaucoup à s'applaudir de son arrivée à Attigny. Il paroît qu'il y éprouva lui-même, bientôt après, les plus grands désagrémens, jusqu'à être contraint de s'enfuir et de se cacher dans les voûtes. Il fut aussi obligé, le 10 janvier 1793, de comparoître en personne à l'assemblée du conseil de la commune, et de s'y engager, de la manière la plus humiliante, à faire remplacer à ses frais et dépens, quelques misérables arbres, qu'il avoit fait abattre sur le cimetière, et que la commune soutenoit lui appartenir. On voit encore, par les injures et menaces tout à fait comiques et grossières que deux femmes d'Attigny adressèrent, le 10 mars 1793, à toute la municipalité en séance, M. Thomassin, a-lors maire, étant à sa tête et en écharpe, qu'il étoit même sérieusement question de le comprendre dans la liste des citoyens su-jets au recrutement de l'armée. Enfin, par une délégation à son profit, en date du 19 pluviose (9 février 1794), où il est traité de *ci-devant curé d'Attigny*, et en vertu de laquelle on lui attribue *la somme de cent qua-rante-cinq livres, pour l'acquit des fondations, pendant les mois de juillet, août, septembre, octobre, et dix-neuf jours de novembre dernier, vieux style.... jusqu'au moment de son arres-tation*, il est clair qu'il fut arrêté le 19 no-vembre 1793, pour être conduit la nuit sui-vante au Mont-Dieu. Or, d'après l'attestation d'une foule de témoins encore subsistans, ce fut le même jour que l'église d'Attigny fut entièrement dévastée, par ordre du scélérat *Marat le bossu*, et ses consorts *Sadourny* et *Grecque*, qui vinrent aussi dans cette pa-roisse, affublés de bonnets rouges, et vomi-rent dans la chaire les plus horribles blas-phèmes. Les autels furent abattus, les statues des saints furent brisées ou profanées; les reliques de saint Méen furent jetées dans un feu allumé, sur la place, avec les livres d'é-glise et le peu d'ornemens qui restoient à cette époque. L'église fut souillée en mille manières par des danses lubriques, des chan-sons impies, et par tous les scandales des séances du club qui s'y établit. On mit le comble à tant de crimes, en érigeant à la Raison (c'étoit à la déraison) un autel ido-lâtrique, à l'entrée du chœur, et on ne vint à bout de sauver le beau Christ qui se trouve

Ans de J.C. dans l'enfoncement du sanctuaire, qu'en le dérobant, à la faveur de quelques planches, à la fureur des forcenés, qui ne pouvoient plus en supporter la vue. M. Coustier, en exil, eut le bonheur de ne pas voir, et même d'ignorer toutes ces abominations. Il n'y survécut pas long-temps, et mourut à Ath,

1794. le 14 mars 1794, après avoir été curé d'Attigny près de trente-huit ans. M. Huart, habitant de cette ville, qui avoit eu la charité de le recevoir chez lui, s'exprime ainsi dans une lettre : « Le jour de la mort de M. le doyen, » il alla, avec quelques confrères, dîner en » ville. On me fit avertir qu'il étoit malade. » Je l'envoyai chercher, et en même temps » les chirurgiens et médecins. Tous les se- » cours lui furent donnés, et ne purent lui » prolonger la vie que d'une demi-heure. Il » est mort comme subitement, au grand re- » gret de notre famille et de tous ceux qui le » connoissoient. » Il étoit dans sa soixante et onzième année.

VACANCE

DE LA CURE D'ATTIGNY.

On cessa de célébrer l'office, dans l'église d'Attigny, aussitôt l'arrestation et l'enlèvement du curé constitutionnel. Il y avoit déjà à cette époque un an qu'il avoit cessé de tenir registre de ses actes de baptêmes (a),

___

(a) Nous y avons suppléé par un recueil de tous les baptêmes

sous prétexte, sans doute, que l'officier public étoit chargé, par la république, d'en tenir
un des naissances, mariages et sépultures
civiles. Depuis son départ, jusqu'à l'arrivée
de M. François-Remi Gangand, prêtre assermenté, chanoine de Saint-Symphorien de
Rheims, et ci-devant vicaire épiscopal de M.
Nicolas Diot, évêque constitutionnel du département de la Marne, qui, de lui-même,
vint s'ingérer, à Attigny, dans l'exercice
des fonctions ecclésiastiques, le dimanche
28 janvier 1798, c'est-à-dire pendant quatre
ans et plus de deux mois, les enfans d'Attigny furent baptisés dans les églises de
Givry, Charbogne, Day, Tourcelles, Amagne,
Rilly et Authe, à l'exception de trois, qui
le furent dans des maisons particulières, soit
à Attigny, soit ailleurs, par M. Trailin, et
M. Benard, et autres prêtres missionnaires,
demeurés fidèles à M. de Talleyrand-Pé-
rigord, archevêque de Rheims, et duement
autorisés par lui. M. Gangand ne dura pas
un an à Attigny, il y mourut de langueur,
le 1.er décembre 1798. Il étoit d'un caractère
doux et pacifique. On assure qu'il donna
quelques signes de repentir, surtout au
moment où il vit passer le corps de M. Nicolas Martinet, prêtre curé de Chuffilly,
pour être inhumé dans le cimetière. Ce

Ans
de J.C.

1794.
1795.
1796.
1797.
1798.

---

de ces malheureux temps, jusqu'à notre arrivée. Il nous
a coûté près de deux ans de recherches, de peur de nous
exposer à admettre à la première communion des enfans,
sans être baptisés. Il se trouve parmi les papiers de l'église.
Voyez à la fin des délibérations du bureau de fabrique, l'an
1792, celle du conseil général et permanent de la commune,
en date du 29 pluviose (19 février 1794).

Ans de J.C. respectable ecclésiastique, déporté d'abord, rentra ensuite en France, vers le commencement du mois de septembre 1797, et mourut à Attigny, chez sa nièce, le 6 septembre 1798. M. Egide Benard, prêtre missionnaire, domicilié à Saulce - Champenoise et attaché à M. de Talleyrand Périgord, archevêque de Rheims, après l'avoir administré à temps, célébra pour lui les SS. mystères, et récita, sur son corps, dans l'intérieur de la maison, comme il se pratique en temps de persécution, toutes les prières prescrites par l'église. Après quoi, le cadavre fut enlevé par l'officier civil, et inhumé dans la partie du cimetière qui est au midi, à deux pieds et demi du mur de séparation avec la rue, à le prendre vers le milieu. Il y avoit dès-lors, à Attigny, quelques oratoires, où les missionnaires venoient, de temps en temps, dire la messe pendant la nuit et administrer les sacremens au petit nombre de ceux qui avoient persévéré dans la communion de l'archevêque légitime, envoyé par le S.-Siége.

1798. M. Delvincourt, prêtre assermenté, et curé de Lyry, commença aussi, du temps de M. Gangand, à s'ingérer lui-même à Attigny, en y baptisant un enfant, le 7 avril 1798. Il finit par s'y établir entièrement, et continua d'y exercer les fonctions ecclésiastiques dans l'église, toute dévastée, jusqu'au jour de ma prise de possession. Pendant tout ce temps, les missionnaires fréquentoient Attigny, avec beaucoup moins de risque, et assez librement, au point de faire quelquefois chanter la messe et les vêpres dans leurs

oratoires. C'étoient alors MM. Etienne Val- Ans
lart, curé de Contreuve, Égide Benard, de J.C.
domicilié à Saulce-Champenoise, Desjardin,
prêtre, mort curé de Rethel, Gallois, prêtre,
Pierre-Donatien Deherque, prêtre, curé
de Letannes, Médard-Thierri Froment, prêtre chanoine de Mézières, mort curé de
Monthermé, Marcellin-Antoine Massigas,
prêtre domicilié à Rheims, et ci-devant
chanoine de S.ᵗᵉ Balsamie. Il faut pourtant
observer que, vers Noël 1802, M. Del- 1802.
vincourt quitta la communion de l'évêque
constitutionnel de Sedan, et embrassa celle
de M. Pierre-François Bienaimé, évêque
de Metz, envoyé par le S. Siége, et fut, à
cette époque, établi par lui desservant légitime de la paroisse d'Attigny.

HENRI-LOUIS HULOT, prêtre, docteur en
théologie, ancien vicaire général de S. A. le
prince de Lobkowitz, évêque de Gand, prend,
le 27 mai 1803, possession de la cure d'At- 1803.
tigny.

DESSERVANS

ET

VICAIRES CONNUS D'ATTIGNY.

1541. Jean Huttin, V.
1545. Nicolas Malaisier, a fondé un obit.
1627. Marc Pideux, V.
1659. Jean Davoust, V.
1683. Réné Legendre, V.

Ans de J.C.

1685. Louis Marteleur, V.
1688. Jacques Chauneaux, V.
1690. Honoré Daudet, V.
1692. Le R. P. Nicolas Delorme, V.
1698. Jacques Leclerc, V.
1707. M. Diancourt, V.
1711. N. Hermonville, V.
1713. N. Gentil, V.
1718. Claude – Louis Froissart, V. et desservant.
1726. Nicolas Descamp, V.
1726. Étienne Renard, desservant depuis le 9 novembre 1726, fait le jubilé, et reste jusqu'à l'arrivée de M. Gascard, en octobre 1729.
1732. M. Cahart, V.
1737. J.-B. Houet, V.
1737. Louis Gridaine, 8 septembre, jusqu'au 21 février 1740, V.
1740. Henri Malot, 4 mars, jusqu'en septembre 1741, V.
1741. François Motté, desservant, 12 septembre, jusqu'au 19 sept. 1744.
1744. G. Depaquy, 4 décembre, jusqu'au 17 février 1745, V.
1745. M. Geanty, 28 septembre, jusqu'au 24 avril 1754, V.
1754. Remi Richard, 9 juillet, jusqu'au 30 août 1757, V. et desservant.
1756. J.-N. Destremagne, 5 avril, jusqu'au 2 juin.
1757. Jean Bourguignon, décembre, jusqu'au 20 décembre 1759, V.
1760. Pierre Jacquet, 2 mars, jusqu'au 19 juillet 1763, V.

(293)

1763. Louis-Barthelemi Bida, septemb., Ans
jusqu'au 4 janvier 1764, ensuite de J.C.
chanoine et trésorier de l'église
métropolitaine de Rheims, V,
1764. Louis Warnier, 26 janvier, jusqu'au 22 décembre 1773, V.
1774. Louis Gromaire, 13 mai, jusqu'au
21 septembre 1777, mort curé
de Rethel, V.
1773. Vincent Abraham, 22 novembre,
jusqu'au 25 octobre 1780, a péri
à Paris, dans les masacres des 2
et 3 septembre 1792.
1780. Nicolas-Gabriel Vuillemet, 24 décembre, jusqu'au 21 juin 1788.
1788. Louis Longuet, 22 juillet, jusqu'à
la Fête-Dieu 1791.

. . . .

1813. M. Hennai, septembre, après une
interruption de 22 ans. V. Il est
aujourd'hui curé desservant de
Vaux en Champagne.
M. Briet. Il est, en ce moment
curé desservant, près de Bu-
zancy.
1822. M. Brimont. Il est, en ce moment,
curé desservant de Semuy, canton d'Attigny.

ADMINISTRATEURS,

Procureurs, Ministres ou Custodes (Fabriciens)
connus de l'église d'Attigny.

1555. Pierre Festu et Didier Colard.
1558. Nicolas Guyardel et Jean Plaisant.

Ans de J.C.	1569.	Jean Baudelocq et Poncin Beau- varlet.
	1571.	Jean Roze et Nicolas Froussart.
	1574.	Henri Billon et Joseph Gogtel.
	1577.	Jean Baudisson, Mathieu Corvi- sart et Vincent Vibboult.
	1587.	Martin Jacquet et Jean Pideux.
	1590.	Nicolas Legrand et Jean Petitblied.
	1601.	André Piet et Aubry-Evrard.
	1604.	Aubry-Bonvarlet et Louis Gaignot.
	1606.	Nicolas Baraquant et Nicolas Fourcart.
	1608.	Martin Geoffrois et Jacques Frois- sart.
	1610.	Jehan Carré.
	1614.	Paulihet Collard, Jehan Michelet.
	1617.	Pierre Verzeau et Antoine Verzeau.
	1622.	Remi Guodon et Poncelet Loret.
	1627.	Vincent Taillet.
	1630.	François Carré et Nicolas Albault.
	1631.	Thomas Dubois.
	1632.	Henri Lambin et Jehan Halé.
	1636.	Antoine Incelin et Bernard Caurez.
	1638.	Poncelet Collure et Jean Collinet.
	1640.	Gobert Verzeau.
	1641.	Jean Lorin et Gilbert Salmon.
	1642.	Nicolas Barrois et Jean Luyer.
	1643.	Jean Brustot et Pierre Chamarand.
	Idem.	Gérard Delapierre et Pierre Bau- delocq, pour les Trépassés.
	1644.	Nicolas Lepaige, et Jean Lefils.
	1645.	Gérard Corvisart et Jean Lacroix.
	Idem.	Didier Corvisart et Jean Fouginaux.
	1646.	Jean Adam et Gérard Baudelocq.
	Idem.	Jean Hulot et Jean Beuvart.
	1647.	Pierre Morlet et Gilles Marniquez.

1648. Jean Morlet et Jean Allart.   **Ans de J.C.**

. . . .

. . . .

1660. Didier Corvisart et Loupin Hardy.
1661. Raulin Legouge et Pierre Morlet.
1664. Jean Letanneur et Gratien Hurtault.
1665. Jean Delacroix.
1666. Jean Hardi et Gérard Delapierre.
1668. Pierre Baudelocq et Philippe Leroi.
1669. Jean Letanneur et Gratien Hurtault.
1670. Barthelemi Drouet et Philippe Maillet.
1671. Gérard Petit-Jean.
1672. Jean Guillot, François Robert.
1674. Guillaume Michelet et Jean Lefevre.
1676. Jean Gentil et Nicolas Leroi.
1677. Isaac Lorin et Jean Corvisart.
1679. Didier Morlet.
1680. Robert Bibiot et Nicolas Hurtault.
1681. Nicolas Hérault l'aîné.
1682. Raulin Legouge.
1683. Hugues Morlet et Pierre Morlet.
1684. Nicolas Hérault le jeune.
1685. Gratien Hurtault.
1686. Nicolas Hannoteau, prévôt d'Attigny.
1687. Jean Delacroix et Paul Évrard.
1688. François Hannoteau et Pierre Longis.
1689. Ponce Corvizart.
1690. Gilles Maillet.
1691. Pierre Gentil.

Ans
de J.C.

1692.	Jean Dervin.
1693.	Oger Badu.
1694.	Henri Daudet.
1696.	Jean – Réné Corvizart et Pierre Baudelocq.
1697.	Jean Corvizart.
1698.	Jean Leroi.
1699.	Jean Liegeart.
1700.	Simon Toussaint.
1701.	Jacques Gueriot, prevôt d'Attigny.
1702.	Gabriel Letanneur, Jean Hureaux.
1703.	Jean le Roi et Jean Geanty.
1704.	Ponce Corvizart et Jean Longis.
1705.	Robert Bibert.
1706.	Jean Longis.
1707.	Philippe Maillet.
1708.	Jean Liegeart.
1709.	Jean Toussaint.
1710.	Simon Toussaint.
1711.	Jean Boucher.
1712.	Nicolas Guillot.
1713.	Jean Gentil.
1714.	Ponce Bonvarlet.
1715.	Louis Gentil.
1716.	Robert Michelet.
1717.	Nicolas Doyen.
1718.	Henri Bournel.
1719.	Jean Boucher.
1720.	Pierre Jaillot.
1721.	Jean Heraux.
1722.	Nicolas Heraux.
1723.	Pierre Lorin.
1724.	Pierre Petit.
1725.	Jean-François-Gabriel Letanneur.
1726.	Nicolas Doyen.
1727.	Louis Lolié.
1728.	Jean-Baptiste Guillot.

1729. Jean-Baptiste Juillet.
1730. Louis Loiller.
1731. Guillaume Beuvart.
1732. Charles Bigot.
1733. Jean Oudart.
1734. Nicolas Darlier.
1735. Joseph Renard.
1736. Nicolas Renaudin.
1737. Nicolas Michelet.
1738. Nicolas Massigas.
1739. Jean Toussaint.
1740. Robert Doyen.
1741. Nicolas Gaignot.
1742. Jean-Baptiste Leroi.
1743. Jean-Réné Hureaux.
1744. Jean Michelet.
1745. Nicolas Pierret.
1746. Jean-Henri Gillet.
1747. Henri Daudet.
1748. Abraham Clausse.
1749. Jean-Baptiste Colinet.
1750. Gérard Doudeuil.
1751. Pierre Raulard.
1752. Jean-Baptiste Huraux.
1753. Jean-Baptiste Dufour.
1754. Pierre Gentil.
1755. Jean Lemaire.
1756. Jean Perin.
1757. Jean-Baptiste Jacquemart.
1758. Michel Chantraine.
1759. Louis Duruelle.
1760. Gilles Ponsart.
1761. Melchior Richard.
1762. Antoine Lagrappart.
1763. Jean-Baptiste Leroi.
1764. Joseph Gentil.

Ans
de J.C.

Ans de J.C.

1765. Nicolas Moranvillé.
1766. François Hureaux.
1767. Nicolas Colinet.
1768. Honoré Didier.
1769. Jean Blavier.
1770. Pierre Herbemont.
1771. Nicolas Coutelot.
1772. Garlache Beuvart.
1773. Pierre Hinguerlot.
1774. Grégoire Justin.
1775. Louis Gentil.
1776. Jean-Baptiste Dufour.
1777. Jean-Remi Leroi.
1778. Charles-Edmond Renard.
1779. Louis-Joseph Guillot.
1780. Jean-Pierret et Etienne Michelet.
1781. Jean-Réné Juillet.
1782. Jean Pierret.
1783. Etienne Michelet.
1784.
1785. Jean-Baptiste-Augustin Pierret.
1786. Jean-Réné Renaudin.
1787. Jean-Baptiste Lagrapart.
1788. Michel Heraux.
1789. Guillaume-Remi Robin.
1790. Nicolas Baudon.
1791. Jean-Baptiste-Louis Duruelle.
1792. Guillaume Taté.

Marguilliers constitutionnels.

1793. .... (Nous supprimons leurs noms par prudence).

Nouveaux Marguilliers canoniquement élus.

1803. Jean-Baptiste-Augustin Pierret.

1804. idem.
1805. idem.
1806. N.-Doyen Paternotte.
1807. Jean-Pierre Doré.
1808. Jean-Baptiste Ozanne.
1809. Louis-Seraphim Caignard.
1810. Idem.
1811. Nicolas Baudon.
1812. Pierre Leroi.
1813. Jean-Remi Aubert.
1814. Sébastien Lenfant.
1815. Jean-Baptiste Beuvart.
1816. N. Doyen Blavier.
1817. Louis-Marie-Adam Michelet.
1818. Jean-Nicolas Barré.
1819. Remi Tortebatte.
1820. M. Leroi-Baudier.
1821. M. Verzeaux.
1822. M. Marandel de Paris.

PRÉVOTS

CONNUS D'ATTIGNY.

1622. Pierre Corvizart.
1627 à 1641. Didier Corvizart.
      Milet Lelorin, mort le 15 mai
         1663.
1666 à 1669. Tiercelet.
1672 à 1687. Nicolas Hannoteau.
1688 à 1728. M. Desbans.
1759 à 1767. Augustin Toussaint.

Ans
de J.C.

1766 à 1767.   Jean-CharlesCoulommier.
1773.   Paul-Charles Miroy.
1786 à 1789.   Jean - Baptiste - Augustin
Pierret.

TESTIMONIA

VETERUM SCRIPTORUM,

PLACITA REGUM, GESTA CONCILIORUM,

Et alia instrumenta vel monumenta, quæ ad villam seu agellum Attiniacum pertinent,

Numeris suis arabicis designata.

Interroga generationem pristinam, et diligenter investiga patrum memoriam. (Job. 8. 8.)

---

(1) Pag. 8 et 9, in corpore operis.

LEODEBODUS...... temporibus Chlotarii, Francorum regis, patris Dagoberti senioris, et ejus in diebus, monasterii S. Aniani pater est electus. Mortuo Chlotario, et ejus filio Dagoberto, Chlodoveus (II) ei successit in regno; ad quem accedens Leodebodus, abbas, impetravit vicum Floriacum, monachorum usibus præparandum, dans pro eo agellum *Attiniacum,* cum cunctis sibi adjacentibus, super Axonam fluvium situm. (Helgaldi Floriacensis monachi Epitome vitæ Roberti regis, apud *Duchesne,* tom. 4; hist. Francor. scriptor., pag. 59.)

Cùm regni Francorum gubernacula adeptus esset Chlodovæus, filius Dagoberti.... interpellatus est à Leodebodo, patre monasterii S. Aniani, ut monasterium sibi liceret construere, in agro Floriacensi, datis pro eodem agro prædiis quæ sibi à parentibus, jure hæreditario, relicta possidebat. Namque idem ager, Floriacensis scilicet, regalis tunc fiscus erat. Quibus auditis, rex libentissimè ejus precibus annuit...... Igitur ab utrisque partibus mutuæ commutationes factæ sunt, memorato abbate dante quod à genitoribus ei relictum fuerat prædium (Attiniacense), et rege, pro eo, agellum Floriacum, cum appendiciis suis, haud longè à littore Ligeris. (Ex textu MS. adventûs corporis S. patris Benedicti, apud Floriacum, tom. 1. apud Duchesne, pag. 657.)

Rege Clodoveo, Dagoberti filio, regni Francorum moderamina
disponente, quidam vir genere nobilis, *Leodebodus* nomine, in monasterio S. Aniani, suburbio Aurelianensi, abbatis fungebatur officio.
Hic ad principem (Clodoveum II) accedens, commutationem ex-
poscebat fieri Floriaci fisci. Cui petitioni rex libens annuit; accepto-
que, à memorato abbate, prædio (Attiniacensi), quod ei ex paternâ
obvenerat hæreditate.... fiscum Floriacum in ejus transfudit domini-
um. (Amoin. hist. Francor. lib. 4. cap. 42. apud *Duchesne*, tom. 3.
pag. 120.)

> Chlodoveus (II) francâ dùm rex regnare̔ in aulâ,
> Extitit, egregiâ morum probitate dec. s,
> Vir Leodebodus, clarâ de stirpe creatus,
> Cœnobii regimen sancti servans Anja.... (Hic)
> Chlodoveum expetiit regem, cui tália fatur :.....
> Parva quidem, sed grata, meæ possessio menti est,
> Quam famâ didici, fisci ditione, teneri,
> Floriacum vulgò vocitant hoc nomine villam ;
> Hanc deposco, meo tribuas ut jure regatur......
> Nec gratìs fiscum mihimet conferrier opto, ꝗ
> Spondens è proprio similem redibere locellun (nempè Attin.).
> Annuit his precibus gratanti pectore princeps,
> Collatumque suum lætatur perdere fiscum,
> Contentus quòd non dispar sibi redditur arvum.

(Ex translatione patris Benedicti, editâ heroico metro, ab Aimoi-
no, Floriacensis cœnobii monacho, apud *Duchesne*, tom. 3.
page 120, 121. Testamentum verò Leodebodi abbatis extat apud
Duchesne, tom. 4. histor. Franc. script. pag. 59.-62.)

(2) Pag. 12.

Duo fratres, Judichaelus et Judocus contempor....anei fuerunt Dagoberti, regis Francorum, cum quo, post graves ad invicem inimicitias,
pacificatus est rex Britonum Judichaelus. Regressus consequenter
Judichaelus rex in Britanniam, regnum relinquere præmeditatus (est)
et patriam, ac vitam ducere monasticam. (Ex Vitâ S. Judoci, con-
fessoris, per Florentium abbatem scriptâ, apud *Duchesne*, tom. 1.
pag. 653.)

(3) Pag. 12.

Eam partem Franciæ, quæ spectat ad meridiem et orientem, vocabant Austrasiam, eam quæ vergit ad aquilonem et occidentem
vocabant Neustriam. (Vita Sigiberti regis, *apud Duchesne*, tom. 1.
page. 592.)
Illam regionem quæ septentrionem versùs, inter Mosam et Rhenum
porrigitur, Austriam; illam autem quæ à Mosâ usque ad Ligerim (*ibi
autem situm est Attiniacum*) protenditur, Neustriam vocitaverunt.
(Galliæ situs, ex lib. 3. hist. eccles. ab Hugone de S.-Mariâ, monacho
Floriacensis monasterii, defloratæ, an. 1109, apud *Duchesne*,
tom. 1. pag. 16.)
Illam regionem, quæ versùs septentrionem tendit, et inter Mosam
et Rhenum est, Austriam vocaverunt. Illam verò quam Mosa et Ligeris
pertingit, seu quæ à Mosâ usque ad Ligerim protenditur, Neustriam,
quasi novam Austriam, appellârunt. (Descriptio Galliarum, ex chron.

MS. Berhardi Guidonis, ord. Prædicat., episc. Lutevensis, qui floruit anno 1320, apud *Duchesne*, tom. 1. pag. 23.)

(4)   Pag. 12.

Anno 727 Danihel in *Attiniaco* mortuus est. (Annales Francor. ibid. tom. 2. pag. 7.).

(Chilpericus) mo tuus quidem est, et Noviomo civitate sepultus, (Gesta regum Franc ibid. tom. 1. pag. 719, 720.)

(5)   Pag. 13.

Pipini majoris-domûs Placitum, quo Crux oratorium, aliaque prædia à fisco Solemio pendentia, Dyonisiaho cœnobio vindicantur.

Inluster vir, Pipinus, major-domûs, etc.

Igitur cùm nos, in Dei nomine, unà cum optimatibus, vel pontificibus apostolicis patribus, seu et inlustribus viris ducibus et comitibus, *Attiniaco illà*, in *palatio* nostro, ad universorum causas audiendas, vel recto judicio terminando, resideremus, etc. Datum mense augusto, die decimo septimo, anno octavo regni gloriosissimi Childerici (III). regis. (Apud *Doublet, histoire de l'abbaye de S. Denis. Paris, 1625, in-4.°, pag.* 691; et apud Mabillon, De re diplomaticâ, lib. 6. pag. 489 et 490, ubi integrum refertur hoc placitum, ex archivo San-Dyonisiano, ad ann. 750.)

(6)   Pag. 14.

Pipini majoris-domûs Placitum de vico Curborio, Fulrado abbati Dionysiano eviruicato, adversùs Ragananem, abbatissam Septemolæ.

Cùm resedisset inluster vir Pipinus, major-domûs, *Attiniaco, in palatio publico*, ad universorum causas audiendum, vel recta judicia termenandum, ibique veniens Fulradus, abba de monastherio sancti Dionysii, etc.

Datum quod fecit mensis junius dies viginti, annum nono *Childerico* rege.

(Apud Mabillon, De re diplom., habetur integrum, lib. 6, pag. 490 et 491; ex autographo San-Dionysiano, ad ann. 751.)

(7)   Pag. 14.

Anno (765) rex Pipinus conventum habuit ad *Attiniacum-Villam.* (Annales Franc. Metenses, apud Duchesne, tom. 3, pag. 279.).

Pipinus celebravit Natalem Domini et Pascha in Parisiaco-(Carisiaco)Villâ, anno Domini 765; post hæc.... Placitum suum habuit ad *Attiniacum*. (Annales Bertiniani, ibid. pag. 152.)

Anno 765, habuit placitum domnus Pipinus in *Attiniaco*. (Annales alii Franc. ibid. pag. 8.)

Rex Pipinus.. generalem popoli sui conventum *in Attiniaco-Villâ..* habuit, anno 765. (Eginhardi annales de gestis Pipini regis, ibidem, tom. 2, pag. 236).

Anno 765, Pipinus placitum habuit *ad Attiniacum*. (Chron. breve, ibid. tom. 3, pag. 128.)

(304)

Anno 764 (Pipinus) celebravit Natalem Domini in Carisiaco-Villâ,
et Pascha similiter. Et immutavit se numerus annorum in 765. Tunc
rex Pipinus placitum suum habuit *ad Attiniacum*. (Ibid. tom. 2,
pag. 27.)

Rex (Pipinus) Placitum suum habuit *apud Attiniacum* eodem anno
(765). (Regino abbas, ad annum prædict. lib. 2.)

(8)   Pag. 15.

ACTA quædam conventûs Attiniacensis habiti sub Pipino rege,
anno ejus XIV, Christi DCCLXV.

Nomina episcoporum, seu abbatum, qui apud Villam publicam
Attiniacum, pro causâ religionis ac salute animarum congregati *syno-*
dali conventu, inter cætera salubriter, sapienterque definita, hoc
quoque communi cunctorum decreto statuerunt : ut unusquisque
illorum, quorum nomina in hoc indiculo subterscripta reperiuntur,
quandò quislibet de hoc seculo migraverit, centum psalteria, et presbyteri ejus speciales missas centum cantent. Ipse autem episcopus,
per se, XXX missas impleat, nisi infirmitate, aut aliquo impedimen-
to prohibeatur : tunc roget alterum episcopum pro se cantare; abbates verò, qui non sunt episcopi, rogent episcopos, ut vice illorum
ipsas XXX missas expleant; et presbyteri eorum centum missas, et
monachi centum psalteria psallere meminerint.

Hrodegandus, episcopus civit. Mettis.	(Metarum)
Eddo, episcopus civit. Stradburgi.	(Argentorati)
Lullo, episcopus civit. Maguntiaci.	(Moguntiæ)
Lupus, episcopus civit. Senonis.	(Senonum)
Baldebertus, episcopus civit. Baslæ.	(Basileæ)
Wlframnus, episcopus civit. Meldis.	(Meldarum)
Remedius, vocatus episcopus civit. Rodomæ.	(Rothomagi)
Maurinus, episcopus civit. Eboracas.	(Ebroici)
Gerbaudus, episcopus civit. Lauduno.	(Lauduni)
Hildigungus, episcopus civit. Suessonis.	(Suessionum)
Athalfridus, episcopus civit. Noviomis.	(Novioduni)
Megingozus, episcopus civit. Wirziaburgo.	(Herbipolis)
Williharius, episcopus de monast. S. Mauricii, nunc Martini, vel	
Martinachi, in Alpibus Cottiis, propè Octodurum.	(Agaunensis)
Folericus, episcopus civit. Tungris.	(Tungrorum)
Theodulphus, episcopus de monast. Laubias.	(Lobbes, in diœcesi Cameracensi)
Hyddo, episcopus civit. Augustoduno.	(Augustoduni)
Hyppolytus, de monasterio * Logendi.	(S. * Eugendi)
Jacob, episcopus de monasterio Gamundias.	(mihi ignotum)
Gaucilenus, episcopus civit. Celmanis.	(forte Cenomani)
Joannes, episcopus civit. Constantia.	(In Sueviâ, vel in secundâ Lugdunensi)
Willibaldus, episcopus de monasterio Achistadi.	(in Franconiâ)
Madalfeus, episcopus civit. Wirdunis.	(Viroduni)
Harifeus, episcopus civit. Bisantionis.	(Vesontionis)
Leodeningus, episcopus civit. Baiogas.	(Bajocæ)
Eusebius, episcopus civit. Toronis.	(Turonum).
Tello, episcopus civit. Coeradiddo.	(fortassis Curiæ)
Mauriolus, episcopus civit. Andecavis.	(Andegavi)
† Fulradus, abbas de monasterio S. Dionysii.	(propè Parisios)

Lantfridus, abbas de S. Germano.   (à Pratis, in civit. Paris.)
Joannes, abbas de S. Flodoaldo.   (mihi ignotus)
Druthtgungus, abbas de Gemetico.   (in diœcesi Rothom.)
Withlecus, abbas de Fontanellas.   (in diœc. Camerac.)
Witmarus, abbas de Centulâ.   (S. Richarii, in diœc. Ambian.)
Leodharius, abbas de Corbeiâ.   (in diœcesi Ambian.)
*Manase, abbas de Flaviniaco. (in diœcesi Augustod.) *Manasses
Asinarius, abbas de Novalicio. (iu valle Segusianâ, ad radices
montis Cinesii)
Waldo, abbas de S. Joanne.   (in civitate Lauduno)
Fabigaudus, abbas de Busbrunno.   (mihi ignotus)
Godobertus, abbas de Rusbacis.   (in diœcesi Meldensi)
Athalbertus, abbas de Fabarias.   (in diœc. Senon.)
Widradus, abbas de Sanctâ Columbâ.   (in diœc. Senon.)
Ebarsindus, abbas de Aldaha.   (mihi ignotus)
Geraus, abbas de Nivellâ.   (in Brabantio)
Ragingarius, abbas de Vtico.   (mihi ignotus)
(Apud Labbe, tom. concil. 6, pag. 1702, ex schedis Lucæ Holstenii.)

(9)   Pag. 24.

Cùm, quodam tempore, (Assuerus) iter à monasterio (Prumiensi)
in Vangionum provinciâ ageret, et, occasione viæ, ad sanctum Goa-
rem declinâsset.... neque commoditatem aliquam rerum necessaria-
rum nancisci potuisset, rem, ut erat gesta, paulò post principi (Pipino)
retulit, pessimum esse dicens, eo loco humanitatem hospitalitatis
omnem negari, ubi quondàm sub beato viro (S. Goare) singulariter
virtus eadem viguisset. Pollicetur rex fore hæc emendanda, cùm
temporis opportunitas arrisisset. Itaque, non multò post, positus in
palatio quod Attiniacum vocatur, cùm ad generalem populi conventum simul abba Assuerus venisset, evocatum ad se princeps super
his, quæ de cellâ B. viri dicta ab eo fuerant, commonefacit, eique
regendam commisit. (Vaudelbertus diaconus et monach. Prum., in
fine libri sui *de miraculis S. Goaris,* apud Mabillon, sec. II. Bened.
pag. 298.)

(10)   Pag. 26.

Carolomannus rex, Pipini filius, anno regni primo (inquit Mabil-
lonius, De re diplomaticâ, lib. 4, pag. 249), monasterium Dionysia-
num ab omnibus teloneis eximit, eidemque anteriorum regum im-
munitates *Attiniaci* confirmat.
Et   lib. 5, pag. 387 : *Carolomannus, gratiâ Dei rex Francorum,*
vir inluster, omnibus fidelibus nostris tàm præsentibus quàm et futuris.
Cognoscat magnitudo vestra, etc.

Signum † *Carolomanni gloriosissimi regis.*
Data in mense Martio, anno primo regni nostri (id est anno 769)
Actum Attiniaco palatio publico, in Dei nomine, feliciter. (Ex auto-
grapho.)

(11)   Pag. 26.

Anno 771... Karolus rex.... celebravit Natalem Domini *in Attiniaco.*
(Eginhardi annal. de gestis Caroli M. imp. Duchesne, tom. 2, p. 238.)
Domnus rex celebravit Natale Domini *ad Attiniacum.* (Annal. franc.
Duch. tom. 2, pag. 14, ad ann. 771.)

Carolus rex celebravit Natalem Domini in villâ quæ dicitur *Attiniacus,*... et immutavit se numerus annorum in 772. (Annal. Franc. ibid. pag. 28 et 50.) Et tom. 3, pag. 153, idem habent annales Bert.

Rex Carolus celebravit Natale Domini *in villâ Attiniaco.* (Vita Kar. M. per monach. Engolism. descripta, Duch. tom. II, pag. 70.)

Anno 771, rex Carolus celebravit Natalem Domini *in Attiniaco,* et Pascha similiter. (Annal. Metens. Duch. tom. 3, pag. 280.)

Rex autem Carolus celebravit, *in Attiniaco,*
Natalem Domini, necnon Paschalia festa.

(Poeta Saxon. Annal. de gestis Caroli, lib. 1, anno 771, indict. VIII.)

(12) Pag. 28.

....Anno 786, rex (Carolus)... reversus in Franciam venit ad *Attiniacum.* Ibi *Witikingus* baptizatus est. Celebravit ibi natale Domini et Pascha. (Annal. Tiliani. Duch. Tom. 2, pag. 15 et 16.)

Postquàm rex rediit domum suam, *Widuchint,* tot malorum actor ac perfidiæ incentor, venit cum sequacibus suis *ad Attiniaco palatio,* et ibidem baptizatus est, et Carlus rex suscepit eum, ac donis magnificis honoravit. (Fragm. annal. ibid. pag. 22.) Idem ferè habetur in chron. vet. Moissiac cœnob. apud Duchesne, tom. 3, pag. 139.)

.... Anno 785, ...Carolus rex, mittens post Windochindum et Abbionem, utrosque ad se conduxit........ Qui.... conjunxerunt se ad *Attiniacum-Villam....,* Et ibi baptizati sunt... unà cum sociis eorum..., Et in eâdem villâ celebravit rex Natalem Domini et Pascha similiter. (Annal. Loiseliani, ibid. pag. 32 et 33.)

....Reversus (rex Carolus) in Franciam misit *Widochindo* et *Abbioni* obsides... qui, receptis obsidibus, occurrerunt ei, *apud Attiniacum-Villam,* et ibi baptizati sunt, cum sociis eorum; sicque tota Saxonia subjugata est. In eâdem villâ celebravit rex Natalem Domini et Pascha similiter. (Vita Karoli M. incerti auctoris, ibid. pag. 54, 55.)

Idem habetur in vitâ Karoli M. per monach. Engolism. scriptâ, ibid. pag. 74, 75.)

Anno 785, ad ejus (Caroli regis) præsentiam in *Attiniaco-Villâ* venerunt (Widikindus et Albion), atque ibi baptizati sunt, (Annal. Eginhardi, ibid. pag. 240, 242, 243.)

Anno 785 *Wittikind,* Saxo, *Attiniaci* ad fidem Carli venit, et baptizatus est, et Saxonia tota subacta. (Annal. Fuldenses, ibid. pag. 536 et 537.)

Carolus rex reversus in Franciam misit ad *Widochindum* et *Albionem,* obsides,.... quos cùm recepissent,.... conjunxerunt se ad *Attiniacum-Villam,* ad domnum regem Carolum, et ibi baptizati sunt *Widochindus* et *Albio,* cum sociis eorum ;.... et in eâdem villâ celebravit rex natalem Domini, et Pascha similiter, anno Domini 786. (Annales Bertiniani, ibid. pag. 158, 159.)

Anno 785.... acceptis obsidibus, ad regem in Villâ-Attiniaco venerunt, ibique baptizati sunt, et sic tota Saxonia subjugata est Francis. Et in eâdem villâ celebravit rex natalem Domini et Pascha similiter, anno dominicæ incarnat. 786.) Annales Metenses, ibid. pag. 282.)

.....Properârunt protinùs ambo (Vitikind et Abbion)
Ad regem, jàm tunc fuerat qui fortè reversus
Ad villam propriam, quæ dicitur *Attiniacus.*
Hic iidem proceres sacri baptismatis undâ
Perfusi, tandem regi mansêre fideles,

(307)

Ipsaque gens aliquot requieverat indè per annos..
(Poeta Saxon. de gestis Car. M. ad ann. 785 et 786, ibid.)

(13) Pag. 34.

Dominus imperator, *consilio cum episcopis et optimatibus suis habito,*
fratribus suis, quos invitos tonderi jussit, reconciliatus est; et tàm de
hoc facto, quàm de iis quæ ergà Bernhardum, filium fratris sui Pipini,
nec non et iis quæ circà Adelhardum abbatem, et fratrem ejus Wala-
chum, gesta sunt, publicam confessionem fecit, et pœnitentiam egit.
Quod in eo conventu, quem eodem anno, mense augusto, *Attiniaci*
habuit, in præsentiâ totius populi sui peregit. In quo, quidquid si-
milium rerum, vel à se, vel à patre factum invenire potuit, summâ
devotione emendare curavit. (Eginhardi Annal. de gestis Ludovici
pii imp., ad ann. 822, ibid. pag. 265.)

Anno hunc sequenti (822), dominus imperator conventum generalem coire jussit in loco cujus vocabulum est *Attiniacus.* In quo
convocatis ad concilium episcopis, abbatibus, spiritualibusque viris,
nec non et regni sui proceribus, primò quidem fratribus reconciliari
studuit, quos invitos attonderi fecerat; deindè omnibus quibus aliquid læsuræ intulisse videbatur. Post hæc autem, palàm se errasse
confessus, et imitatus Theodosii imperatoris exemplum, *pœnitentiam spontaneam suscepit,* tàm de his, quàm quæ in Bernhardum,
nepotem proprium, gesserat; et corrigens si quid talium, vel à se,
vel à patre suo, gestum reperire alicubi potuit, etiam plurimarum
eleemosynarum elargitione, sed et servorum Christi orationum ins-
tantiâ, nec non propriâ satisfactione adeò Divinitatem sibi placare
curabat, quasi hæc quæ legaliter, super unumquemque, decucurre-
rant, suâ gesta fuerint crudelitate. (Vita et actus Ludovicii pii imp.
ibid. pag. 301.)

(14) Pag. 39.

Scholæ sanè ad filios et ministros ecclesiæ instruendos, vel edocen-
dos, sicut nobis præterito tempore *ad Attiniacum* promisistis, et vobis
injunximus, in congruis locis, ubi necdùm perfectum est, ad mul-
torum utilitatem et profectum, à vobis ordinari non negligantur. (Ca-
pitularium, lib. 2, capitulo 5, ibid. pag. 737, ad ann. 822.)

In illis diebus, quandò sacer et religiosus dominus noster imperator, evocato conventu *in Attiniaco,* agebat, strenuè providens de
omnibus utilitatibus commissorum sibi populorum, pervenit ad subli-
miorem inquisitionem pernecessarii consilii, cupiens scilicet invenire
qualiter còngruentissimæ profectum doctrinæ et abolitionem negli-
gentiarum, sacerdotibus et cunctis honoratis suis commendare potuisset : quod utiquè laudabiliter, inspirante Dei gratiâ, quæsivit,
eleganter invenit, fideliter ore suo annuntiavit. Quæ cuncta nunc
replicare nimis prolixum est, quia et tunc distinctis capitulis com-
prehensa sunt, et omnibus nota esse debent. Hanc igitur rem cum
miris tunc laudibus adhuc inchoatam magistri nostri efferrent, et
præcipuè venerandus senex Adalardus, qui etiam dicebat se nunquàm sublimiùs, vel gloriosiùs causam profectûs publici moveri et
cogitari vidisse, à tempore regis Pipini, usque ad diem illum : tantùm ne respondentium et obedientium negligentiâ humiliaretur,
addidit ipse, et cæteri primores, dicentes omni concilio, quidquid

utile potuerit reperire sagacitas vestra, ad cavenda peccata, ad vitan-
da pericula, ad erigendam religionem, ad illustrandam doctrinam,
ad corroborandam fidem, ad excolendum studium sanctitatis, con-
fidenter edicite, et ad explenda pariturum Deo domnum imperatorem
minimè dubitate. Qui, quoniàm (ut sacræ scripturæ docent) peccata
contrahunt infelicitates, perturbationes, clades et sterilitates in po-
pulos, totâ sollicitudine curat, ut bona quidem statuendo, mala verò
destruendo, obtineat ùnà nobiscum, apud Dominum, ut, remotis
adversis casibus, regnum sibi commissum prosperè, Deo favente,
valeat gubernare. Hæc, et his similia, cùm priores nostri jucundissi-
mè loquerentur, ego, ut scilicet humillimus omnium et extremus,
cœpi, quodam modo pedetentim, utpotè magnis viris, ità suggerere :

Sermo B. Agobardi, Lugdunensis archiepiscopi.

« Ecce omnipotens Deus præparavit animos domni imperatoris, ut
» sollicitè velit agnoscere temporis vires consonas, vel dissonas æquitati.
» Expedit verò ut ea quæ dissona sunt, si possibilitas suppetit, emen-
» dentur; in quantùm autem possibilitas non suffragatur, cum timore
» Dei tolerentur, quatinùs, dùm illicitum quidpiam ex necessitate
» agitur, quod declinari non potest, timor saltem faciat excusabilem
» quem executio non constituit absolutum. Necesse est ergò ut vestra
» industria magnanimitati ejus suggerat pericula de rebus ecclesiasti-
» cis, quas, contrà vetitum et contrà canones, tractant et in usus pro-
» prios expendunt viri laici. Postquàm enim diffusa est ecclesia Dei
» toto orbe terrarum, et cœpit exaltari et magnificari per omnes re-
» giones et nationes, cœperuntque templa erigi à fidelibus imperato-
» ribus ac regibus, atque episcopis, vel cæteris potentibus, ditarique
» rebus et thesauris ornari, fuit etiàm consequens ut principum pro-
» videntiâ leges promulgarentur, et episcoporum solicitudine canones
» statuerentur de rebus sanctificatis, id est sacris locis deputatis, qua
» liter tuerentur ab improbis, tuerentur à gubernatoribus, vel expe-
» direntur. Convenerunt episcopi, viri sancti, quibus tunc abundabat
» ecclesia ; statuerunt illibatos conservari debere sacros canones, qui
» firmati sunt spiritu Dei, consensu totius mundi, obedientiâ princi-
» pum, consonantiâ scripturarum. Ex quo tempore acceptum et re-
» ceptum est, non aliud esse agere cuiquam adversus canones, quàm
» adversùs Deum et adversùs ejus universalem ecclesiam ; neque sen-
» sum est unquàm, à quibusque fidelibus, ut statuta, absque periculo
» religionis, violarentur. Quod ergò, Deo auctore, statutum est, nova
» necessitas, quæ tunc temporis non accidit, excusabilem facere non
» potest violatorem : quia omnipotenti Deo tempora, omniaque volu-
» mina sæculorum præsentia sunt et stantia ; neque aliquid præteriti
» potest recordari, nec futurum aliquid expectare. Quamobrem istæ,
» quas nunc homines prætendunt, necessitates, et quarum causâ se
» impunè putant res sacras in usus communes vertere, licet tunc ho-
» minibus futuræ essent, Deo tamen præsentes erant ; quodque Spiritu
» suo statuit ecclesiæ tenendum, cunctis diebus, usque ad finem sæculi
» voluit custodiri. Sed quoniàm, quod de sacris rebus in laicales usus
» illicitè translatis dicimus, non fecit iste dominus imperator, sed
» præcessores ejus, et proptereà isti impossibile est omnia emendare,
» quæ antecedentes malè usurpata dimiserunt : saltem, admonentibus
» vobis, recogitare dignetur periculum, quod, licet vitare nequeat,
» tamen, dùm pensat, timet, ac dolet, apud misericordem Dominum
» fiat per hoc excusabilis. Et vos communicate pondus periculi, sub-
» levatcque portantem, in quantùm fieri potest, ut dùm vos illi

(309)

» communicantes in periculis, et ille vobis compatiens extiterit in
» tristibus, ac defensor in pervasionibus, dùmque unum sapitis, tan-
» tumque periculum communiter toleratis, avertatur ab illo, nec non
» et à vobis, hujuscemodi prævaricationis vindicta. » Cùm hæc igitur
à me dicerentur, responderunt piè reverentissimi viri Ædalardus et
Helisacar, abbates ; utrùm verò audita retulerint domino imperatori,
nescio. (Agobardus, arch. Lugd. lib. de Dispensatione rei eccles. in
principio.)

Peracto conventu qui *Attiniaci* habebatur, imperator, venandi
gratiâ, Arduennam petiit. (Eginh. annal. tom. 2. Duch. pag. 265.)

(15) Pag. 39.

Præceptum Ludovicii Pii imperatoris, pro monasterio Balneolensi,
in diœcesi Gerundensi.

In nomine Domini Dei et Salvatoris nostri Jesu Christi, Ludovicus,
divinâ ordinante Providentiâ, imperator augustus. Si erga loca, etc.

Data tertio idus septembris, anno, Christo propitio, decimo imperii domini Ludovici, piissimi, augusti, indictione primâ. Actum
Attiniaco palatio regio, in Dei nomine feliciter. Amen.

(Ex archiv. monast. Balneolensis, ad ann. 823 ; reperitur autem in
nováedit. Capitular. reg. Franc. Paris. 1780, in appendice auc-
torum veterum, tomo 2, pag. 1424, 1425 et 1426.)

(16) Pag. 40.

Quidam nostrûm, tempore sanctæ memoriæ domni Hludovici Pii,
augusti, *in Attiniaco palatio* tunc fuerunt, quandò in universali synodo
totius imperi, et etiam cum Sedis Romanæ legatis, et in generali
placito, fæmina quædam, non ignobilis genere, nomine Northildis,
de quibudam inhonestis inter se et virum suum, vocabulo Agember-
tum, ad imperatorem publicè proclamavit ; quam imperator ad synodum destinavit, ut indè episcopalis auctoritas quid agendum esset
decerneret. Sed episcoporum generalitas ad laicorum ac conjugato-
rum eam remisit judicium, ut illi inter illam et suum conjugem judicarent, qui de talibus erant cogniti, et legibus seculi sufficientissimè
præditi, eorumque legalibus judiciis eadem fæmina se subjiceret, et
quod de quæstione suâ decrevissent, sine repetitione teneret ; si verò
crimen aliquod esset, indè pænitentiæ modum, post illorum judicium,
ab apostolicâ auctoritate deposceret, secundùm quòd sacri canones
præfixerunt, ei imponere non negarent. Nobilibus autem laicis sacer-
dotalis discretio placuit, quia de suis conjugibus eis non tollebatur
judicium, nec à sacerdotali ordine inferebatur legibus civilibus præjudicium, et legem proclamationi fæminæ protulerunt, ac legali judicio quæstioni terminum contulerunt. (Hincmar. Rhem. in lib. de
Divort. Lhotarii regis, et Tetbergæ reginæ, in respons. ad interrog. V.)

(17) Pag. 42.

Habuit eo tempore (Ludovicus imperator), circa missam sancti
Martini, conventum generalem *in Attiniaco palatio*, ubi cùm multa
perperàm inolita purgare decrevisset, tàm in ecclesiasticis quàm publicis rebus, tunc præcipuè fuerunt ista. Mandavit filio Pipino, per
Ermoldum abbatem, res ecclesiasticas, quæ in regno ejus erant,
quas, vel ipse suis attribuerat, vel ipsi sibi præripuerant, absque
cunctatione, ecclesiis restitui. Missos etiam per civitates et monasteria transmisit, statumque ecclesiasticum, penè collapsum, in an-

tiquum statum erigi jussit. Itemque præcepit, ut missi per singulos
comitatus irent, qui immanitatem prædonum atque latronum, quæ
inaudita emerserant, cohibcrent, et ubi eorum major vis incubuerat,
etiam comites vicinos et episcoporum homines, ad tales evincendos
et proterendos, sibi adsciscerent, et de singulis sibi in proximo pla-
cito generali Wormaciam renunciarent, quod futurum transactâ hyeme, et suadente vernante gratiâ, indixit. (Vita et actus Ludovici
Pii imperat. ad ann. 834.)

Ipse (Ludov. Pius imperat.) circa Aurelianis perveniens..... et per
Parisius ad Attiniacum veniens, ibi placitum cum suiis consiliariis
circà missam S. Martini habuit. (Annales Bertin. ad ann. 834, apud
Duch. tom. 3. pag. 190.)

Ludovici Pii præceptum pro commutatione quorumdam prædiorum
    inter Hilduinum abbatem, Dionysianum et Ermentrudem, abbatissam Jotrensem.

    (Extat integrum apud Mabill. ad ann. 839, de re diplom. lib. 6,
      pag. 525, 526.)

In nomine Domini Dei et Salvatoris nostri Jesu Christi. Hludovicus,
divinâ repropitiante clementiâ, imperator augustus. Si enim ea, etc.

Actum Attiniaco palatio regio, anno XXVI. imperii domni nostri
Hludowici, piissimi imperatoris.

Datum X. kal. februarii, indictione 11, in Dei nomine feliciter.
Amen.

De concilio vel placito habito sub Ludovico pio, Attiniaco in palatio, anno 833, vel 834, lege Arsenii epitaphium, vel Walæ, Corbeiensis abbatis vitam, in actis Benedictini sæc. IV. part. 1, pag. 509.)

(18)   Pag. 45.

Eâ pactione prælium diremit (Lotharius), ut cederet Karolo Aquitania, Septimania, Provincia, et decem comitatus inter Ligerim et
Sequanam : eo videlicet modo, ut his contentus interim inibi esset,
donec *Attiniacum*, VIII. id. maias, conveniant : quà si quidem communi consensu utrorumque utilitatem prævidere, ac statuere velle
promisit. Primores partium Karoli.... statutis eo tenore consentiunt,
ut deinceps Lotharius.... Regna, quæ illi (Karolo) deputabat, quieta
habere faceret... In regna, quæ illi (Karolo) deputaverat, statim direxit (Lodharius), et in quantum potuit, ne illi se subderent, perturbavit.... Quibus peractis, quoniàm tempus placiti, quod Attiniacum condixerant, appropinquare videbatur,.... quid consultè agere
oporteret Karolus anxius erat. Ergò participes secretorum convocat..
Aiebant....., sibi undiquè consultum videri, quocumque modo posset,
ad condictum placitum venire minimè differret.... Ergò idem ipse...,
quanquàm difficile videretur, iter arripuit......... atque ad præfatum
locum (Attiniacum), pridiè quàm venerat (convenerat), prævenit.
Quo quidem Lodharius, veluti ex consulto, venire distulit... Intereà...
Karolus... cùm quatuor , vel eo amplius dies inibi (Attiniaci) adventum Lodharii præstolaretur, et ille venire differet, concionem advocat,
concilium iniit, quidnam consultius illi agendum videretur... Quamobrem Cadhellonicam Karolus adiit urbem. (Nithard. hist. lib. II.
ad annos 840 et 841. apud Duch. tom. II, pag. 365, 366, 367 et 368.)

(19)   Pag. 49.

Carolus, ab Aquitaniâ, nullo peracto negotio, repedans, fratrem
Lotharium ad palatium suum *Attiniacum* invitat. Quò convenientes,

quod dudùm pepigerant, firmaverunt.... (Annales Franc. Bertiniani, ad ann. 854, apud Duch. tom. III, pag. 207.)

Apud Attiniacum, hæc memorabilia capitula, quæ sequuntur, dedit missis suis Karolus anno DCCCLIV in mense junio, quandò apud Attiniacum cum fratre suo Hlothario fuit locutus, ut illa unusquisque missus in suo missatico per regnum illius exsequi procuret.

(Integra omnia extant apud Duch. tom. II. pag. 421 et 422; et apud Sirmond, tom. III, pag. 91. 92. 93 et 94.)

(20) Pag. 55.

Comites ex regno Karoli regis Ludoicum, Germanorum regem, adducunt, qui kalendas septembris (858) Ponteonem regiam villam adveniens per Catalaunos Aiedincum Senonum pervenit.... quibus Karolus rex compertis, per Catalaunos usque ad Breonam villam festinus graditur.... Sed pridiè idus novembris, præparatis hinc indè aciebus, videns Karlus se à suis deseri, recessit, et partes Burgundiæ petiit. Ludoicus verò, receptis his qui à Karlo defecerant, Augustam Tricorum adit, ibique distribuens invitatoribus suis comitatus, monasteria, villas regias atque proprietates, *ad Attiniacum palatium* revertitur. Quò Lotharius rex ei occurrit, et confirmatis inter se pactionibus ad sua repedat. Ludoicus verò per Durocortorum Remorum et Laudunensem pagum ad Augustam Veromanduorum.... Dominicæ Nativitatis festum celebraturus ingreditur..... Karlus rex, recuperatis viribus, fratrem suum Ludoicum nec opinantem adgreditur et de regni sui finibus pellit. Lotharius rex ad Karlum festinat, et die dominico initii Quadragesimæ, in Arcas Palatio publicè sacramentis vicissim per seipsos datis se iterùm confirmat. (Annal. Bertiniani, apud Duch. tom. 3, pag. 210, ad ann. 859.)

Cum aliis archiepiscopis.... apud Aurelianis civitatem.... me consecravit....., et in regni solio sublimavit. Dùm autem.... frater noster Hludouvicus... cum manu hostili et seditiosis hominibus ex regno suo regnum nostrum irrupit... ad cujus (hujus) colloquium sine meâ licentiâ Wenilo venit.... quod nemo episcoporum ex regno nostro alius fecit.... Wenilo ad.... Hludouvicum in meam contrarietatem venit, cum quo erant excommunicati istius regni et seditiosi, de quorum excommunicatione, coepiscoporum suorum litteras accepit, et missas publicas fratri meo, cum quo ipsi seditiosi erant, in palatio meo *Attiniaco*, et parrochiâ et provinciâ alterius archiepiscopi...., sine suâ licentiâ, ac coepiscoporum consensu, Wenilo excommunicatis, vel excommunicatorum participibus celebravit. Et in eo concilio atque consilio fuit, quo nepos meus Hlotarius, per mendacia, quantum ex seductoribus suis, subriperetur, et.... sacramento promissum.. adjutorium ex illo mihi subtraherent. Prædictis fratris mei... publicis ac secretis tractatibus, Wenilo... cum episcopali judicio... excommunicatis, et judicio regni dijudicatis, interfuit : quatenus partem regni, quam frater meus et Wenilo mihi juraverant, et in quâ Wenilo me regem sacraverat, frater meus obtineret, et ego illam perderem. Wenilo in eo tractatu fuit, ut episcopi, qui mihi fidei promissæ debitores erant deficerent, et ad Hludouvici obsequium et subditionem se verterent....Et non solùm consilio (fratris mei) Wenilo interfuit, sed et ipse idem consilium fratri meo.... donavit.... (Libellus proclamationis Caroli regis adversùs Wenilon. archiep. Senon. ad annum 869, apud Sirmond. tom. III. pag. 174 et seq.) Idem habetur in epist. synodali concilii Tullensis I apud Saponarias ad Wenilonem arch. ad ann. 859, apud Labbe, tom. 8, pag. 682.)

Hæc quæ sequuntur capitula miserunt episcopi provinciarum Remensis et Rotomagensis, à Carisiaco palatio, quò convenerant, per Wenilonem Rotomagensem archiepiscopum, et Erchanraum, Catalaunensem episcopum, Hludouvico regi, *in Attiniaco palatio* consistenti, anno Incarnationis dominicæ 858, in mense novembrio.

Domno Hludouvico, regi glorioso, episcopi Remorum'diocesos, atque Rotomagensis, qui adesse potuimus.

Litteras dominationis vestræ quique nostrûm habuimus, quibus jussistis, ut vobis VII. kal. decembr. Remis occurreremus : quatenus ibi nobiscum, et cum cæteris fidelibus vestris, de restauratione sanctæ ecclesiæ, et de statu ac salute populi christiani tractaretis. Sed nos ad placitum illud occurrere non potuimus, et propter incommoditatem et brevitatem temporis, et propter inconvenientiam loci, et, quod est lugubrius, propter confusionem tumultûs exorti. (Apud Sirmond. inter capitul. Caroli Calvi, tit. 27, capit. 1, tom. III, pag. 133.)

Et nolite negligere illa capitula, quæ synodus de Carisiaco, per Wanilonem et Erchanraum transmisit ad hunc, Attiniacum, præterito anno, Hludouvico, fratri vestro; sed relegite illa diligenter : quia, mihi credite, plus pro vobis quàm pro illo facta fuerunt. (Hincmar Rhem. epist. ad Carolum Calvum, ad annum 859.)

(21)   Pag. 56.

Præceptum Caroli Calvi regis, de dono quod fecit Gomesido fideli suo.

In nomine sanctæ et individuæ Trinitatis, Karolus gratiâ Dei rex. Regalis celsitudinis mos est, fideles regni sui donis multiplicibus et honoribus ingentibus honorare , etc.

Signum Caroli gloriosissimi regis. Henricus, diaconus, ad vicem Lhudouvici, recognovit.

Data pridiè Kal. julii, indictione VIII, anno XX. regnante Karolo gloriosissimo rege.

Actum *Attiniaco palatio regio,* in Dei nomine feliciter. Amen.

(22)   Pag. 56.

Præceptum Karoli regis, quo donat Adalgiso, fideli suo, ad deprecationem Hirmindrudis reginæ, conjugis suæ, villam quæ vocatur Eliclacus, super fluvium Olnæ, infrà comitatum Bajocacensem.

In nomine sanctæ et individuæ Trinitatis. Karolus, gratiâ Dei, rex. Regiæ celsitudinis mos est fideles regni sui donis multiplicibus et honoribus ingentibus honorare, etc.

Signum Karoli, gloriosissimi regis.

Goslinus notarius ad vicem Hludovici recognovit.

Data VIII. idus decembr. indictione IX, anno XXI. regnante domno Karolo, gloriosissimo rege.

Actum Attiniaco publico palatio, in Dei nomine feliciter. Amen.

(Ex chartulario monasterii Fossatensis, ad ann. 860; reperitur autem in novâ edit. capitular. reg. Franc. in appendice actor. veter. tom. II, pag. 1475 et 1476.)

(23) Pag. 58.

Carolus..... circà medium februarium mensem, fratrem suum Ludovicum (regem Germaniæ) in villâ Tusciâ (Douzy), cum filiis ve-
nientem, satis honorificè suscepit...... De Tusiaco...... Carolus per
Attiniacum ad Silviacum veniens, ibidem sacrum Quadragesima et
Pascha Domini celebrat... Nicolaus papa Arsenium Ortensem episcopum, et consiliarium suum, cum epistolis ad Hludovicum (Germaniæ) et Carolum fratres, ea, quæ Lotharius (rex Lotharingiæ) per
fratrem (Ludovicum II. imperatorem) petierat continentes (*ut de
regno suo nullum ei impedimentum facerent; putabat enim quòd sibi regnum subripere et inter se vellent dividere*),..... cum interminatione
transmittit. Isdem autem Arsenius...... ad Carolum, circà *medium
julium* mensem in *Attiniacum palatium* veniens uniformes, sicuti Lu-
doico et Lothario regibus, epistolas suas satis honorificè tradidit, et
Rothadum... à quinque provinciârum episcopis dejectum et à Nicolao
papâ..... restitutum secum reducens Carolo præsentavit.... Intereà
Lotharius Missos suos ad Carolum dirigit.... petens, ut mutuâ firmi-
tate inter eos amicitiæ fæderarentur. Quod et Irmintrude reginâ in-
terveniente obtinuit, et veniens in *Attiniacum*, amicaliter et honorificè est susceptus, et in fœdere postulato receptus. Quo et Arsenius
rediens epistolam Nicolai papæ plenam terribilibus.... maledictioni-
bus detulit super eos qui antè hos annos eidem Arsenio multam the-
sauri summam prædantes abstulerant, nisi satisfaciendo quæ tulerant,
ei reddere procurarent. Et relecta eadem epistola, sed et altera de
Ingiltrudis excommunicatione, quæ virum suum Bosonem reliquerat,
et cum quodam adultero in Lotharii regnum confugerat, ac receptâ
sub defensione Caroli villâ quæ Vendopera dicebatur, quam piæ memoriæ Ludovicus imperator S. Petro tradiderat, et Wido quidam
comes per plures annos tenuerat, Arsenius episcopus impetratis apud
Carolum pro quibus venerat,.... per Alemanniam et Bajoariam Romam rediit. Carolus ab *Attiniaco* contrà Nortmannos, qui cum navi-
bus 5o in Sequaniam venerant, hostiliter pergit. (Annales Bertin. ad
ann. 865, apud Duch. tom. III, pag. 222 et 223.)

Arsenius episcopus Nicolai papæ.... legatus ob pacem et concor-
diam inter Hludovicum et Karolum fratrem ejus, necnon Hlotarium
nepotem eorum renovandam, atque constituendam, missus est in
Franciam. Qui ad Karolum regem in Galliam pergit. Illic *(Attiniaci)*
quoque mirificè à rege susceptus, regalibusque donis sublimatus.....
multis ibidem causis benè dispositis, cum pace revertitur Romam.
(Annal. Fuldens. ad ann.

(24) Pag. 6o.

Caroluseos (episcopos concilii Suessionensis III.) petit, ut uxorem
suam Hirmintrudem in reginam sacrarent. Quod et fecerunt, et unà
cum eo illi coronam imposuerunt. De quo loco (Suessione) idem rex
cum reginâ *Attiniacum palatium* obviàm Lothario adit. Quo Teutber-
gam nomine tantùm reginam Hlotarii, quæ Romam pergendi licentiam habuit, revocant; et Missaticum communiter ordinantes, Carolus per Egilonem Senensem archiepiscopum et Hlotarius per Ado-
nem, Viennensem Archiepiscopum, ac per Waltarium, suum à
secretis domesticum, papæ Nicolao, quæ sibi visa sunt, secretiùs
mandant..... Attulit etiam præfatus archiepiscopus (Egilo) eidem
domno Carolo epistolas papæ (Nicolai) ac Lotharium et episcopos

regni ejus, de causâ Theotbergæ atque Waldradæ, eamdem Waldrà-
dam mitti Romam præcipiens. Quas Carolus Lothario obviam sibi *ad
Attiniacum palatium* venienti, ex parte ipsius Apostolici dedit. Indèque ad conloquium fratris sui (Ludovici) Metas perrexit. (Annales
Bert. ad annos 866 et 867, ap d Duch. tom. III, pag. 226 et 228.)

(25)   Pag. 61.

Lotharius, suspectum habens Carolum, ad Ludoicum se contulit
et obtinuit ut sacramentum illi fieri ex suâ parte faceret, quatenus in
nullo nocumento illi foret, si in conjugem Waldradam acciperet,
sicque *ad palatium Attiniacum* ad conloquium Caroli venit, ibiquè
placitum accepit, ut post futuras kalendas octobris simul iterùm loquerentur.... A Carolo autem nullam firmitatem accepit. Sed à Lu-
doico firmitatem indè suscipiens, Romam perrexit.... et ad monasterium S. Benedicti, quod in monte Cassino situm est. Quo etiam.....
obtinuit ut papa (Hadrianus II) illi sacram communionem donaverit:
si, postquàm Nicolaus papa Waldradam excommunicavit, nullum
cum eâ contubernium, vel carnalis copulæ mercimonium, quin nec
conloquium quoddam habuerit. Ipse autem infelix, more Judæ, si-
mulatâ bonâ conscientiâ, et impudenti fronte, eamdem sacram communionem sub hâc conventione accipere non pertimuit, nec recusavit..
Româ lætus promovens,... sed judicium Dei intelligere nolens, usque
Placentiam VIII. idus augusti pervenit, ibique inopinatè moritur.
Quod Carolus apud Silvanectis civitatem degens non incerto compe-
riens nuntio, ab ipsâ civitate movens, *Attiniacum* venit. Ubi à quibusdam episcopis..... regni quondam Lotharii, missos suscepit, ut in
regnum (istud) non intraret, donec frater suus Ludovicus, rex Germaniæ, ab expeditione hostili de Winedis reverteretur. Petierunt ergò ut ad eum Missos suos dirigeret, et ei mandaret ubi et quandò
simul convenirent, et de regni ipsius divisione tractarent. Plures autem illi mandârunt, ut quantociùs usque Mettis properare satageret...
et juxta eorum suggestionem agere festinavit. Ergò... anno 869, V.
idus septembris, Mettis civitate.... est rex coronatus. (Annal. Bertin.
apud Duch. ad ann. 868 et 869, pag. 233, 234, 235 et 237.) Vide
etiam apud Duch. tom. III, pag. 843, epist. S. Nicolai papæ I. ad
Lothar. regem, N.° 13.

(26)   Pag. 62.

Mense maio (870), Carolus rex *ad Attiniacum palatium* venit : ubí
et duodecim legatos fratris Ludovici pro divisione regni (Lotharii
defuncti) accepit... Quæ divisio ad hunc finem pervenit, ut in illud
regnum pacificè convenirent et.... illud dividerent....... Intereà post
de multis impetitus.,.... Hincmarus, Laudunensis episcopus...... in
synodo (Attiniacensi) episcoporum decem provinciarum...... Carlomannus etiam, regis filius, et plurimorum monasteriorum abbas reputatus, quoniàm insidias ergà patrem suum infideliter moliretur.
(Aimoini continuator anonym. ex annal. Bertin. fere descripsit, lib.
5, cap. 24, ad ann. 870.)

In synodo *in Attiniaco* à vobis (Hincmaro Rhemensi) convocatâ.
(Hincm. Laudun. in Pitaciolo ad avunc. suum misso 6 non. jul. 870.)

Sciat tua fraternitas eos qui adversùm te, anno præterito, apud
me querelas suas deposuerunt, et de quibus in synodo fuisti *apud
Attiniacum* impetitus..... nunc iterum suas querelas deponere. (Hincm.

Rhem. in indiculo synodi Duziac. prid. id. maias 871, per superadditionem ad Hincm. Laudun.)

Illam (professionem) quam in Synodo decem provinciarum *apud Attiniacum* habitam, mihi dedit, quantùm in ipso fuit, destruxit. (Hincm. Rhem. in scedulâ adv. nepot. suum syn. Duz. oblatâ, c. 17.)

(27) Pag. 87.

ACTA in synodo decem provinciarum *apud Attiniacum*, anno 870, ex diversis collecta atque ordine digesta.

Vocastis me litteris vestræ auctoritatis *Attiniacum* ad synodum intimántes, quia litteræ domini apostolici domno regi Carolo, et regni ipsius episcopis directæ fuerunt, de quibus sine synodali consultu responderi non poterat. Quamvis has litteras in Gundulfi villâ suscepissetis, ubi et præsens adfui, quas mihi ibidem nullatenus ostendistis. (In schedul. Hincm. Rh. adv. nepot. c. 27.) Et epist. Hincmari Laud. quæ incipit: *De his quæ vobis per Hittonem.* Tractata sunt in eodem *Attiniaco* à domno rege, per aliquot dies, quæ visa sunt. Cùm autem designaretur nobis dies certus, in quo synodalia tantùm debuissent ventilari, qui futurus erat sextâ feriâ, adveni. (Epist. Laudunensis cit.)

Frater noster Hincmarus mihi impegit noxam non levem, si verum diceret me commisisse contrà S. et apostolicam sedem dicens: Cùm autem *Attiniacum* veni, dedistis mihi quasi exemplar earumdem (litterarum Hadr. papæ), legere me rogante, et sic statim indè me respondere, et ut perlegens idipsum exemplar vobis protinus redderem, præcepistis. Sicut autem posteà per aliud didici exemplar, plura in indiculo vestro mihi ostenso defuerunt. (Ibid.)

Quæ dicta illius non sunt vera.... Quod dicit, quoniàm quasi exemplar earumdem (litterarum), quandò *Attiniacum* venit, illi dedi, et legere rogavi; et sic statim respondere, non dicit verum. Exemplar, secundùm tenorem authenticum epistolæ illi ad legendum dedi, sicut et Erardo (Turonensi) et Waniloni (Rothomagensi) et Wlfado (Bituricensi) et cæteris archiepiscopis domni Caroli, ex integro misi, et eamdem epistolam in synodo apud *Attiniacum* relegi. Quod dicit me jussisse illum, ut statim responderet, non sic dixi: sed ut legeret illud exemplar, et videret quid indè responderet. Quod dicit, quia per aliud exemplar didicit plura in indiculo meo sibi ostenso defuisse, integrum exemplar epistolæ illi legendum dedi. In indiculo autem à me collecto, et regibus et episcopis relecto et dato, quantùm de ipsâ epistolâ, sed et de illâ quam domnus apostolicus misit (*) necessarium ad mittendum vidi, misi, et exemplar ipsius indiculi domno apostolico ex epistolâ meâ direxi. Et ipsam epistolam domni apostolici, sed et memoratum indiculum, sed et scripta ipsius fratris Hincmari, hìc habeo, quibus probari potest me verum dicere, et illum à vero deviare. (Scedul. cit. cap. 27.)

(28) Pag. 95.

De multis impetitus, præcipuè autem de insubjectione regiæ potestati et inobedientiæ ergà suum archiepiscopum, Hincmarus, Laudunensis episcopus, in synodo (apud Attiniacum) episcoporum decem provinciarum (Aimoini continuator anonym. ex annal. Bertin.)

Ex epistolis Romanæ sedis pontificum antè Nicæuam synodum

(*) *Utraque desideratur.*

scriptis, libellum à se collectum, et 20 versiculis in nomine domni
regis Caroli titulatum, per venerabilem quondam archiepiscopum
Wenilonem, in Gundulfi villâ, coram episcopis qui adfuerunt, mihi
direxit. De quo illi scripto respondi, cujus exemplar hìc habeo; monens illum, ut sacris canonibus et apostolicæ sedis decretis, *ex eisdem sacris canonibus promulgatis* fidem accommodaret, et debitam
obedientiam illis dependeret. Indè *in Attiniaco* Rhemensis parochiæ,
illi, coram episcopis qui adfuerunt, dedi libellum in 55 capitulis,
44 versibus titulatum, auctoritates ecclesiasticas continentem, contrà
illa quæ in præfatis suis duobus libellis collegerat : monens ut à talibus hujusmodi reprehensionibus se cohiberet, et se sacris regulis
subdens, pacem et sanctimoniam, secundùm apostolum, sequi stu-
deret. (Ex scedul. Hincm. Rhem. cap. 13.)

Hæc 55 capitula... cum præfatione suâ et metricis titulationibus,
Hincmarus, Rhemorum archiepiscopus, Hincmaro, Laudunensi episcopo, coram episcopis decem provinciarum *in Attiniaco-Villâ* regiâ
Rhemensis parochiæ dedit, dicens illi : « Frater Hincmare, quandò
»proximè apud Gundulfi villam, in obsequio domini nostri regis,
»cum plurimis archiepiscopis et episcopis, cæterisque ipsius fidelibus
»fuimus, tu mihi mandasti per bonæ memoriæ dominum Wanilonem
»archiepiscopum, quæ tibi placuerunt, sicut domnus Adventius epis-
»copus audivit, et ad plurimorum perduxisti notitiam, et misisti
»mihi per eumdem venerabilem archiepiscopum quaterniones, quos
»habeo, continentes quasdam compilationes de epistolis pontificum
»apostolicæ sedis. Undè ter tibi breviter, pro tempore, et verbis et
»scriptis respondi, latiùs responsurus. De quibus etiam in his quater-
»nionibus tibi respondeo. Sed et de quibusdam, aliter quàm episco-
»pali gravitati conveniret, à te actis, paternâ te dilectione corripio,
»et ut talia de cætero caveas moneo. De aliis quoque, quæ ex tuâ per-
»sonâ ad me pervenerunt, tuam fraternitatem commoneo, ut, si vera
»sunt, illa corrigere studeas, et si vera non sunt, sollicitè caveas. »
Isdem autem Hincmarus Laudunensis episcopus respondit quòd et
ipse haberet scripta, quæ Hincmaro Rhemensi episcopo in synodo
vellet porrigere, sicut et fecit de quâdam ecclesiâ cujusdam villæ
ex potestate S. Mariæ et S. Remigii Rhemensis ecclesiæ, in Laudunensi parochiâ sitâ. De quâ duas epistolas ad eum Hincmarus, Rhemorum episcopus, miserat, quæ sunt præpositæ commemoratis 55
capitulis. (Narratio eorum quæ post data 55 capitula peracta sunt
ab utroque Hincmaro, ex cod. MS. 1486. Palatino biblioth. Vatic.
Labbe, tom. 8, pag. 1837, 1838.)

Is autem nullam indè meæ admonitionis satisfactionem exhibuit.
Quin potiùs rotulam prolixissimam, de quâdam capellâ, undè cum
sæpe litteris, pro reclamatione ad me hominum ex suâ parochiâ,
monui : sed nihil profeci; et fabulis de Fimo, presbytero parochiæ
suæ et Villæ ecclesiæ nostræ, sed et de aliis mendaciter compositis,
de quibus seipse presbyter ad me non reclamavit, nec in aliquâ synodo comprovinciali ullam rationem indè commovit, contextam in eodem concilio (apud *Attiniacum*) mihi porrexit. (Scedul. Hincm. Rh.
adv. nep. c. 13.)

Hincmaro, metropolitano nostro, in synodo apud *Attiniacum* Rhemensis parochiæ, anno præterito, rotulam dedisti; quam secum habet. (Episcopus Suession. Hildebold; Adalulfus presbyter, et Hada-
bertus diac. ad Hincm. Laudun. missi à synodo Duziac... Labbe,
tom. cit. p. 1634.)

Haimerade (erat is Codiciaci, *de Coucy,* in diœcesi Laudunensi
presbyter) , Hincmarus, metropolitanus Rhemorum episcopus, et cœ-
episcopi Rhemensis provinciæ, mandant tibi ut venias... quatenus...
de querimoniis tuis, de quibus tuus episcopus Hincmarus, Hincmaro
metropolitano episcopo , in synodo apud Attiniacum rotulam contextam donavit. (Hairoardus, diaconus Rhem. missus ad Haimeradum
ab Hincm. Rh. ex synodo Duz. 1. p. 4. c. 1.)

Prolixissimam rotulam, contrà veritatem , et auctoritatem , ac rationem, contextam, in eâdem synodo (apud Attiniacum) obtulit.
(Hincm. Rh. epist. 35.)

Sed et quaterniunculos, compilationes de præfatis apostolicæ sedis
pontificum (antè synod. Nicænam) epistolis continentes, quibus ipse
subscripserat, et subscribi à clericis Laudunensis ecclesiæ et parochianis presbyteris fecerat, adversùs illa scripta, quæ Hincmarus Rhemensis episcopus eidem Hincmaro Laudunensi episcopo, et parochiæ
Laudunensi direxit, pro dissolvendâ contrà sacras regulas ab eo excommunicatione , causâ injuriarum suarum , exitiabiliter intentatâ ,
sæpè fatus Laudunensis porrexit in synodo (apud Attiniacum). Quæ
utraque scripta in synodo ab Hincmaro Laudunensi episcopo data ,
sicut veritate et auctoritate, ità nihilominus justitiâ et ratione carent.
(Narratio jàm cit.)

Libellum idem Hincmarus, Laudunensis episcopus, in synodo
episcoporum decem provinciarum (apud Attiniacum) obtulit; cui
sine metropolitani ac coepiscoporum Rhemensis provinciæ conscientiâ et consensu, contrà sacras regulas subscripsit, et à clericis ecclesiæ
suæ, ac à parochianis presbyteris subscribi..... fecit. Quem libellum
et præterito (870)... anno, in synodo (Attiniaci) inspeximus, et
subscriptionem suam ac suorum conspeximus. Sed et ipse se eidem
libello subscripsisse, in scriptis suis non denegat. (Synodus Duz. I,
P. IV, pag. 1645.)

Frater Hincmarus, Laudunensis episcopus, libellum coram nobis
obtulit in synodo episcoporum decem provinciarum, cui sine metropolitani ac coepiscoporum Rhemensis provinciæ conscientiâ et consensu, contrà sacras regulas, subscripsit et à clericis ecclesiæ suæ,
atque à parochianis presbyteris subscribi..... fecit.. (Hodo Belgivacensis episc. in syn. Duz. I, P. IV , pag. 1649.)

Sed et præfatum suum monstruosum libellum , à se et à suis subscriptum , in eâdem synodo (apud Attiniacum) protulit, quem ibidem accipiens hactenus servo. (Scedul. Hincm. Rh. cit. in synodo
Duz. parte II, cap. 13.)

(29) Pag. 100.

Et cùm me vidi, post tot admonitiones, nihil apud eum posse pro-
ficere, scedulam porrexi in synodo decem provinciarum (apud Attiniacum), ab eisdem venerandis episcopis quærens consilium quid
contrà suam pertinacem contumaciam agere possem : et quæ illi contrà colligationes suæ impietatis direxeram, contrà illis nota feci.
(Scedul. Hincm. Rh. adv. nep. in syn. Duz. oblata, cap. 13.)

Quapropter Hincmarus, Rhemorum episcopus, venerandis archiepiscopis et episcopis , ac honorandis fratribus in conventu hoc sacro
residentibus : « Quia rheumatismo validissimè impeditus, sicut ipsa
» mea vexatio vestro dat intellectum auditui, ea quæ mihi sunt in
» animo loqui, ut volo, in aures vestras non valeo ; hanc recitandam
» vobis schedulam porrigo, non accusando fratrem et coepiscopum

» nostrum Hincmarum, sed consilium à vobis quærendo, qualiter, si
» inventus fuerit castigandus, à vestræ unanimitatis fraternitate itâ
» corripiatur, ut quod per me, sicut optaveram, apud illum obtinere
» non valeam, per sanctitatem ac sapientiam vestram, Dominus,
» qui unanimes facit habitare in domo, et mihi et illi concedat, qua-
» tenus inter nos et in nobis illæsa caritas maneat. »

Transacto jàm anno, in præsentiâ clericorum et comministrorum
metropolis Rhemensis ecclesiæ, datis mihi petitionibus, quas præ
manibus habeo, reclamatio ad me venit ex parte domini nostri regis
Karoli ac clericorum Laudunensis ecclesiæ, quia isdem frater et
coepiscopus noster Hincmarus, causâ injuriarum suarum, omnes
presbyteros ecclesiæ, ac sibi commissæ parochiæ, sermone contes-
tatorio excommunicaverit, ut nemo in eâ sacerdotale officium ageret,
non parvuli, qui sæpe discrimine mortis periclitantur, baptizarentur;
nulli obeunti pœnitentia vel reconciliatio seu viatici muneris gratia
tribueretur; nulli mortuo sepulturæ humanitas vel obsequium largiretur. Quæ audiens exhorrui, fateor, tantæ impietatis immanitatem,
et contrà evangelicam veritatem, contràque apostolicam et sacrorum
canonum ac regularum ecclesiasticarum constitutionem, novam et
anteà inauditam præsumptionem. Pro loci ergò mei officio, quantùm
ex me fuit, anticipare satagens, ne quàcumque dilatione, hujus
præsumptionis occasione, imminens animarum periculum in eâdem
parochiâ proveniret, accito notario, evangelicas et apostolicas sententias, sacrorumque canonum et apostolicæ sedis ex his causis defi-
nitiones in unum collectas præfato fratri nostro et domno regi ac clericis Laudunensis ecclesiæ per comministros nostros dirigere matura-
vi. Prædicto scilicet fratri nostro, ut, inspectis eisdem sacratissimi s
definitionibus obedientiam dependens S. Spiritui quo prolatæ sunt,
quod malè ligaverat dissolvere quantociùs procuraret, jubente Domino : *Dissolve colligationes impietatis; solve fasciculos deprimentes; di-
mitte eos qui confracti sunt liberos, et omne onus disrumpe.* Domno
autem regi qui in eâdem parochiâ morabatur, et clericis Laudunensis
ecclesiæ, ut, sive isdem frater noster divinis eloquiis ac diffinitionibus obediret, sive obedire, juxtà quòd ejus mores mihi experti erant,
magis credebam resultare, negligeret : ipsi præcepto Dei et sacrorum
canonum atque apostolicæ sedis auctoritate, suum ac animarum in-
gruens periculum in eâdem parochiâ, absque ullâ retractatione vel
hæsitatione, amovere studerent. Sed isdem frater noster, ut mente
perceperam, in contumaciâ suâ persistens, obedire sacris diffinitionibus sibi directis modis omnibus recusavit, et ideò in pertinaciâ suâ
ex tunc et usque nunc mansit; ut quinquies jàm indè à me verbis et
litteris conventus atque commonitus, non solùm perperè admissa non
correxerit, verùm nec ullam satisfactionem indè privilegio metropolitano exhibuit. Quapropter peto ut hæc quæ illi scriptis direxi coràm
vobis recitari faciatis; et si secundùm tramitem sanctarum scripturarum traditionemque majorum hæc nobis tenenda et sequenda
sunt dicite, et illum ad his nobiscum obediendum provocate; et
si ego humaniter à fide, quod absit, catholicâ et scripturarum auctoritate atque sacrorum canonum et apostolicæ sedis diffinitionibus,
quæ eodem spiritu quo et sacræ scripturæ sunt conditæ (unde et sanctus papa Hilarus dicit *quia non minùs in sanctarum traditionum delin-
quitur sanctiones quàm in ipsius Domini injuriam prosilitur*) in aliquo
exorbitavi, humiliter obsecro, mihi ostendite; et libentissimè divinis
scripturis et sacris diffinitionibus parere, et de cætero quæ tenenda

(319)

et sequenda secundùm normam atque doctrinam catholicæ atque
apostolicæ ecclesiæ ostenderitis, tenere et sequi curabo (Narratio cit.).
Vestræ sanctæ congregationi consilium et auxilium, sicut et jàm feci
apud eos qui interfuerunt *in Attiniaco*, porrectâ in synodo scedulâ de
fratre Hincmaro, expostulo. (Præfatio libelli Hincm. Rh. in synodo
Duz.). Ad cujus petitionem in synodo, coram eodem Hincmaro Laudunensi episcopo relecta sunt scripta quæ Hincmarus Rhemensis episcopus, pro dissolvendâ præfatâ inregulari excommunicatione, Hincmaro Laudunensi episcopo et præfatæ parochiæ scripserat (*); et ab
omnibus episcopis conclamatum est illa ex evangelicâ veritate et apostolicâ atque canonicâ autoritate, secundùm SS. scripturarum tramitem
traditionemque apostolicæ sedis atque catholicorum majorum nostrorum, prolata, tenenda atque sequenda; et quisquis ab eis contu-
maciter atque pertinaciter deviare præsumeret, ab unanimitate catholicæ ecclesiæ se absque ullâ dubitatione ipse præcideret, et ob id
inter schismaticos computari deberet : quia, ut sanctus Hilarus
papa in decretis suis dicit : *Non minùs in sacrarum traditionum delin-
quitur sanctiones quàm in ipsius Domini injuriam prosilitur.* In quam
sententiam Hincmarus episcopus Laudunensis offendit, qui sacris
regulis, sicut in privatis capitulis invenitur, obviare præsumpsit.
(Narratio jàm cit.)

(30)   Pag. 107.

Quod indè tibi in synodo *(apud Attiniacum)* reputatum est, judi-
ciario ordine comprobatum non est : sed regiâ benignitate intermis-
sum est. Omisi hinc regulare judicium ponere, ut te ad conscientiam
tuam remitterem. (Hincm. Rh. epist. 35, pag. 603, et apud Labbe,
tom. 8, p. 1683.)

Tàm intentativè in *Attiniaco* de excommunicatione à me in parochiâ meâ factâ interrogatus sum. (Hincm. Laud. in rotulâ missâ ad
Hincm. Rhem. per Clarentium presb.)

Causâ suæ injuriæ, me inconsulto et sine consensu coepiscoporum
Rhemensis provinciæ, sicut petitio à clericis Laudunensis ecclesiæ
mihi porrecta demonstrat, et in synodo *apud Attiniacum* habitâ de-
monstravi, presbyteros et ministros ecclesiæ excommunicavit, ut
nemo in eâdem parochiâ missarum officia celebraret, etc. (Sched.
Hincm. Rh. cap. 5, 6, 7, 8, et iterùm cap. 30.)

In synodo decem provinciarum (apud Attiniacum) episcoporum est
comprobatus, quia omnes presbyteros et ministros ecclesiæ sibi commissæ causâ suæ injuriæ excommunicavit, ut missam presbyteri non
cantarent, et nemo parvulos etiam in mortis urgentis periculo consti-
tutos baptizaret; nemo ad ultimam pœnitentiam aliquem susciperet
necnon viatico munere ulli subveniret; nulli mortuo sepulturæ humanitatem exhiberet. Et indè litteris à metropolitano suo ter commonitus ut hanc impietatis ligationem solveret, obedire illi contrà suam
professionem contempsit. (Synod. Duz. I, parte IV, cap. 7, pag.
1644, 1645.)

Frater Hincmarus Laudunensis episcopus, in synodo episcoporum
decem provinciarum, coram nobis est comprobatus, quia omnes

(*) Et in synodo, coram illo (Hincmaro Laudun.), omnibus audientibus, Otulfus episcopus (Trecanensis seu Trecensis) dixit eum sæpè
dicere, sicut et alii cum eo audiebant episcopi, quòd plenam buccam
de aquâ non valerent illa quæ legebantur. (In sched. Hincm. Rhem.
adv. Laudun. cap. 33, pag. 1610.)

presbyteros et ministros ecclesiæ sibi commissæ, non accusatos nec confessos neque convictos de quocumque crimine, sed causâ suæ injuriæ, excommunicavit, ut missam presbyteri non cantarent, et ministri nullum ministerium exercerent. Et indè litteris à metropolitano suo ter commonitus, ut hanc tàm inregularem excommunicationem solveret, contrà suam professionem, quam ante ordinationem suam, coram multis testibus, de fidei catholicæ et sacrorum canonum observatione et obedientiâ ergà suæ metropolis privilegium, ordinatori suo porrexerat, obedire illi contempsit. (Adventius episc. in synodo Duziac. I, p. IV, p. 1648 et 1649.)

Idem ferè post illum repetit Gislebertus, Carnotensis ep. *ibidem.*

Ab eâdem synodo (apud Attiniacum) conventus (est) quoniàm injustè et irregulariter tantas et tales excommunicationes facere præsumpsit. (Sched. Hincm. Rh. sæpè cit. cap. 13.)

Libellum etiam idem Hincmarus Laudunensis episcopus in synodo episcoporum decem provinciarum obtulit.... in quo inter cætera subscripsit *ut delatori, aut lingua capuletur, aut convicto caput amputetur.* Et defendi et protegi se obtendit de verbis S. Innocentii, qui dicit gladium vindicem judicibus traditione apostolicâ permissum à Deo. Cùm, licet S. Cyprianus et Innocentius ex apostolicâ sententiâ judiciariæ potestati gladium legaliter vindicem dicentes esse permissum, non tamen ipsi vel quisquam catholicorum episcoporum, sicut Hincmarus subscripsit, ut qui suæ disciplinæ (scilicet *ut delatori aut lingua capuletur aut convicto caput amputetur*) socius fieri nollet, suæ communionis particeps non esset. (Synod. Duziac. parte IV, cap. 7, pag. 1645.)

Libellum coram nobis obtulit in synodo episcoporum decem provinciarum... et in eodem libello.. contrà evangelicam et apostolicam atque canonicam autoritatem subscripsit et subscribi à comministris ecclesiæ suæ fecit, *ut delatori aut lingua capuletur aut convicto caput amputetur.....* Et quia mortis judicio subscripsit et subscribi contrà episcopalem ordinem fecit, ipse in corpore vivens defungi sacerdotio debet adjudicari. (Hodo Belgivacensis episc. in syn. Duz. P. IV, pag. 1649.)

Et ità subscripsit : « Hincmarus, Deo miserante, ecclesiæ Laudu-
» nensis episcopus, his sanctorum apostolicæ sedis patrum decretis
» obtemperandum subscripsi. Qui quoque mihi eodem Deo autore,
» commissi sunt, et in his similiter sentiunt, solliciti servare unitatem
» spiritûs in vinculo pacis hac mecum pace potiantur. Si verò aliqui
» secùs, nolentes fieri socii hujusmodi disciplinæ, nec habeantur par-
» ticipes communionis nostræ. (In sched. Hincm. Rhem. sæpè cit.
cap. XI et synodi Duz. pag. 1645.)

In eodem etiam libello, sed et in alio à se collecto, et à suâ professione adulterator verborum et scripturarum catholicarum est comprobatus. Sed et contemptor privilegii suæ metropolis, contrà sacram Nicænam synodum contràque cætera sancta concilia et decreta sedis apostolicæ, multipliciter et suis scriptis ac subscriptionibus et verbis et epistolis sui archiepiscopi est comprobatus, et contumax contrà sacras regulas et domni apostolici mandata est revictus. (Syn. Duz. P. IV, cap. 7.)

Quibus vigilantiori sensu consideratis, præfatus Laudunensis episcopus, quorumdam episcoporum familiarium suorum consilio usus; quoniàm et à domino rege, contrà apostolicum decretum quo præcipitur : *Subjecti estote omni creaturæ propter Dominum, sive regi, quasi*

præcollenti, egisse impetebatur, et à metropolitano suo de injuriâ
inobedientiæ contrà metropolitanum privilegium arguebatur, nullo
cogente, libellum professionis domno regi et Hincmaro metropolitano suo, in synodo, de inobedientiâ suâ porrigere ac subscribere de-
liberavit, ostendentibus sibi quibusdam episcopis ecclesiasticam et
apostolicæ sedis traditionem... Quâ traditione atque auctoritate apostolicæ sedis jàm dictus episcopus istius modi libellum porrexit in synodo : « Ego Hincmarus, ecclesiæ Laudunensis episcopus, amodò et
» deinceps domno seniori meo Karolo regi sic fidelis et obediens,
» secundùm ministerium meum, ero, sicut homo suo seniori, et epis-
» copus per rectum suo regi esse debet, ac privilegio Hincmari me-
» tropolitani provinciæ Remorum ecclesiæ secundùm sacros canones
» et decreta sedis apostolicæ ex sacris canonibus promulgata, pro scire
» et posse, me obediturum profiteor, etc. » (Narratio sæpè cit. pag.
1841, tom. 8 Labbe.)

Dedit mihi in eâdem syodo (apud Attiniacum) professionis suæ
libellum de regulari obedientiâ suâ; qui ità se habet : « Privilegio
» Hincmari metropolitani *sicut suprà*... profiteor et subscribo. (Sched.
sæpè cit. Hincm. Rem. cap. 13.)

Anno præterito, in Attiniaco libellum de suâ regulari obedientiâ
mihi porrexit in synodo. (Ibid. cap. 17.)

Destruxit in præfatâ synodo inobedientiæ præteritæ insolentiam,
ædificans profitendo et subscribendo futuram secundùm sacros canones erga suæ metropolis privilegium obedientiam. (Sched. Hincm.
Rhem. cap. 17.)

Isdem Hincmarus anno incarnationis dominicæ 870, XVI kalend.
jul. tertiæ indictionis (16 junii), in synodo episcoporum decem provinciarum (apud Attiniacum), quorum habemus nomina, dedit mihi
libellum manu suâ scriptum, qui ità se habet : « Ego Hincmarus,
» Laudunensis ecclesiæ episcopus, amodò et deinceps domno seniori
» meo, Carolo regi, sic fidelis et obediens ero, sicut homo suo seniori
» et episcopus per rectum suo regi esse debet. (Petitio proclam. Caroli
regis adv. Hincm. in conc. Duz. P. I, cap. 5.)

De multis causis impetitus, præcipuè autem de subjectione regiæ
potestatis et inobedientiâ ergà suum archiepiscopum, Hincmarus
Laudunensis episcopus, ut se ab impetitis expediret, in synodo episcoporum decem provinciarum (in Attiniaco) libellum propriâ manu
subscriptum porrexit hæc continentem : « Ego Hincmarus, etc., pro
» scire et posse, me obedire velle profiteor. (Annal. Bertin. ut suprà
in narrat. cit.)

In quâ professione et subscriptione suâ confratres et venerabiles
coepiscopi nostri, consulentes duritiæ animi sui, et supportantes eum
in caritate, noluerunt eum exaggerare de præteritis, sed tantùm futuram correctionem profitendo et subscribendo promitteret. (Sched.
Hincm. Rhem. cap. 17.)

Cui professioni atque subscriptioni subjuncta est hæc quæ sequitur
cedula : « In præsentiâ domni regis Karoli et episcoporum quorum
» hic sequuntur nomina, vel coram eorum qui defuerunt vicariis ipso-
» rum personas repræsentantibus, in synodo apud Attiniacum habitâ
» in Rhemensi parochiâ, Hincmarus Laudunensis episcopus præmis-
» sam professionem fecit et eidem subscripsit, ac domno regi Karolo
» et Hincmaro archiepiscopo in manus dedit, anno incarnationis do-
» minicæ DCCCLXX, regni verò ejusdem domni Karoli XXX, XVI
kal. julii, tertiæ indictionis.

(322)

Hæc sunt ipsorum episcoporum nomina qui in eâdem synodo fuerunt, et acta hæc suâ consensione per se vel per suos vicarios firmaverunt :

Hincmarus, Rhemorum archiepiscopus.
Remigius, Lugdunensis archiepiscopus.
Hardwicus, Vesontionensis archiepiscopus.
Wlfadus, Biturigensis archiepiscopus.
Frotarius, Burdegalensis archiepiscopus.
Bertolfus, Trevirensis archiepiscopus vicario suo.
Ex Remensi provinciâ, Actardus Morin. episcopus.
Erpoinus, Silvanectensis episcopus.
Hilmeradus, Ambianensis episc. vicario suo.
Hincmarus, Laudunensis episcopus.
Odo, Belvagensis episcopus.
Ragenelmus, Tornacensis episcopus.
Johannes, Cameracensis episcopus.
Willebertus, Catalaunensis episcopus.
Hildebaldus, Suessionensis episcopus.
De provinciâ Lugdunensi, Isaacus, Lingon. episc.
Luido, Augustodunensis episcopus.
Gerbaldus, Cavillon. episcopus.
De provinciâ Coloniæ, Franco, Tungr. episcopus.
De provinciâ Senonum, Hildegarius, Meld. episc.
Æneas, Parisiensis episcopus.
Otulfus, Trecanensis episcopus.
De provinciâ Viennensi, Bernharius, Gratianopolitanus episcop.
De prov. Biturig. Rimbertus, Rond. ep. [Rodenensis seu Ruthen.]
De provinciâ Trevirensi, Adventius, Metensis vicario suo.
Arnolfus, Tullensis episcopus vicario suo.
Berenhardus, Viridunensis episcopus.
De provinciâ Rotomagensi, Scibardus, Ebroicensis episcopus.
De presbyteris autem et Abbatibus, Engilwinus presbyter et abbas.
Ansegisus, presbyter et abbas.
Sigemundus, presbyter et abbas.
Carlomannus, diaconus et abbas.

(31) Page 118.

In crastinâ autem isdem Hincmarus Laudunensis episcopus, per Hardwicum, Vesuntionensem archiepiscopum, Hincmaro Remensi archiepiscopo hujusmodi breviculum secreto ad profitendum sibi et subscribendum direxit : *Et ego Hincmarus Remorum archiepiscopus tibi Hincmaro, Laudunensis ecclesiæ coepiscopo, tuum debitum, sacris præcipientibus canonibus privilegium conservabo, et in quibuscumque ecclesiasticis negotiis indigueris, secundùm sacras regulas, debitum tibi jure adjutorium, archiepiscopali autoritate, adhibebo.* Sed quia stultè contrà sacras regulas petiit, non obtinuit, nec posteà per se aut per alium aliquem, ut hanc insulsam petitionem obtinere posset, quamcumque commemorationem habuit : quia injustum et irrationabile visum est ut archiepiscopus à sacris canonibus non exorbitans excedenti episcopo suffraganeo et à se ordinato professionis ac subscriptionis libello satisfaceret. Sicut enim secundùm scripturam minor à majore benedicitur, ità prorsus minor à majore, et non major à minore judicatur, ligatur vel solvitur, sicut et in decretis Gelasii demonstratur. Sed et in eo quod idem Hincmarus Laudunensis episcop.

in libello posuit, quam sibi ab Hincmaro episcopo Remorum profiteri ac subscribi poposcit, inter cætera dicens : *Tibi Hincmaro Laud. ecclesiæ coepiscopo tuum debitum, sacris præcipientibus canonibus, privilegium conservabo*, nescivit quid dixit. Quomodò, ut Hieronymus ait, privilegia singulorum communem legem facere non possunt, et sacri canones provincialibus episcopis et eorum ecclesiis vel sedibus privilegia, scilicet privatas leges vel jura privata, generaliter non dederunt; quia, quod omnes generaliter habent, jus speciale, vel dignitatis lex privata esse non valet; sed metropolitanis episcopis ac metropolitanis sedibus privilegia tribuerunt. (Narratio sæpe cit.)

Et in rotulâ, quam mihi 16 kal. julias (16 junii 871) misit, ità scribit : *Quia me sæpè de subscriptione redarguitis, quam in eâdem synodo (scilicet apud Attiniacum habitâ) primò violenter per regiam potestatem, et posteà fraudulenter à me extorsistis, compendiosè nunc aliqua respondebo, plura, si necesse fuerit, suo reservans tempori. Nam, sicut jàm vobis rescripsi, ad illam synodum, pro responsione, ad litteras domni apostolici me vocastis : ad quam veniens, non illam me introire permisistis, sed extra fores, ut privilegio vestræ sedis subscriberem, mandastis. Et ego respondi quia nunquàm contrà privilegium vestrum fecissem : undè nec necessitas nec ratio erat ut à me illam subscriptionem requireretis. Dùm autem ex hoc magis ac magis in crastinum fatigarer, reclamavi me per epistolam papæ Leonis ad Anastasium Thessalonicensem episcopum directam, qui ait ad locum : Non enim necessarium fuerat ut obligaretur scripto qui obedientiam suam ipso jàm voluntarii adventûs probabat officio. Deindè cùm nec hoc adjuvaret, proclamavi per libellum de quo superiùs memoravi, legens capitulum istud : Quotiescumque episcopi se à suis comprovincialibus vel à metropolitano putaverint prægravari aut eos suspectos habuerint, mox Romanam appellent sedem : et sic usque ad finem capitis percurri, quod et superiùs descripsi. Legi meæ vocationis à domno apostolico literas. Quod neutrum mihi profuit* (*). Me autem hoc agente, domnus rex vestrâ factione instigatus, qui priori die dixerat se mihi nihil ex suâ parte discredere, minatus est quia tantùm me meosque oneraret quantùm plus valeret, nisi illam subscriptionem facerem. De me autem mihi parùm erat. Videns autem quia mei homines cogerentur revadiare, quod me in villam Pauliacum sequuti fuerant, cùm jàm domum cum Harduico archiepiscopo iturus essem, accessit Frotarius archiepiscopus ad me, alloquens cur non adquiescerem ut subscriberem, quia nihil mihi periculi erat, cui respondi : Quia aliter hoc non facerem, nisi et vos debito ecclesiæ meæ privilegio mihi subscriberetis servando, uti Antiochenum constituit concilium : ne demùm mihi, quasi pro occasione hujus subscriptionis, aliquod præjudicium niteremini inferre. Qui respondit : Certè hoc ille nullatenus tibi contradicet. Et spopondi eo tenore me hoc esse facturum. Et petii mihi ipsam subscriptionem ostendi. Quam dùm mihi ostenderetis, quædam quibus non acquievi deleta sunt, et quædam addita : videlicet ut ibi haberetur secundùm decreta sedis apostolicæ. Est autem ipsa subscriptio talis : Ego Hincmarus Lau-*

(*) Ad eamdem sedem (apostolicam) venire totidem vocatus....... nunc vos exposco, sicut et in synodo in Attiniaco..... quod impetrare non valui expostulavi. (Epist. Hincm. Laud. ad Rhem. relata sched. cap. 17, pag. Labbe 1570). Dicis te in synodo apud Attiniacum licentiam eundi Romam petiisse et impetrare non potuisse. (Epist. Hinc. Rhem. ad nepotem, tom. II oper. pag. 605, et apud Flodpardum, lib. 5.

dunensis, etc. Quam mecum deferens domum, hanc mihi à vobis scri-
bendam dictavi : Et ego Hincmarus, Remorum archiepiscopus, tibi
Hincmaro Laudunensis ecclesiæ episcopo tuum debitum, sacris præcipi-
entibus canonibus, privilegium conservabo; et in quibuscumque ecclesias-
ticis negotiis indigueris, secundùm sacras regulas, debitum tibi jure
adjutorium archiepiscopali auctoritate adhibebo. Hanc autem vobis per
Fredericum Harduici archiepiscopi presbyterum misi : et remandastis
mihi, per eumdem, quia voluntariè illud faciebatis : et sic in synodo
relegi, et subscripsi. Vos autem penitus subscriptionem quam promisera-
tis dimisistis : sed verbis fuistis professi, quod in quibuscumque me justè
et rationabiliter possetis, secundùm vestrum ministerium, adjuvare fe-
cissetis. Ego autem nunquàm contrà privilegium sedis vestræ quicquam
egi ; neque contrà ullius episcopi privilegium, Deo propitiante, unquàm
acturus ero.... Ac si etiam in subscriptione illà aliquid haberetur quod
fortè intolerabile foret, beatus papa Alexander, quintus post principem
apostolorum Petrum, mihi manum porrigeret, qui suis ità inquit decretis,
ad locum : ...... Nec tantùm attendenda sunt quæ fiunt, quantùm quo
animo fiunt. Si non sunt tantùm attendenda quæ fiunt, quantùm quo
animo fiunt : quo animo illud fecerim, neque parùm sciens potui igno-
rare; qui etiam multò plura tunc essem facturus, ut meos, qui innoxii
erant et causâ mei opprimebantur, possem liberare. Et..... beatus Gre-
gorius, quem venerabiliter suscipitis, ad Constantium Mediolanensem
episcopum de Pompeio episcopo scribens ità :... Postquàm præfatus epis-
copus, ut dicitur, cruciari custodiâ, cremarique fame se asseruit, scire
debemus, si ità est, utrùm noceat, si sic extorta fuerit confessio. Certé si
non nocet extorta confessio, non nocet extorta subscriptio. (In sched.
Hincm. Rhem. cap. 32.)

Cujus verba singillatim recenseamus. Dicit in eâdem synodo, primò violenter, per regiam potestatem, et posteà fraudulenter à me
fuisse ab illo ipsam subscriptionem extortam. Domnus rex, Deo gra-
tias, et ætatem et sapientiam et virtutem et locum pro se respondendi
habet : et de hoc facto plures habet et archiepiscopos et episcopos
veridicos testes.

Quod dicit posteà, illam à me fuisse ab eo fraudulenter extortam,
non est verum. Nam solutâ synodo illâ die, in crastinum conveniendâ,
postquàm domnus rex ab eâ domo abcesserat, et quidam episcopi,
in eâdem domo, sicut cuique convenit, cum sub fratre loquebatur ;
et ego, juxta quamdam fenestram stans, cum fratre Odone loquebar;
venit ad me Frotarius archiepiscopus, et Æneas episcopus, et dixe-
runt mihi, coram Odone, quia frater Hincmarus vellet professionis
libello subscribere, et de domni regis obedientiâ : et essemus inter
nos pacifici, sicut pater et filius, ac archiepiscopus et episcopus esse
debent. Quod ego gratanter recepi ; et ab aliâ fenestrâ, juxta quam
stabat Hincmarus cum aliis episcopis, adduxerunt eum ad me ; et
ipse Hincmarus petiit ut liceret illi loqui, solo mecum solo. Et secessi
cum eo, juxta parietem domûs ; et dixit mihi quòd pro me nihil dubi-
taret in illâ subscriptione, sed pro eo qui post me erit in illâ sede
metropoli. Et ego ei respondi, ut ille ipse libellum dictaret sicut
vellet ; et petiit ut ego illum dictarem, et reversi sumus simul ad fenestram juxta quam Æneas et Odo stabant ; et dixi Odoni ut acciperet suas tabulas et exciperet in illis libellum, cui Hincmarus deberet
subscribere. Et excepit Odo sicut tunc simul dictavimus. Et dixi illi
ut quidquid ibi vellet, aut mutare, aut subtrahere, aut addere faceret;
sicut et factum est. Et dixi ego Odoni, ut in crastino illum apporta-

ret scriptum, et in synodo ei Hincmarus subscriberet. Hincmarus autem respondit quia febris illum tangebat, et statim se indè vellet deliberare, ut sanguinem posset minuere. Ego autem jussi Odonem ire ad cancellarium regis, et accipere ab illo pergamenum et atramentum, ut scriberet illam citò. Intereà dixi Æneæ, cui tunc auscultabat Hincmarus, quòd melius esset ut in crastinâ expectaret; et, persuadente Æneâ, adquievit ità Hincmarus. Et in crastinâ veniens in synodo professus est secundùm quod in illo libello continetur. Et porrigente sibi Odone pennam, coram omnibus, sicut tunc paruit, eidem libello sponte subscripsit; et regi et mihi manu suâ porrexit. Et tunc domnus rex pacem illi dedit, et ego post illum. In crastino autem, antequàm in domum intrarem, in quam episcopi convenire debebant : Harduicus episcopus, in aliâ domo mecum loquens, secretissimè dixit mihi quòd Hincmarus mihi mittebat unum parvulum scriptum, petens ut ei subscriberem. Et occultè illum mihi dedit ; ego autem illum suscepi et in sinum meum misi. Quem posteà non legi antequam in viâ essem quâ ad mansionem meam redibam. Et coram Odulfo episcopo, qui mecum ibat, primùm idem scriptum relegi; posteà nec Hincmarus nec aliquis alius indè mecum rationem habuit. Verùm et Fredericus presbyter Harduici unquàm de illo libello mecum ullam rationem non habuit. Et per talem fraudem, sicut audistis, eamdem subscriptionem extorsi.

Quod dicit illam subscriptionem, antequàm subscriberet, suam domum portasse, non est verum. Quia, postquam Odo episcopus eam in tabulis suis excepit, scriptam Hincmarus illam non vidit; usquequò 16 kal. jul. 3 indictionis eidem professioni in synodo, coram omnibus qui adfuerunt episcopis et coram domno rege, subscripsit; et domno regi, et mihi porrexit, et ei in synodo exemplar illius donavi. In crastino autem, id est 15 kal. julias, domnus Harduicus archiepiscopus tali modo sicut præmisi libellum ab eo mihi directum dedit. Et nihil posteà, quandiù in Attiniaco fuimus, indè Hincmarus vel verbo vel scripto quidquam mihi dixit.....

De eo quod subsequitur : *Nam sicut jàm vobis rescripsi, ad illam synodum pro responsione ad literas domni apostolici me vocastis : ad quam veniens, non illam me intrare permisistis, sed extra fores, ut privilegio vestræ sedis subscriberem, mandastis,* dicat per quem hoc illi extra fores mandavi; et ostendat quomodò verum esse possit quoniàm ad synodum veniens non illum eam ego intrare permiserim. Nam postquàm ad Attiniacum venit, quandocumque in synodo fuimus, et ipse interfuit : et coram illo, in synodo, ea quæ semel et secundò, pro dissolvendis ipsius impiis colligationibus, ad eum ex evangelicâ veritate et ex decretis apostolicæ sedis decreveram, relecta fuerunt. Et in synodo coram illo, omnibus audientibus, Otulfus episcopus dixit eum sæpè dicere, sicut et alii cum eo audiebant episcopi, quòd plenam buccam de aquâ non valerent illa quæ legebantur..... Quod dicit se sedem apostolicam appellasse, dicat quis ei contradixit ut suam appellationem non prosequeretur. Quod dicit quia domnus rex meâ factione instigatus, qui priori die dixerat se nihil illi ex suâ parte discredere, et posteà illum minatus est : domni regis responsio valebit sufficere.

Quod dicit quia sui homines cogerentur rewadiare, quod illum in villam Pauliacum secuti fuerant; si revadiabant, quia inrationabiliter eum in Pauliacum secuti erant, negare non potest se esse auctorem ipsius inrationabilitatis.

Quod dicit, si etiam in subscriptione illâ haberetur aliquid quod forte intolerabile foret, B. papa Alexander illi manum porrigeret..... Nec eum quisquam, ut subscriberet, aut in carcere aut in ergastulo reclusit. (Sched. Hincm. Rem. cap. 33.)

Numerus (32) omissus, pag. 125, lin. 4.

Et ex eo quòd sui homines se ad regem reclamaverunt, quoniàm ab eis sua beneficia, quæ apud antecessores suos et apud eum proservierunt, injustè et inrationabiliter abstulisset, post datum mihi libellum in synodo de regulari obedientiâ suâ, electos judices episcopos apud me expetivit, et tres, secundùm Africanum concilium, scilicet, Actardum (Morinensem), Ragenelmum (Tornacensem), atque Joannem (Cameracensem), à me sibi designatos suscepit; et eorum atque aliorum Deum timentium judicio, in domni regis, sicut postulavit, præsentiâ, de quibusdam decretum fuit ut beneficia sua quæ irrationabiliter perdiderunt recuperare deberent. Tota autem eorum causa usque ad alium tractatum, certis intervenientibus causis, non diffinita, sed die aliâ diffinienda remansit. Et ante diffinitionem, contra sacros canones, sine ullâ necessitate vel ratione, noctu, fugâ lapsus, regularem diffinitionem expectare contempsit. (Sched. Hincmari Rhem. cap. 13.)

Post hæc omnia, Hincmarus Laudunensis episcopus consuetâ levitate commotus eò quod homines sui reclamaverunt quomodò illorum beneficia ab eis injustè tulisset. Undè ad hanc rationem inter se et eosdem accusatores suos diffiniendam secundùm sacros canones, electos judices expetivit ac suscepit, et judicium quod expetiverat declinans noctu aufugit, et Laudunum adiit. (Narrat. Hincmari sæpe citata.)

Frater Hincmarus.... post juramenta domno regi præstita, et professionem manu suâ subscriptam, in synodo decem provinciarum, de fidelitate et obedientiâ illi servandâ, sine suâ (regis) licentiâ, fugâ lapsus, *ab Attiniaco* ejus palatio discedens, ab eo mandatus ut veniret et rationem redderet de his undè accusatus erat, et ad regem, sicut jàm et aliis vicibus, obedire illi ut veniret contempsit. (Sentent. Ansegisi Senon. arch. in syn. Duz. adv. Hincm. P. IV, cap. 9.)

Et postquàm hujusmodi libellum in synodo (apud Attiniacum) mihi (Carolo regi) dedit, sine meâ licentiâ noctu fugâ lapsus ab Attiniaco palatio nostro discessit, quem ad me venire mandavi, ut diceret quâ ratione aufugerit. Et ipse mihi per Bertharium clericum suum litteras misit hæc continentes : « Sine morâ instanterque vestræ » dominationi occurrerem, sicut proposse agere consuevi, nisi recidivâ » febri retinerer, et maximè dùm nudo solis fervore perfundor, ex » rubeâ in me accenditur cholera, totumque corpus exæstuare com- » pellit. Pronus igitur cordis supplicatione ad vestros devolutus pedes » efflagito ut nulli meorum credatis clanculùm, quia palam non audet, » suggerenti inimico, quasi me velle in aliquo à vestrâ fidelitate de- » viare : de quâ in quibuscumque pro scire et posse, ut dignum est, » cupio decertare. Tantùm ut mihi canonicæ institutionis legem, sine » quâ subsistere nequeo, conservare dignemini. Illustret igitur superni » fomitis instinctus vestri serenissimi cordis aulam, ut licentiam ac » liberam pró Christi clavigeri amore facultatem ejusdem mihi adeun- » di limina, ad apostolicam etiam præsentaliter concedatis depreca- » tionem. In quo labore, ab hâc febrium vexatione me liberari quan-

»tociùs confido; quoniàm ab hâc eâdem olim erutus sum hoc devo-
»vendo... et idcircò me repetit recidiva, ut implere non tardem benè
»devota. Supersidet quoque, ne, si secus egero, etiam ob inobedien-
»tiam apostolicâ, ut scitis, auctoritate vocatus, meritò judicer ac
»ecclesiasticis ictibus feriar. »

Cui remandavi quòd mirabar valdè de eo quod mihi mandabat se
ad me venire non posse, in loco proximo febre detentus, et se posse
Romam ire cum eâdem febre ut ab eâ absolveretur mandabat. Veni-
rèt autem ad me, et sic contra rationem et auctoritatem illi Romam
eundi licentiam non denegarem. Sed tunc ipse venire non voluit.
(Proclam. Caroli Calvi adv. Hincm. Laudun. cap. 5.)

Noctu aufugit ab Attiniaco antè diffinitionem causarum de quibus
apud metropolitanam auctoritatem electos judices expetivit. (Sched.
Hincm. Rhem. sæpè cit. cap. 49.)

Is autem frater Hincmarus, postquàm electos judices à me regula-
riter, ut scripsi, datos sibi suscepit, et incautè ac inhonestè nocte
fugâ lapsus abcessit, pitaciolum inrationabiliter confectum et manu
suâ subscriptum, ac præfatæ professioni suæ usquequaque contrarium,
per Ermenoldum diaconum suum 6 non. jul. (2 julii) 3 indict. mihi
transmisit, quod ità se habet :

« Reverendissimo Rhemorum archiepiscopo Hincmaro sanctæ Lau-
»dunensis ecclesiæ Hincmarus, Deo miserante, episcopus, debitam
»in Christo devotionem. Vos scitis quia ab universali S. Romanæ eccle-
»siæ papâ, patre quoque nostro et magistro, Hadriano, bis vocatus
»existo. Et vos ipsi in quaternionibus mihi à vobis *in Attiniaco palatio,*
»coram archiepiscopis et episcopis qui affuerunt datis, quòd ad eam-
»dem sedem venire totidem vocatus detractem, me reprehendistis...
»Undè vos nunc pro amore Dei omnipotentis et reverentiâ S. Petri
»exposco, sicut et in eâdem synodo *in Attiniaco* à vobis convocatâ,
»quod impetrare non valui expostulavi; ac jàm etiam per integrum
»efflagitavi annum, et præcipuè in synodo apud Vermeriam palatium
»...obsecrando declamavi, nunc quoque et obsecro et item declamo...
»quo vestrâ archiepiscopali auctoritate apud domini nostri gloriosissi-
»mi regis Karoli clementiam obtineatis quatenus domini universalis
»papæ Hadriani præceptis... mihi... velut ei qui de omni ecclesiâ fas
»habet judicandi, liceat obedire, videlicet ut limina SS. apostolorum
»Petri et Pauli merear, ut devovi, et ab eodem insuper vocatus sum,
»penetrare. Alioquin me vobis abhinc, ut archiepiscopo coepiscopus
»obtemperare debet, canonicè sciatis obsequi non posse. »

Qui undique sibi visum fuit, cùm de suis insolentiis increpatus est,
licentiam eundi Romam petit, vel sedem apostolicam appellat. Quandò verò rex et epscopi sunt sibi placabiles, de ipsâ licentiâ nihil dicit,
nec sedem apostolicam appellat..... Et anno præterito (870), postquàm *in Attiniaco* libellum de suâ regulari obedientiâ mihi porrexit
in synodo, sedem apostolicam non appellavit nec de licentiâ illuc
eundi aliquid dixit. Sed cùm commotus inhonestè inde discessit, præ-
missum pitaciolum de licentiâ Romam eundi circa kal. julias mihi
direxit. (Sched. cit. Hincm. Rhem. cap. 17.)

Idem.... mihi rescribens multis allegationibus se necessitate com-
pulsum et persecutionem declinantem fugisse asseverat...... Videlicet, quia omnes sui banniti fuerunt ad causas, ità ut nec unus, dùm
rediret ad mansionem, illum sequi permissus sit : Nortmanno hoc
agente, pro villâ Pauliaco, eò quòd illam concessione regiâ et apostolicâ etiam, ut scirem, auctoritate recipiens, illum iidem sui homines

in eamdem villam secuti sunt. Et in eisdem suis allegationibus ponit...
quia *Dominus, quando pharisæi consilium fecerunt adversùs eum, ut
eum occiderent, sciens autem Jesus discessit indè. Et discipuli, propter
metum Judæorum, recesserunt, celantes seipsos. Et Paulus, in Damasco
à principe gentis quæsitus, de muro in sportà depositus est, et manus
quærentis effugit.*

Dicit etiam in eodem scripto suo Hincmarus ideò se ab Attiniaco
fugisse, quia *Sylvaci memor fuerat*, ubi et ego adfui, quod illi nihil
profuit, sed obfuit; quia pro eo solummodò retentus fuit ne Romam
domni apostolici præceptis obediens iret; quod à sæculo non est de
episcopo ab episcopis auditum. (Sched. sæpè cit. Hincmari Rhem.
adversùs nepotem, cap. 14 et 16.)

Præteritis ipsis diebus per bannum regium omnes mei homines in
palatio retenti fuerant; ego autem solus ad mansiones Hardwici.cum
uno suo clerico et tribus laicis hominibus perrexeram... Et nunc in
proximo dùm hostiliter omnes banniti fuissent in regis servitium.
(Hincm. Laud. epist. ad Rhem. pag. 610, quæ incipit his verbis :
De his quæ vobis per Hittonem.

Immò etiam cùm in palatio ad causas pro ipsis bannus à quodam
meo requireretur homine, qui indè nullum ministerium habebat.. et..
ut bannum rewadiaret, interpellaretur, adstitit meus pro his rebus
advocatus.... qui mox expulsus est, et cum omni violentiâ coegerunt
illum meum alium hominem, ad quem indè nihil pertinebat, ut bannum pro his rewadiaret, et rewadiato banno minati sunt quòd ad
mortem illum judicarent, pro infidelitate regis, nisi præsentaliter
talia vadimonia daret. (Hincm. Laud. ibid. apud Labbe, tom. 8,
pag. 1707 et 1708.)

Denique de his quæ in synodo Attiniacensi circà Hincmarum Laudunensem acta sunt, vide Hincmari senioris epistolam quam recitat
Flodoardus, lib. 3, cap. 21, 23.

Quæras schæd. ab Hincm. Rhem. oblat. in concil. Attin. de litt.
Hadr. II, de invas. regni Loth. à Carolo Calvo in oper. Hincm. Rh.

(33) Pag. 130.

In synodo episcoporum decem provinciarum, Carolomannus *etiam
Caroli regis filius et plurimorum monasteriorum pater reputatus,
quoniàm insidias infideliter erga patrem suum moliebatur, abbatiis
(in Attiniaco scilicet) privatus, in Sylvanectensi civitate est custodiæ
mancipatus.* (Annales Bertin. ad annum 870.)

Deprecantibus missis (apostolicis) cum aliquantis fidelibus suis,
Carolomannum filium à custodiâ ex Sylvanectis civitate absolvit et secum manere præcepit. (Carolomannus) noctu à patre aufugiens in
Belgicam provinciam venit, et congregatis secum pluribus satelliti-
bus ac filiis Belial, tantam crudelitatem et devastationem... exercuit,
ut credi non possit nisi ab ipsis qui eamdem populationem viderunt
atque sustinuerunt. Quod Carolus nimiùm ægrè tulit. (Ibid. ad ann.
870.)

Carolus Carolomannum filium suum oculis privavit. Siquidem præ-
dictus rex ex Hirmintrude reginâ tres filios susceperat, Carolum
scilicet et Carlomannum atque Ludovicum...... Porrò Carlomannus
cùm esset puerulus, jussu patris attonsus clericus effectus est. De-
hinc...... ad diaconatûs officium, *quamvis invitus atque coactus*, in
præsentiâ genitoris ordinatus est. Legitque publicè evangelium, et
pontifici missam celebranti juxta morem ministravit. Post hæc per

apostasiam recedens ab ecclesiasticâ religione et abjiciens gratiam
quæ data ei erat per manûs impositionem, alter Julianus efficitur.
Collectâ namque prædonum non modicâ turbâ, ecclesias Dei cœpit
devastare et cuncta diripere et inaudita mala perpetrare. Pro quibus
cùm crebrò à patre correptus fuisset nec à cœptâ pravitate cessaret,
novissimè, ex præcepto patris, ei oculi eruuntur..... Orbatus itaque
Ludovicum (Germaniæ) patruum suum adiit calamitatum suarum
ærumnas apud eum lugubriter deplorans. Ille miseratione motus
Absternacum monasterium SS. Willibrordi ei ad subsidium vitæ
præsentis concessit, ubi non multò post tempore mortuus est et sepultus. (Annal. Met. ad ann. 870 cuncta simul complectentes.)

Carolomannus cum suis complicibus ad Mosomam perrexit et ipsum castellum cum villis circumjacentibus devastavit. (Annal. Bert.
ad ann. 871.)

Undè quatuor missos suos fictè ad patrem suum direxit, mandans
quòd.... Deo et illi, de quibus commiserat, satisfacere vellet.... Non
tamen à malè cœpto vel aliquantulum destitit.... et ipse in partes
Tullenses perrexit. Carolus autem.... ordinatis scaris, quæ Carolomannum cum suis complicibus propellerent, judicium episcopale
de illis expetiit. Et..... eosdem episcopi in quorum parochiis tanta
mala commiserant....... communione privârunt. (Annal. Bertin. ad
ann. 871.)

Nec obliviscendum quod de Karlomanno in Corbeiâ evenit. Nam
quod factum est adhuc fieri potest. (Consil. Hincm. Rh. de pœnit.
Pipini olim regis Aquit. Duchesne, tom. 2, pag. 415.)

(34)   Pag. 141.

Carolus à Vesontio recto itinere per Pontigonem et indè per *Attiniacum* usque ad Sylvacum venit, quo placitum cum suis consiliariis
habuit et eorum consilio Carolomannum iterùm Sylvanectis custodiæ
mancipavit. (Annal. Bertin. ad fin. anni 871.)

Carolus.... kalendas septembris... venandi gratiâ Arduennam petiit. Et octobrio mense, navigio per Mosam usque Trejectum veniens.... Indè per *Attiniacum* itinere equestri revertens Nativitatem
Domini in monasterio S. Medardi (Suessionensis) celebravit. (Annal.
Bertin. ad ann. 872.)

Generale quoque placitum idus junii in villâ Duciaco tenuit, ubi
et annua dona sua accepit. Indèque per *Attiniacum*..... Compendium
adiit. (Annal. Bertin. ad ann. 874.)

Reclamatio episcopi Barcinonensis apud Attiniacum. Anno Incarnationis dominicæ 874, hæc quæ sequuntur capitula domnus rex Karolus in Attiniaco, kal. julii, statuit. Cap. I. Episcopus Barcinonensis
se reclamavit quòd Thyrsus presbyter, etc. (Apud Sirm. opera varia,
tom. 3, pag. 502 et seqq. et apud de Chiniac capitular, pag. 234,
tom. 1.)

(35)   Pag. 144.

Hludowicus (rex Germaniæ) verò, persuadente Engelranno quondàm Caroli regis camerario et domestico, suasione Richildis reginæ
ab honoribus dejecto et à suâ familiaritate abjecto, cum hoste et filio
ac æquivoco suo Illudowico, usque ad *Attiniacum* venit. Ad quem
obsistendum primores regni Caroli, jubente Richilde reginâ, sacramento se confirmaverunt. Quod non attenderunt, sed ex suâ parte

regnum Caroli pessumdantes, hostili more devastaverunt. Similiter
et Hludowicus cum suo exercitu idem regnum pessumdedit. Sicque
Nativitatem Domini *in Attiniaco* agens, per placitamenta primorum
regni Caroli deprædatione factâ, cum quibusdam comitibus ex Caroli
regno, qui ad eum se contulerant, rediit, et per Treverorum civitatem transiens ad palatium ultra Rhenum Franconofurt pervenit, ibique dies Quadragesimæ et Pascha Domini celebravit. (Annales Bert.
ad ann. 875.) Et post ipsum Amoini contin. lib. 5, cap. 32.

Karolus Galliæ tyrannus... regnum Italiæ invasit et omnes thesauros
quos invenire potuit uncâ manu collegit. Undè Hludowicus rex (Germaniæ) iratus... juncto sibi æquivoco suo, cum manu validâ regnum
Karoli ingressus est, ut eum de Italiâ exire compelleret. Exercitus
autem qui regem sequebatur, versus ad prædam, cuncta quæ invenit
diripuit atque vastavit. (Annales Fuldenses ad ann. 875.) Hludovicus
rex, *misericordiâ motus, multorumque precibus exoratus* ne Galliæ
regionem propter Karoli stultitiam perderet, in regnum suum mense
januario rediit, venitque... ad Franconofurt. (Ibid. ad ann. 876.)

Rex (Ludovicus rex Germaniæ).... cum magno exercitu.... venit
usque Viridinum. Exercitus autem qui eum sequebatur... versus est
ad prædam (ad ann. 879); posteà (anno 880) in Galliam profectus
(iterùm) filios Hludovici (Balbi) ad se venientes suscepit... mediante
mense augusto... quosdam ex fidelibus suis obviàm legatis nepotum
suorum ad villam Gundulphi transmisit, quosdam etiam contra Hugonem tyrannidem exercentem in Galliâ destinavit. (Annal. Fuld.)

Ludovicus (Balbus) Caroli (Calvi) filius... obiit. Gozlenus... abbas
(S. Dionysii)... Chuonradum Parisiaci comitem... sibi conjunxit. Et
...miserunt nuncios suos ad... Ludovicum et uxorem ejus, mandantes
ut venire accelerarent et... omnes episcopos et abbates et primores
istius regni (Galliæ) ad illum perducere possent.... Veniens autem
Ludovicus usque ad Viridinum, tanta mala exercitus ejus in omnibus
nequitiis egit, ut paganorum mala facta illorum vincere viderentur.
(Ad ann. 879).... Anno 880, Ludovicus rex Germaniæ, unà cum
uxore suâ, ab Aquis in istas partes iter arripuit, et usque ad Ducia-
cum venit.... Indèque... ad *Attiniacum*, indèque ad Ercuriacum, et
sic usque ad Ribodimontem pervenerunt. Et videntes quia Gozlenus
et Chuonradus, quod ei polliciti fuerant attendere nequiverunt, et
ipse ac uxor sua quæ speraverunt obtinere non possent, peractis ami-
citiis cum filiis Ludovici (Balbi) et condicto placito futuro mense
julio ad Gundulphi villam, reversi sunt in patriam suam... Ludovicus
....et Carolomannus (filii Ludovici Balbi)... per Remum et Catalau-
nis ad placitum condictum... obviàm suis sobrinis venerunt. Ad quod
placitum Ludovicus infirmitate detentus venire non potuit, sed pro
se missos suos direxit. Karolus autem (Grossus) à Longobardis rediens
illuc venit. In quo placito communi consensu inventum est ut ipsi
reges Ludovici quondàm filii ad *Attiniacum* redirent, cum *Scarâ* Ludovici Germaniæ regis, et Hugonem Lotharii junioris filium (ex Val-
dradâ) impeterent. (Annal. Bertin. ad annos prædictos.)

(36) Pag. 144.

Ex chartario Nivernensi. Caroli Crassi imperatoris præceptum de
Cuciaco, qualiter sub jugo Nivernensis episcopi esse debeat. (Ex
Mabill. de re diplom. lib. 6, pag. 554 et 555.)

In nomine sanctæ et individuæ Trinitatis, Karolus gratiâ Dei imperator august. Si imperialis sollicitudo, etc.

....Et ut auctoritas hujus præcepti vigeat, subtus manu propriâ fir-
mavimus et annulo nostro insigniri jussimus.

Signum Caroli gloriosissimi augusti.

Amalbertus, ad vicem Luithardi, recognovi.

Data XVI kal. sept., anno Incarnationis Domini DCCCLXXXVI,
indictione IIII, anno autem regni domini Karoli piissimi imperatoris
augusti in Italiâ V, in Franciâ IIII, in Galliâ II. Actum Attiniaco
palatio feliciter.

(37) Pag. 145.

Ex autographo Compendiensi, Caroli Simplicis præceptum, quo Fre-
derunæ uxori Corbiniacum et Pontigonem dotalitio jure concedit.

In nomine sanctæ et individuæ Trinitatis, Karolus divinâ propitiante clementiâ rex. Si regum consuetudines antiquorum exequimur,
etc. ...Ut autem hæc largitionis nostræ dotatio et concessionis corro-
boratio continuum obtineat firmitatis vigorem, manu subter propriâ
firmatam nostro præcipimus anulo insigniri.

Signum Caroli gloriosissimi regis.

Ernustus notarius, ad vicem Askerici episcopi, recognovit
et subscripsit.

Datum XIII kal. maias, indictione X, anno XV, regnante domno
Karolo gloriosissimo rege, redintegrante X. Actum Atiniaco palatio
in Dei nomine feliciter. Amen.

(Apud Mabillon. de re diplom. lib. 6, pag. 558 et 559, et apud
Sirmond, oper. var. tom. 3, pag. 574.)

(38) Pag. 150.

Caroli Simplicis præceptum de erectione et dotatione ecclesiæ sanctæ
Walburgis apud Attiniacum.

Ex autographo Compendiensi. Anno 916. Apud Mabillon, de re diplomat. pag. 560.	Apud Marlot, metropol. Rhem. hist. tom. 2, pag. 228.
In nomine sanctæ et individuæ Trinitatis. Karolus divinâ propitiante clementiâ rex Francorum. Noverit igitur omnium sanctæ Dei ecclesiæ fidelium, nostrorumque, præsentium scilicet et futurorum, solertia, *quemadmodum* imitantes exempla priorum prædecessorum nostrorum regum, Deum timentium atque colentium ; ducti etiam nos religione et succensi igne divini amoris, statuimus ædificare ecclesiam in Attiniaco palatio in honore sanctæ Walburgis, Christi virginis, quam pro tutamento totius regni ex partibus orientalium sagaci industriâ afferre voluimus : ubi ob prædecessorum successorumque nostrorum	.... Karolus divinâ propitiante clementiâ rex Francorum. Noverit.... omnium sanctæ Dei ecclesiæ fidelium .... solertia, *quomodo*............. .... succensi igne divini amoris, statuimus ædificare ecclesiam in Attiniaco palatio, in honore sanctæ Vualpurgis.... .... quam pro tutamento totius regni ex partibus orientalium sagaci industriâ afferre voluimus : ubi, ob prædecessorum successorumque nostrorum

nostræque regiæ majestatis, re-
gnique stabilitatem *condonamus*
ex nostro proprio jure in præfato
fisco ad luminaria ipsius prædicti
loci servos his nominibus : Adal-
ricum et Gerlaium, et illius feminam, una.................et
mansum unum cum *omni* integri-
tate in eodem fisco, cum mancipiis utriusque sexûs ibi residentibus, his vocatis nominibus, Fre-
dano et uxore ejus Godoarâ, cum
infantibus eorum Gerulfo, cum
ejus feminâ Gondemâ, cum eorum infantibus; Constabulo etiam
et Gislulfo et Roslindâ; et quatuor
bunnuaria in villâ Corniaco, et in
manso prædicto camba........
............et in usibus *ibidem*
deservientium ....
...sticos duos, unum in villâ Di-
onnâ, cum mancipiis his nominibus, Martino et sorore ejus Ævâ,
Fulcuino et Andreiâ sorore ejus,
et Adalgarde uxore illius, cum
infantibus eorum, et feminam
quam........... et Hildeberto
et Abraham; mansum quoque..
.... in villâ
Calmuniâ, cum istis mancipiis :
Grimoldo et ejus uxore Empergiâ,
cum eorum infantibus, Hilmera-
do, cum feminâ ipsius Tetsinde
et eorum infantibus..........
In ipsâ denique villâ quartam
partem mansi, Cufarus quam ipse
tenet. Duos etiam mansos absos,
unum in *Madriaco* et alterum in
Marinaviâ et Mutuero Mansum
dimidium et *forastica* de Cambâ
unâ. Gislulfum quoque cum *Clodo*
suo ad quatuor denarios solven-
tem, et mancipia ista Witgerum
et uxorem ejus Gerildim, cum eorum infantibus.............
....
....
Delegamus etiam ibi molendinum
unum *supra* ripam fluvioli Fevige-
nelium : Culturam quoque *supra*
palatium nostrum positam propè
Broilum :...................
....
....

nostræque regiæ majestatis, re-
gnique stabilitatem, *condonavimus*
ex nostro proprio jure in præfato
fisco ad luminaria.............
.... servos...................
....
....
mansum unum cum *ejus* integri-
tate.............. cum mancipiis..........................
....
....
....
....
.... cum
uxoribus et infantibus.........
.... et quatuor
bunnuaria in villâ Corniaco, et in
manso prædicto cambam unam..
..............et in usibus *inibi*
deservientium *mansos quatuor*,
vestitos duos, unum in villâ d'Yona, cum mancipiis...........
....
....
....
....
....
...*alterum*..................
.... in villâ
Columnâ, cum.......mancipiis
....
....
....
....
In ipsà denique villâ quartam
partem mansi *cum furno*.......
......Duos *alios*.............
unum in *Attiniaco* et alterum in
Martimiâ et in Vetnero Mansum
dimidium et *foraticum* de Cambâ
unâ. Gislulfum quoque cum *alode*
suo ad quatuor denarios solven-
tem et mancipia..............
....
et dimidio Manso in villâ Mandrech,
ad quatuor denarios solvendum..
.... molendinum
unum *super* ripam fluvioli.......
.... Culturam quoque *ante*
portam superiorem palatii, ad do-
mos hortosque seu tabernas consti-
tuendas, dimidiam. Item culturam
inter broilum et vineas. Cornadum

. . . .
. . . .
. . . .
. . . .
. . . .
. . . .
. . . .
. . . . Nonam similiter indo-
minicatam de super dicto fisco.
De prato bunnuaria duo subtus
palatium nostrum . . . .
quoque fiscalinis nostris ubique
degentibus nobis à Deo concessâ
regiâ potestate damus licentiam
ut si quis. . . . . propriâ
hæreditate spontaneâ voluntate
hu. . . . . loco dare, aut alicui
ex clericis inibi famulantibus vendere voluerit, faciat : ità tamen
ut post obitum ipsius clerici cui
vendita fuerit hæreditas, hæc eadem ad prædictum locum deveni-
at. Undè hoc nostræ auctoritatis
præceptum. . . . . præcipimus
atque jubemus ut ab hodiernâ die
ac deinceps memoratus locus, et
ibi servientes supra scriptas res,
cum mancipiis utriusque sexûs,
terris cultis et incultis, *molendinis
et cambis,* pratis, pascuis, aquis
aquarumque decursibus, exitibus
et reditibus universis legitimis terminationibus justè et legaliter ad
se pertinentibus, habeant ac te-
neant atque possideant. Atque. .
. . . . observetur,
manu propriâ subtus firmari, et
nostro præcipimus anulo insigniri.
Signum Caroli regis gloriosissimi.
   Goslinus, regiæ dignitatis notarius, ad vicem Herivei archiepiscopi, summique cancellarii, recognovit.
Datum VII idus jun. indict. IIII,
anno XXIIII regnante Karolo rege gloriosissimo, redintegrante
XVIIII, largiori verò hæreditate
indeptâ IV. Actum Attiniaco palatio in Dei nomine feliciter. Am.

quoque ex D'Yona ac Vetus-Villâ.
Infra verò Palatium à portâ meri-
dianâ ingredientibus, ad dextram
usque circa ecclesiam ad claus-
trum faciendum. Omne quoque
foraticum, seu omne telonei debitum à successoribus absolutum
volumus. Nonam similiter indo-
minicatam de supradicto fisco.
De prato bunnuaria duo supra palatium nostrum. . . . .
. . . .
. . . .
. . . .
. . . .
. . . .
. . . .
. . . .
. . . .
. . . .
. . . .
. . . .
. . . . memoratus locus, et
ibi servientes supra scriptas res,
cum mancipiis utriusque sexûs,
terris cultis et incultis, *molendino
et campis;* et pratis, pascuis, aquis
aquarumque decursibus, exitibus
et reditibus *cum* universis legitimis terminationibus justè et legaliter ad se pertinentibus, habeant
. . . . . . tencant atque possideant.
. . . .
. . . .
. . . .
Signum Caroli regis gloriosissimi.
. . . .
. . . .
. . . .
. . . .
. . . .
. . . .
. . . .
. . . .
. . . .

(39) Pag. 158.

   Alio diplomate Karolus plurimos servos attribuit ecclesiæ sanctæ
Walburgis, sub iisdem chronicis notis, id est *VII idus junii, indict.
IV, anno XXIIII* regni sui, *Attiniaco palatio.* (Apud Mabillon, de re
diplom. lib. 6, pag. 560.)

Damus etiam licentiam ut, si quis nostrum fidelium præfato sancto loco (capellæ S. Clementis apud Compendium) suum alodium dare aut ejusdem loci canonicis vendere voluerit, juxta quod.... nos.... in loco à nobis in honore virginis sanctæ Valburgæ constructo (statuimus) faciat, et post decessum canonici ad prædictum locum deveniant. (Caroli Simplicis præceptum de conditione ac dotatione capellæ S. Clementis apud Compendium, ex archivo S. Cornelii Compendiensis ad ann. 919, apud Mabill. De re diplom. lib. 6, pag. 564.)

(40) Pag. 160.

Item (capitulare) de anno VIII (Caroli Magni)..
X. De illo broilo ad Attiniacum palatium nostrum. (Nova edit. capitular. *de Chiniac*, tom. 1, pag. 466.)
Filius noster.............in Attiniaco parùm caciet. (Caroli Calvi imperat. capitula apud Carisiacum ad annum 877, apud *de Chiniac*, tom. 2 capitular. pag. 268, et apud Sirmond, tom. 3, pag. 344, et apud Duchesne, tom. 2, pag. 466.)

(41) Pag. 172.

In primo *proaulium*, id est locus ante aulam. In secundo *salutatorium*, id est locus salutandi officio deputatus, juxta majorem domum constitutus. In tertio *consistorium*, id est domus in palatio magna et ampla, ubi lites et causæ audiebantur et discutiebantur; dictum *consistorium* à consistendo, quia ibi, ut quælibet audirent et terminarent negotia, judices et officiales consistere debent. In quarto *trichorum*, id est domus conviviis deputata, in quâ sunt tres ordines mensarum; et dictum est à tribus choris, id est tribus ordinibus comessantium. In quinto *zetæ* hiemales, id est cameræ hiberno tempori competentes. In sexto *zetæ* æstivales, id est cameræ æstivo tempori competentes. In septimo *epicaustorium* et triclinia accubitanea, id est domus in quâ incensum et aromata in igne ponebantur, ut magnates odore vario reficerentur, in eâdem domo tripertito ordine considentes. In octavo *thermæ*, id est balneorum locus calidorum. In nono *gymnasium*, id est locus disputationibus et diversis exercitationum generibus deputatus. In decimo *coquina*, id est domus ubi pulmenta et cibaria coquuntur. In undecimo *columbum*, id est ubi aquæ influunt. In duodecimo *hippodromum*, id est locus cursui equorum in palatio deputatus. (Ex codice Farfensi, seu Acutiani monasterii, in ducatu Spoletino, apud Mabill. supplem. lib. de re diplom. pag. 50.)

(42) Pag. 177.

In nomine sanctæ et individuæ Trinitatis. Karolus divinâ propitiante clementiâ rex Francorum. Si pro omnibus, quæ injustè ablata sunt ut justè res... antur proclamantibus ad nostram celsitudinem, subsidium præbem..., procul dubio Divinitatis clementiam nobis fore misericordiorem non dubitamus......

R
Signum Karoli K—◇—S regis gloriosissimi.
L

Goslinus notarius, ad vicem Herivei archiepiscopi summique cancellarii recognovit.

Datum V idus junias, indictione V, anno XXV regnante Karolo rege gloriosissimo, redintegrante XX, largiore verò hæreditate indeptâ VI. Actum *Attiniaco palatio*, in Dei nomine feliciter. Amen. (Apud Mabillon, De re diplom. lib. 5, in tabellâ 33, pag. 410, 411.)

Similiter in Attiniaco de dimidio manso, cum homine uno...... (Caroli Simplicis diploma, quo renovat præcepta combusta et donationes in eis contentas pro ecclesiâ Compendiensi, apud Mabillon, De re diplom. lib. 6, pag. 561 et 562.)

Regnantis ejusdem Caroli anno 26, ipse, dato novo diplomate, præcipit *ut eadem capella, in quâ quatuordecim ordinis monastici viros statuit, sit subjecta Compendiensi cœnobio, eâ ratione ut præpositus et decanus Compendii in præfatæ capellæ loco constituant præpositum et thesaurarium de suis*, etc. (Mabillon, De re diplom. lib. 4, pag. 249.)

(43)   Pag. 180.

Ad idem monasterium (Remis scilicet, S. Petri ad portam basilicarem) quædam puella advenerat, nomine Ozanna, de pago Vonzinse, carnem non comedens, neque panem ab annis jam duobus edere valens, cui multæ visiones ostendebantur. Hæc, in ipsis diebus, hebdomadâ plenâ jacuit immota, et sanguinem cum omni admiratione sudavit, ita ut frons ejus tota et facies usque ad collum operiretur sanguine, in quâ vita vel tantùm calor remanserat, halitu etiam tenuissimè spirante. Tunc quoque multa se vidisse perhibuit, ex quibus aliqua dixit, plurima quæ viderat se dicere no   audere professa est. (Flodoardi chron. ad ann. 920.)

Dùm pariter pergerent (Chlodoveus rex et S.   edastus), quadam die venerunt in pago Vongise, ad locum qui dicitur Grandeponte (nunc Vetuspons), juxta villam Riguliago super fluvium Axona. (Ex antiquâ et rudi vitâ MS. S. Vedasti, apud Duch. tom. 1, pag. 523.)

Venerunt in quemdam pagum qui incolarum terræ illius consuetudine Vungise pagus dicitur, propè Reguliacam villam quæ sita est super florigeras Axonæ fluminis ripas : et ecce ejusdem fluminis pontem rege transeunte, cum multitudine populi, obviavit illi cæcus quidam... Qui cùm intellexisset à prætereuntibus S. Vedastum..... in eodem iter agere comitatu, clamavit : Sancte et electe Deo Vedaste, miserere meî... Non aurum posco nec argentum, sed ut mihi lumen per sanctitatis tuæ preces (Deus) restituat oculorum. Vir Dei... dexteram, cum signo crucis, posuit super oculos cæci, dicens : Domine Jesu, qui es lumen verum, qui aperuisti oculos cæci ad te clamantis, aperi oculos istius, ut intelligat populus iste præsens qnia tu es Deus solus.... Mox ille cæcus, lumine recepto, gaudens perrexit viam suam. In quo loco, tempore sequenti, à religiosis viris ædificata est ecclesia in testimonium miraculi istius. (Ex vitâ S. Vedasti, ab Alcuino præceptore Caroli Magni conscriptâ.)

(44)   Pag. 183.

Vide apud Martenne : *Scriptum Karoli Simplicis regis pro Elnonensi monasterio. Villam Scalpons ad subveniendum fratrum necessitatibus concedit., anno 921. Actum Attiniaco palatio.*

Karolus (Simplex) cum suis Lothariensibus... Mosam transiens ad *Attiniacum* venit, et...... super Axonam insperatè, ubi Rotbertum sub urbe Suessionicâ sedere compererat, adiit... et super Rotbertum

cum armatis Lothariensibus venit... commissoque prælio... Robertus
rex lauceis perfossus cecidit. Ili tamen qui erant ex parte Rotberti...
victoriâ potiti Karolum cum suis Lothariensibus in fugam verterunt.
(Chronicon Flodoardi ad ann. 923.)

Anno (923) rex Karolus cum sui regni Lothariensibus Mosam transiens contra regem Robertum ad *Attiniacum* venit. Robertus etiam
rex contra eum processit, densoque commisso prælio... interiit etiam
rex Robertus lanceis perforatus. Ii tamen qui erant ex parte Roberti victoriâ potiti... Karolum cum Lothariensibus fugere compulerunt.
(Fragm. hist. Francicæ à Ludovico Pio usque ad Robertum regem;
apud Duchesne, tom. 3, pag. 339.)

Rodulfus, rex Franciæ, placitum habuit (*tenuit* alias) apud *Attiniacum*. (Chronicon Flodoardi ad ann. 924).

Hungari Reno transmeato usque in pagum Vozinsem (alias *Vonzin-
sem*), prædiis, incendiisque desæviunt.. Corpus S. Remigii et aliorum
quorumdam sanctorum pignora, Hungarorum metu Remis (Remos)
à suis monasteriis sunt delata. Inter quæ sanctæ quoque Walleburgis
reliquiæ, ad quas nonnulla exercebantur miracula. (Chronicon
Flodoardi ad ann. 926).

Eodem anno (926) corpus S. Remigii et quorumdam aliorum
corpora sanctorum, Hunorum metu, intra Remensis civitatis mœnia
à suis monasteriis sunt delata. Cum quibus etiam sanctæ Galburgis
reliquiæ, ad quas nonnulla sæpè fiunt miracula, sunt ibidem positæ.
(Fragment. histor. Francicæ à Ludov. Pio usque ad Robert. reg.)

Rodulfus rex Remis veniens pacem facit cum Karolo, reddens ei
Attiniacum, muneribusque honorans illum. (Flodoard. in chron. ad
ann. 928.)

Rodulphus rex pergens ad *Attiniacum* Hugonem ad Heinricum
mittit, à quo Heinricus, acceptis obsidibus, et pactâ securitate,
trans Rhenum recedit. (Flodoard in chronico ad ann. 951.)

Hugo et Heribertus....Othoni regi obviam proficiscuntur; cui
conjuncti ad *Attiniacum* eum perducunt ibique cum Rotgario comite
ipsi Othoni sese committunt. (Flodoardus in chron. ad ann. 940.

(45) Pag. 185.

Gervasius (archiepiscopus Rhemorum) verbum habuit, coram rege
(Henrico, Philippus enim erat adhuc septennis), quia esse deberet,
sicut sui antecessores fuerant, summus regis cancellarius, quod
eodem rege gratissimè annuente.........prædictus pontifex sibi et
ecclesiæ suæ obtinuit, scilicet quia verum sit, quod ab antiquo ita
fuerit, legitur in præceptione præcepti, quod Carolus rex (Simplex
dictus) de rebus sanctæ Vualburgis fecerat hoc modo : *Goslenus,
cancellarius*, scripsit et subscripsit ad vicem Herivei archiepiscopi,
summique cancellarii. (Excerptum ex MS. libro monasterii S. Theodorici propè Remos, cui titulus est : *De ratione temporum*, apud
Martenne, tom. 4, pag. 162, 163, et apud Marlot, tom. 2, pag. 119,
ad ann. 1059.)

(46) Pag. 189.

Majorum autoritas ac rationis ordo suadent, ut si quid humana
solertia firmum fore, ratumque disponit, ut in tempora prorogari

valeat, officio litterali memoriæ commendetur. Post præsentium
igitur notitiam futuræ posteritati intimandum curamus, quod ego
Hugo, comes Campaniæ, animæ meæ saluti providens, venerabilis
uxoris meæ Constantiæ, Philippi Francorum regis filiæ, laude et
assensu, ex cujus parte villa quæ Attiniacum vocatur, in jure meo
cessit, capellam sanctæ Walburgis, S. Mariæ Molismi et fratribus
(alias *monachis*) ibidem Deo deservientibus, et quidquid ad eamdem
capellam attinet lege testamentali, concedo, et in perpetuum tenendam confirmo. Illud etiam, quod clerici inibi canoniales obtinentes,
à quibus sese deponentes in manu domni Manasses, archiepiscopi
Remensis, emanciparunt et prædictos monachos, quod juris erat alterius sibi vindicare pertimescentes me præsente, ab archiepiscopo
revestitos esse memoriæ trado. Do etiam jam nominatis monachis
quidquid possideo in vico qui nominatur Diona, mansum videlicet
dominicum cum omni justitiâ, sine meî et alterius advocatione, in
servis et ancillis, terris cultis et incultis, quarteriis terrarum, sive
terrariis, pratis et pascuis communibus, et, ut breviter concludam,
cum omnibus ad ipsum mansum pertinentibus, omni retractatione
exceptâ, omni exceptione postpositâ. Do etiam sæpè dictis monachis
nemus illud quod vocatur *Casuetum*, juxtà prædictam villam situm,
decimam quoque de sancto (*) Martino, et aliam de Chifiliaco. Addo
insuper totam aquam quæ *asinea* dicitur, ad molendina ædificanda,
cum ripis et terris et insulis et omnibus quæ necessaria fuerunt ad
eadem molendina instruenda seu reparanda, similiter ad exclusas
faciendas seu reficiendas, quoties opus fuerit, et totam piscariam
ejusdem aquæ, ab Attinei ponte usque ad piscariam Riliaci, piscatore
in Attineio manente ab omni consuetudine absoluto, scilicet (**) ne
aliquandò indè inter monachos et Attinienses ministros aliqua oriatur
contentio, saniori usus consilio hoc procerum meorum admonitione
justum esse affirmo, ut ipsius terræ talis sit divisio, quatenus(***)
scilicet S. Mariæ parochia terminatur, sic S. Walburgis terra metia-
tur. Quidquid autem tàm in meo uxorisque meæ Constantiæ dono
quàm in assensu dicti archiepiscopi actum est, prædicti regis atque
Ludovici filii ejus favore constat esse firmatum ac perpetuâ sanctione
munitum. Ne quis verò improbus contra hanc legitimam donationem
alias (****) oblatrare valeat, signis eam ac probabilium personarum
testimoniis corroboramus.

Signum Manasse, archiepiscopi; S. Gervasii, archidiaconi; S. Manasse, archidiaconi; Rodulphi, præpositi; Joffridi, decani; Richerii,
cantoris; Elberti, Odalrici, Lamberti, presbyterorum; Fulconis,
Rainaldi, Girardi, diaconorum; Isambaudi, Bartholomæi, Milonis,
subdiaconorum; Ludovici filii regis, Hugonis comitis, Constantiæ
uxoris ejus, Hugonis camerarii comitis, Baufridi, filii Atranni,
Aimonis, Castelliani.

Actum Rhemis, anno incarnati Verbi millesimo centesimo secundo, indictione X, anno verò imperii Philippi Francorum regis 44,
archiepiscopatûs domni Manasse anno 7. Fulcradus, cancellarius,
scripsit et subscripsit.

(*) Apud Marlot, tom. II, pag. 229, legitur sic : *Decimam quoque
de sancto… et aliam de Chisiaco.*

(**) Alia lectio : *Sed ne aliquandò;* et alia lectio : *Et ne alias inter
monachos.*

(***) *Quatenus sicut,* ut fert alia lectio.

(****) *Aliquando,* pro *alias,* in aliâ lectione.

(47) Pag. 1901 - 195.

Ego Ludovicus, Philippi regis Francorum filius, Deique gratiâ rex
designatus, volo notum fieri omnibus tàm futuris quàm præsentibus,
quòd concedo, et sigillo meo corroboro illud donum quod soror méa
Constantia dedit ecclesiæ S. Mariæ de Molismo, scilicet ecclesiam
S. Walburgis, juxta Attiniacum sitam, et omnia conventa quæ posteà
dedit. Testes sunt Simon de Milfto, Paguinus de Gisorte, Flogerinus
Catalaunensis, Stephanus de Galanno, Herluinus, magister domini
Ludovici, et Simon, capellanus.

In nomine summæ, etc. Egò Hugo, comes Campaniæ, comitis
Theobaudi filius, notum fieri volo omnibus S. ecclesiæ fidelibus;
quòd excellentiori usus consilio, ampliare et honorare de meis propriis retinentiis Molismensem, quæ in honore B. Mariæ semper virginis fundata est, proposui ecclesiam, credens et certissimè sciens
tantò me in cœlestibus partem habere potiorem quantò eamdem
B. Mariam interventricem præmittere procuravero meliorem. Trado
igitur.........(*donat villam Rumiliacum et alia quædam additque :*)
In territorio verò Remensi villam S. Vualburgis, quæ alio nomine
Diona vocatur, et justitiam ejus, cum appendiciis suis, sicut in aliis
chartis scriptum reperitur, eidem supradictæ ecclesiæ Molismensi
jure perpetuo tenendam contradidi : hoc idem uxore meâ Cons-
tantiâ, ex cujus parte in jure meo transiit, annuente, et fratre suo
Ludovico approbante et sigillo proprio confirmante. Huic concessioni
assensum præbuit dominus meus Manasses, Rhemensis archiepiscopus, cum clero suo, super his quæ ad eum pertinebant exoratus sup-
plicationibus meis. Acta sunt hæc apud Trecas V nonas aprilis, anno
ab Incarnatione Domini 1104, indictione 12, epactâ 22, concurrente
V in sede Romanâ vicem apostolicam gerente domino papâ Paschali,
Richardo, Albanensi episcopo, apostolicæ sedis legató, de negotiis
ecclesiasticis in generali concilio Trecis tractante, Philippo episcopo
ejusdem ecc.esiæ præsidente, Francorum regnum Philippo et filio
ejus Ludovico regente, Hugone comite filio Theobaudi Campaniæ
comitatum pacificè Dei gratiâ retinente, cujus largitione præscripta-
rum rerum donatio concessa, auctoritate corroborata, petitione in
ecclesiâ Trecensi, coram omni synodo recitata, à præfato Richardo
cardinali approbata, et à consedentibus archiepiscopis, episcopis et
abbatibus collaudata, immò tàm clericorum quàm laicorum judicio
est generaliter confirmata. De quibus aliquos nominamus, et ad cor-
roborationem hujus chartulæ hic inscribendos judicavimus.

Daimbertus, archiepiscopus Senonensis; Rodulfus, Turonensis :
Ivo, episcopus Carnotensis; Humbaudus, Antissiodorensis;
Herveus, Nivernensis; Marbodus, Rhedonensis; Rotbertus,
Lingonensis; Norgandus, Eduensis; Hugo, Catalaunensis; Phi-
lippus, Trecensis; Rainaudus, præpositus; Girardus, Goscelinus
et Drogo, archidiaconi, et cæteri ejusdem ecclesiæ canonici.
Abbates hi interfuerunt : Ilgondus, majoris monasterii abbas;
Lambertus Pultariensis, Rodulfus S. Petri insulæ germanicæ,
Otto Arremarensis.

Ego Rodulphus, Dei gratiâ Remensis ecclesiæ, licet indignus, sa-
cerdos, omnibus quorum nostra memoria subsequutura expectatur(*)

____

(*) *Quorum nos memoria subsecutura expectat.* (Apud Marlot, pag.
230, tom. 2.)

ad æternam patriam feliciter tendere. Palam facere curavimus quod cùm divinæ bonitatis inspiratio animum venerabilis Campaniæ comitis, videlicet Hugonis, ut ecclesiæ Remensi et nobis Attiniacum Villam largiretur, tetigisset, ipsâ die post donationem, quam præfatus princeps super altare S. Mariæ posuerat, nos in cujus ditione tota potestas supradictæ villæ cesserat, monasterio S. Mariæ Molismensi concessisse quidquid in eâ idem comes et uxor sua Constantia, Philippi regis filia, ejusdem patris ac fratris sui Ludovici consensu, pariter et assensu, supradicto monasterio noscuntur contulisse, vicum videlicet nomine Diona (*) qui vulgò S. Walburgis appellatur, et ejusdem villæ mansum indominicatum, sylvam adjacentem eidem villæ, totam piscariam à ponte Attiniaci usque ad piscariam Riliaci (**), molendinos quorum quartam partem tenet Ervaldus, in vitâ suâ tantùm, absque parte molendinarii. Hæc omnia, ut præfati sumus, cum cæteris quæ chartariis regum et comitum continentur, monasterio Molismensi assensu totius nostri capituli concedimus, et hâc testamentali chartâ, et nostræ imaginis impressione perpetualiter tenenda firmamus. Ut autem istud autoritatis nostræ firmamentum inconcussum teneatur, hujus rei testes idoneos apposuimus.

Signum Joffridi, abbatis S. Theodorici; Jorannis, abbatis sancti Nicasii; Hugonis, abbatis S. Dionysii; S. Goffridi, decani; Lamberti, cantoris; Otrici, decani; Gisleberti, decani; de laicis, S. Balduini, dapiferi, Hugonis, Rogerii filii Gualonis. Actum Remis, anno Incarnati Verbi 1114. Indictione VI, regnante venerabili rege Francorum Ludovico anno 7, archiepiscopatûs autem domini Rodulphi anno 7. Fulchradus, cancellarius, scripsit et subscripsit.

(48) Pag. 197.

X kalend. augusti dominus Rodulfus magnæ sanctitatis archiepiscopus obiit, qui acquisivit huic ecclesiæ Attiniacum, sed et ecclesiam totamque provinciam ad honorem Dei in magnâ honestate gubernavit. (Necrologium ecclesiæ Rhem. ad ann. 1124; et apud Marlot, tom. 2, pag. 282.)

(49) Pag. 200.

In nomine sanctæ et individuæ Trinitatis, ego Henricus, Remorum archiepiscopus, omnibus tàm futuris quàm præsentibus in perpetuum, ad pravorum hominum occasiones et infidelium intentiones devitandas, ad notitiam omnium tàm futurorum quàm præsentium volumus pervenire quòd nos dederimus ecclesiæ S. Mariæ Eslanlii terram quamdam, ad quinque carrucas, quæ *Foresta* dicitur, juxta Attigniacum, ad nonam partem fructuum dandam. Nunc verò paupertati ecclesiæ compatientes, supradictam terram eidem ecclesiæ ex integro, absque ullo trecensu et reditu, damus et concedimus, liberè et tranquillè in perpetuum possidendam, in eleemosynam, ad memoriam nostri et patris et matris nostræ et antecessorum archiepiscoporum nostrorum. Hoc autem ut ratum et inconcussum perseveret in

______

(*) *De Iöná*, apud Marlot, perperàm.

(**) *Usque ad piscariam Relincipinole... quorum*, etc. apud Marlot, corruptè.

(340)

perpetuum , sigilli nostri impressione et probabilium personarum at-
testatione corroborari decrevimus.

Signum Guidonis , abbatis Mosomensis ; S. Henrici, abbatis sancti
Quintini Belvacensis ; S. Bosonis, archidiaconi. Signa Rogeri,
Stephani et Matthei, diaconorum.

Actum Rhemis , anno Incarnati Verbi millesimo centesimo sexa-
gesimo octavo , indictione I, concurrente epactâ nonâ , regnante
Ludovico Francorum rege , archiepiscopatûs autem nostri anno
septimo.

In nomine sanctæ et individuæ Trinitatis , amen. Ego Ludovicus ,
Dei gratiâ Francorum rex, omnibus tàm futuris quàm præsentibus in
perpetuum. Ad pravorum hominum occasiones devitandas , ad notitiam tàm futurorum quàm præsentium volumus pervenire, quòd Henricus frater noster, archiepiscopus Rhemensis, dedit ecclesiæ sanctæ
Mariæ Eslantii terram quamdam , ad quinque carrucas boum, quæ
Foresta dicitur, juxta Attigniacum , ad nonam partem fructuum ei
dandam. Posteà verò paupertati ecclesiæ compatiens, supra dictam
terram eidem ecclesiæ ex integro , absque ullo trecensu et reditu ,
dedit et concessit liberè et tranquillè possidendam , in eleemosynam,
ad memoriam suî ipsius et patris matrisque nostræ et antecessorum
suorum archiepiscoporum. Hanc autem donationem , quam de regali
nostro fecerat assensu , confirmavimus, et ut in perpetuum rata per-
maneat , sigilli nostri impressione et nominis nostri charactere consi-
gnari præcepimus.

Actum publicè Parisiis, anno ab Incarnatione Domini 1169, astan-
tibus in palatio nostro, quorum nomina et signa subscripta sunt.

Signum comitis Theobaldi, dapiferi nostri. Signum Guidonis , cu-
bicularii nostri. S. Matthei, camerarii. S. Radulphi, constabu-
larii. Data per manum Hugonis , cancellarii.

(50)   Pag. 201.

Qui (Henricus, archiepiscopus Rhemensis, Ludovici regis germa-
nus) per annos tredecim Remensem ecclesiam palatiis, *turribus* et
aliis munitionibus insignissimè illustravit. (Vetus chronicon, à Sir-
mondo citatum , relatum apud Marlot, tom. 2, pag. 401. Vide etiam
Marlot, ibid. pag. 495.)

(51)   Pag. 203.

Manasses , comes Regitestensis , omnibus tàm præsentibus quàm
futuris salutem..... Universitati vestræ notum fieri volo quòd ego fun-
dator capellæ B. Petri apud Macerias sitæ, cum assensu uxoris meæ
Mathildis, et filii mei Hugonis, et Alberti, Henrici, Balduini, fratrum meorum, ipsam liberam in manu domni archiepiscopi resignavi,
ut in eâ tredecim præbendæ canonicis secularibus constituantur......
Actum apud Attiniacum, anno ab Incarnatione Domini 1176, XVI
kalendas octobris. (Integra refertur apud Marlot, tom. 2, pag. 408.)

(52)   Pag. 207.

Innocentius episcopus , servus servorum Dei, venerabili fratri
Guidoni, Remensi archiepiscopo..... Tuis justis postulationibus cle-
menter annuimus, et Rhemensem ecclesiam , cui Deo auctore præesse
dignosceris , ad exemplar piæ recordationis Alexandri papæ præde-
cessoris nostri, sub B. Petri et nostrâ protectione suscipimus, et

præsentis scripti privilegio communimus, statuentes ut qualescum-
que possessiones, quæcumque bona eadem ecclesia impræsentiarum
justè et canonicè possidet.... firma tibi tuisque successoribus et illi-
bata permaneant, in quibus hæc propriis duximus vocabulis expri-
menda .,..
...........................Castrum Mosomi, Attiniacum, Betignivillam,
Septem-Salices, Curmissiacum, Curvilla, Chaumusiacum, et Stan-
nam (propè Macerias), cum pertinentiis earum....... Datum Romæ,
apud S. Petrum, idibus maii, anno 1205. (Integrum refertur privilegium apud Marlot, tom. 2, pag. 461, 462, 463.)

(53)   Pag. 208.

Universis præsentes litteras inspecturis, magistri Guilielmus de
Noys et Dionysius de Senonis, officiales Remenses, salutem. Noverint
universi quòd, cùm discordia seu materia quæstionis verteretur inter
presbyteros curatos ecclesiarum parochialium decanatûs de Monte
Marinó, Remensis diœcesis, ex unâ parte, et relligiosum virum prio-
rem prioratûs S. Walburgis, etc. (In vitâ S. Walpurgis, à Johanne
Lespaguol gallicè scriptâ, pag. 61, ad ann. 1294.)

(54)   Pag. 211.

Johannes, miseratione divinâ, Remensis archiepiscopus, venerabili fratri nostro Petro, eâdem miseratione episcopo Suessionensi,
vel ejus vicariis, salutem et sinceram in Domino caritatem. Mediator
Dei et hominum, etc........
Datum apud Attiniacum, sub sigillo nostro, undecimâ die junii,
anno Domini 1344. (Reperitur integra ista epistola apud Marlot,
tom. 2, pag. 624, 625.)

(55) Pag. 215. *Errore,* (62).

Ex peculio meo plures conquestus feci et maximè quatuordecim
librarum à domino de Marenil, quas habebat super terram de Vailly
et super terram d'Attigny, sex modia cum dimidio bladi et centum
solidos; quem processum incœperam contra hæredes Guidonis, quondàm archiepiscopi Rhemensis, et reperi quòd Simon Cramaudi,
quondàm Remensis archiepiscopus, contentus de his quæ petebam
fuerat.
Datum Remis, anno Domini 1472, die 18 septembris. (Apud
Marlot, tom. 2, pag. 744, 745.)

*Les huit dernières feuilles de cet ouvrage ont été imprimées à Rheims
chez Delaunois.*